USEDOM WOLLIN

Mit Wolgast, Anklam und Ueckermünde

Grażyna und Wolfgang Kling

TRESCHER VERLAG

1. Auflage 2015

Trescher Verlag
Reinhardtstr. 9
10117 Berlin
www.trescher-verlag.de

ISBN 978-3-89794-306-3

Herausgegeben von Bernd Schwenkros und
Detlev von Oppeln

Reihenentwurf und Gesamtgestaltung:
Bernd Chill
Gestaltung, Satz, Bildbearbeitung: Ulla Nickl
Lektorat: Hinnerk Dreppenstedt
Stadtpläne und Karten: Johann Maria Just,
Martin Kapp, Ulla Nickl
Druck: Druckhaus Köthen

Gedruckt auf chlorfrei gebleichtem Papier

Printed in Germany

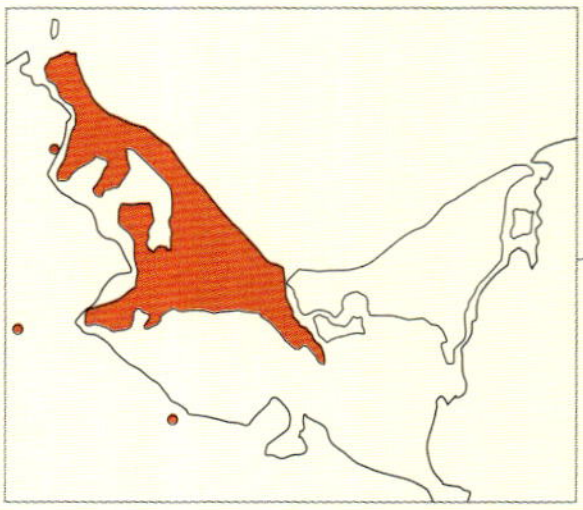

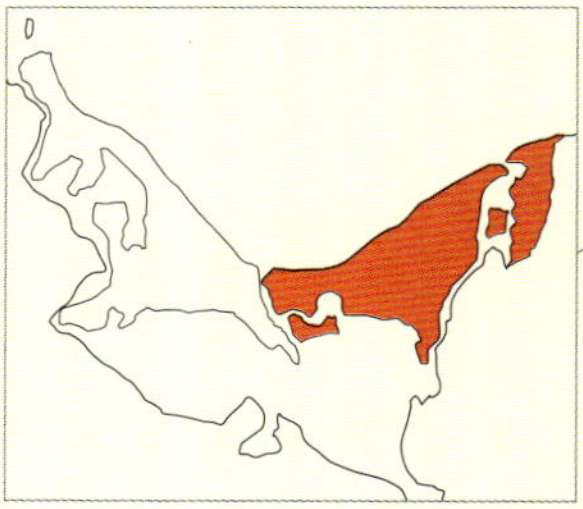

Alle Angaben in diesem Reiseführer wurden sorgfältig recherchiert und überprüft. Dennoch können Entwicklungen vor Ort dazu führen, dass einzelne Informationen nicht mehr aktuell sind. Gerne nehmen wir dazu Ihre Hinweise und Anregungen entgegen. Bitte schreiben Sie an **post@trescher-verlag.de.**

EXTRAS

Für viele Besucher die Hauptattraktion der Schwesterinseln: der endlose Strand

Vorwort

Bereits im frühen 19. Jahrhundert entstanden auf den Inseln Usedom und Wollin die ersten Seebäder. Den Hochadel, das neureiche Großbürgertum und überhaupt die gesamte feine Gesellschaft zog es damals an das Baltische Meer. Hochherrschaftlich ging es hier zu. Das gesellschaftliche Spiel ›Sehen und Gesehen werden‹ bestimmte die Tage an der See. Herren von hohem Rang und Stand stolzierten auf den Promenaden, und unverheiratete Damen trafen hier vielleicht und oft nicht ganz zufällig den Herrn fürs Leben. Das Baden im Meer und der Aufenthalt am Strand waren da noch recht nebensächlich. Um die vorletzte Jahrhundertwende wurden die beiden pommerschen Inseln zur begehrten Sommerfrische auch für den gehobenen Mittelstand und zahlreiche Künstler. Die mondänen Seebäder auf Usedom prosperierten nun ebenso wie das vornehme Misdroy auf Wollin. Besonders die Hauptstädter tummelten sich jetzt gerne in der ›Badewanne Berlins‹, wie Usedom damals scherzhaft genannt wurde. Die verspielte, elegante Bäderarchitektur der neuen Hotels, Pensionen und Strandvillen verwandelte die Orte in traumhafte, einzigartige Idealstädte. Hundert Jahre später – nach zwei Weltkriegen, der Teilung Deutschlands und nach dem Ende des Sozialismus in Polen und Ostdeutschland – sind die Bäder ebenso wie die touristische Infrastruktur wieder tüchtig auf Vordermann gebracht und grundlegend modernisiert: Wellness, Spa und Thalasso, zahllose Veranstaltungen und viel Kultur an der Küste mit ihrer durch Brandungsaerosole angereicherten, gesunden Seeluft. Ruhe und Beschaulichkeit und viel Natur herrschen dagegen wohltuend im Hinterland der Inseln.

Immer mehr deutsche Urlauber erliegen dem Charme dieser herrlichen Gegend ganz im Nordosten Deutschlands und ganz im Nordwesten Polens. Das ausgesprochen günstige Preis-Leistungs-Verhältnis auf polnischer Seite ist gewiss zusätzlich ein gewichtiger Anreiz für junge Familien mit Kindern. Die Eilande sind zudem geradezu wie geschaffen für einen Aktivurlaub, nicht zuletzt weist die Zweiländerinsel Usedom fast 200 Kilometer Radwege auf. Die Möglichkeiten für Freizeitvergnügungen sind hier wie da fast grenzenlos: Segeln auf der Ostsee, auf dem Achterwasser oder auf dem Stettiner Haff, Angeln in den fischreichen Seen beider Inseln, Golfen für Anfänger und auf höchstem Niveau, Reiten und Wandern querfeldein und durch Naturschutzgebiete, Kiten und Surfen, Nordic Walking an den Stränden und dahinter, Sightseeing in den Seebädern mit ihrer wunderbar restaurierten Bäderarchitektur.

Im Frühling verzaubert eine überaus bunte Blütenpracht, ein Feuerwerk an Farben, im Sommer locken warme, sehr sonnenreiche Badetage, im Herbst besonders lang anhaltende, intensive Farbenkompositionen der weithin rot leuchtenden pommerschen Buchenwälder und im Winter die vom Packeis umklammerte Küste, wenn die Kälte an den Stränden bizarre Kunstwerke aus Eis und Schnee formt. Wegen all dieser Vorzüge ist Usedom längst schon ein Ganzjahresreiseziel geworden, Wollin dagegen kann noch immer als Geheimtipp gelten.

Dieser Reiseführer möchte Aktiv- wie Kultururlauber dazu einladen, die Schönheiten beider Inseln kennenzulernen. Angenehme Erlebnisse beim Entdecken und Erkunden wünschen

Grażyna und Wolfgang Kling

Das Wichtigste in Kürze

Informationen vor Reiseantritt

Zentrale Informationen für Usedom und die Umgebung erteilen: **Tourismusverband Mecklenburg-Vorpommern e.V.**, Platz der Freundschaft 1, 18059 Rostock, Telefon 0381/4030500, www.auf-nach-mv.de, und **Usedom Tourismus GmbH**, Waldstr. 1, 17429 Seebad Bansin, www.drei-kaiser baeder.de.

Das Polnische Fremdenverkehrsamt in Berlin hält umfangreiches Informationsmaterial bereit. Die wichtigsten Reiseinfos sind auch kurz und knapp auf der Internetseite des Amtes zu finden, darüber hinaus viele Anregungen für touristische Aktivitäten. Broschüren zu unterschiedlichen Themen können unter www.polen.travel/de/bro schuren bestellt oder als pdf-Datei heruntergeladen werden.

Polnisches Fremdenverkehrsamt, Kurfürstendamm 71, 10709 Berlin, Tel. 030/ 210092-0, www.polen.travel.de.

Aktuelle Wetterprognosen für alle Badeorte an der polnischen Ostsee im Internet: http://pogoda.onet.pl. Das Usedom-Inselwetter im Internet: www.mvwetter.de.

Einreise

Seit die Republik Polen 2007 dem Schengener Abkommen beigetreten ist, entfallen die Personenkontrollen an Oder und Neiße. Jetzt kann jeder Deutsche und jeder Pole die Grenze an beliebiger Stelle legal überqueren, auch im Paddelboot oder schwimmend. Insbesondere am Strand von Ahlbeck und Świnoujście (Swinemünde), wo 60 Jahre lang ein Zaun die beiden Seebäder trennte, können die Usedom-Urlauber nun die neu gewonnene Freiheit auskosten. Allerdings sind Polizei und Zoll beiderseits von Oder und Neiße im 30-Kilometer-Radius in mobilen Trupps unterwegs und nehmen hier und da Verdächtige genauer unter die Lupe. Den Personalausweis sollte man immer dabei haben. Kinder unter 16 Jahren benötigen seit 2012 einen Kinderausweis oder einen Kinder-Reisepass.

Geldwechsel

Zum Bartausch stehen in allen polnischen Seebädern Wechselstuben (kantor) zur Verfügung. Faustregel: An den Touristenpfaden ist der Kurs meist schlechter als etwas abseits. Złoty kann man auch problemlos an einem der vielen blauen Geldautomaten (bankomat) bekommen. Wegen der dabei anfallenden Gebühren durch die Hausbank ist der Bargeldumtausch in den Wechselstuben im Regelfall günstiger. Der Złoty (Abkürzung zł) ist eine konvertierbare Währung, der Kurs schwankt immer etwas. Für einen Euro bekommt man vor Ort derzeit (Feb. 2015) 4,2 Złoty. In den allermeisten Hotels und in vielen Restaurants, großen Geschäften, Tankstellen und Flugvertretungen werden Kreditkarten akzeptiert. Die gängigsten sind Euro Card, VISA, American Express, Diners Club, Master sowie JCB. Bei Verlust oder Diebstahl Ihrer Kreditkarte: Der **zentrale Sperr-Notruf** ist 0049/116116 (24-Stunden-Service).

Verständigung

In Polen sprechen mittlerweile sehr viele Leute ein gediegenes bis sehr gutes Deutsch und/oder ein gutes Englisch. Viele Speisekarten in den Restaurants, Urlaubsbroschüren und -prospekte, auch oft die Beschriftungen auf den Info-Tafeln in den Museen sind seit Jahren zweisprachig: Polnisch und Deutsch.

Klima

Usedom ist deutscher Meister in Sachen ›Sonnenstunden pro Jahr‹: Über 1900 Stunden jährlich scheint die Sonne im Durchschnitt auf Usedom, das sind 400 Stunden länger als etwa in Düsseldorf. Die jährliche Niederschlagsmenge ist sehr gering, durchschnittlich beträgt sie 600 Millimeter pro Jahr, rund ein Viertel weniger Niederschlag als beispielsweise in Köln. Mehrere Regentage hintereinander sind zwischen Anfang Frühjahr und Ende Herbst höchst selten. Auch im Hochsommer wird aufgrund des kühlenden Seewindes die 25-Grad-Marke selten überschritten. Die Wetterprognosen nimmt man auf Usedom meist nicht sehr ernst, die Zweiländer-Insel hat ihr eigenes Wetter. Ein prognostizierter trüber Regentag mit dicken Wolken und Niederschlag am Morgen und Mittag löst sich im Sommer sehr oft urplötzlich auf und wandelt sich nachmittags noch zu einem herrlichen Sonnentag. Für die Nachbarinsel Wollin gelten im Großen und Ganzen dieselben meteorologischen Werte. Die Wassertemperatur der Ostsee erreicht oder überschreitet oft erst im August 20 Grad Celsius, in kühleren Sommern wird diese Temperatur auch mal gar nicht erreicht.

Unterkünfte und Preisniveau

Auf beiden Inseln ist das touristische Angebot an Übernachtungsmöglichkeiten breit gefächert. Es reicht von familienfreundlichen Campingplätzen über einfache Privatunterkünfte und ›Urlaub auf dem Lande‹ bis zu komfortablen Ferienwohnungen, Appartements und luxuriösen Hotels. Während sich auf Wollin das Angebot an Unterkünften sehr stark auf das beliebte Seebad Międzyzdroje (Misdroy) und die Sommermonate konzentriert, sind auf Usedom die gesamte Küste als auch größere Teile des Hinterlandes touristisch vollkommen erschlossen. Vermietet werden die weit über 50 000 Gästebetten im deutschen Teil der Zweiländer-Insel seit Jahren ganzjährig. Im Sommer sind die Häuser stets ausgebucht – inzwischen an der Küste auch zu Ostern, zu Pfingsten sowie zwischen Weihnachten und Neujahr. Dann findet man nur noch in den kleineren Inselortschaften des Achterlandes freie Unterkünfte. In der Nebensaison locken die Anbieter oft mit gravierenden Preisnachlässen oder sehr günstigen Kombipreisen für Übernachtung mit Wellnessangebot. Ansonsten gilt die Faustregel: Je näher an der See, desto teurer.

Groß und vielfältig ist das Angebot an Campingplätzen entlang der Inselküsten, Jugendherbergen dagegen sind rar gesät. Besonders edel und stilvoll logiert man in den herausgeputzten Usedomer Strandvillen und Promenadenhotels mit Bäderarchitektur. Besonders in den drei ›Kaiserbädern‹ Ahlbeck, Heringsdorf und Bansin. Das hat natürlich seinen Preis. In den polnischen Seebädern kann man bei vergleichbaren Angeboten etwa um ein Drittel günstiger übernachten als auf deutscher Seite. In diesem Buch werden die Preise für ein Doppelzimmer mit Frühstück zur Hauptsaison in drei Kategorien eingeteilt. Deutschland: €=bis 70 Euro; €€=bis 140 Euro; €€€=über 140 Euro. Polen: €=bis 200 Złoty; €€=bis 300 Złoty; €€€=über 300 Złoty.

Ein umfangreiches Usedom-Gastegeberverzeichnis erhält man in den touristischen Informationsstellen, Herausgeber ist die Usedom Tourismus GmbH (www.usedom.de).

Kriminalität

Polen zählt zu den sichersten Reiseländern in der EU. Das Thema Autodiebstahl in Polen wird hin und wieder in deutschen Medien eher übertrieben negativ dargestellt. Aber das Problem ist vorhanden. Es gibt jedoch in allen Seebädern ausreichend Parkplätze, die rund um die Uhr bewacht werden. Sie heißen ›parkingi strzeżone‹. Die meisten Hotels verfügen über eigene Parkplätze. Grundsätzlich gilt die Kasko-Versicherung auch bei Diebstählen.

Kuren und Kurtaxe

Ganz Usedom, der deutsche wie der polnische Teil, ist eine ausgesprochene Kurinsel. Alle Seebäder erheben eine Kurabgabe, sie beträgt von Mai bis Oktober bis zu drei Euro pro Person und Tag, in den Wintermonaten die Hälfte. Kinder bis zur Vollendung des 16. Lebensjahres sind von der Kurtaxe befreit. In den polnischen Kurorten muss der Tourist weit weniger für die Kurtaxe bezahlen, in Świnoujście (Swinemünde) ist es umgerechnet knapp ein Euro pro Person und Tag. Hier sind Kinder bis zur Vollendung des 7. Lebensjahres von der Kurabgabe befreit. Urlauber erhalten beim Vorzeigen der Kurkarte oftmals Preisermäßigungen bei diversen Veranstaltungen.

Unterwegs mit Kindern

Buddeleimer, Schaufel, Sonnenhut eingepackt und dann nix wie raus an den Usedomer Strand, den mit über 40 Kilometern Länge größten und schönsten Sandkasten Deutschlands. Während die Kinder Kleckerburgen bauen oder am feinsandigen Ufersaum planschen, lassen sich die Älteren im Strandkorb von der Sonne und dem Meeresblick verwöhnen. Doch tagtäglich im Sand buddeln kann mit der Zeit auch ein wenig eintönig werden. Zum Glück haben Usedom und auch Wollin außer tollen Stränden noch viel mehr zu bieten, was Kinderherzen und die ganze Familie erfreut. Wenn das Wetter nicht mitspielt, laden großartige Freizeit- und Erlebnisbäder in Ahlbeck und Zinnowitz ein. Doch selbst bei andauerndem Schmuddelwetter wird es nicht langweilig.

■ Museen

Muscheln, Korallen, Perlen und Bernstein präsentiert das **Muschelmuseum** in Heringsdorf (→ S. 128). Das älteste erhaltene Eisendampffährschiff der Welt ist im **Museumshafen Wolgast** (→ S. 68) zu bestaunen. Ein Paradies für Märchenfreunde und Puppenspieler ist das **Spielzeugmuseum** Peenemünde (→ S. 85). Die **Erlebniswelt Hangar 10** (→ S. 167) befindet sich unmittelbar am Flughafen Heringsdorf. Hier ist für die Unterhaltung der ganzen Familie gesorgt. Angeboten werden etwa Flugsimulationen, eine Kletterwand mit Rutsche, Out- und Indoor-Spielewelten, aber auch eine umfangreiche Dokumentation über die Meilensteine der Flugtechnik sowie eine vortreffliche Gastronomie. Im **Freilichtmuseum Ukranenland** in Torgelow (→ S. 81) sind Häuser aufgebaut, wie sie wohl in dieser Gegend vor 1000 Jahren ausgesehen haben. Ein **Slawen- und Wikingerdorf** wurde vor einigen Jahren im polnischen Städtchen Wolin (Wollin) errichtet. Das interessante Freilichtmuseum hat 27 Handwerkerhäuser aus der Zeit um 1000 rekonstruiert. Da gibt es viel über die alten Berufe zu sehen und zu lernen. Vieles darf man selbst ausprobieren. Besonders viel geboten wird, wenn das Wikingerfestival im Sommer stattfindet (→ S. 197).

■ Technisches

Wer sich für Technik interessiert, wird sicherlich gerne in das **Unterwasserboot U-461** am Peenemünder Hafen (→ S. 84) klettern, das einst der Sowjetarmee gehörte. Spielerische Wissenschaft erwartet die Besucher in der **Phänomenta Peenemünde**

Ein Bewohner des Wildlife Usedom

Im Spielzeugmuseum Peenemünde

(→ S. 84), hier darf man auch selbst kreativ werden. In Trassenheide gibt es ein **Haus, das auf dem Kopf steht** (→ S. 92). Da hängt alles an der Decke, ob Bett, ob Tisch oder die Toilette. Die Ausstellung **Welt der Erfindungen** in Pudagla (→ S. 157) zeigt viele faszinierende Exponate, die man auch anfassen und ausprobieren darf. Das **Otto-Lilienthal-Museum** in Anklam (→ S. 77) dokumentiert sehr anschaulich, wie der Traum vom Fliegen Wirklichkeit wurde.

Tiere und Pflanzen gucken

Bereits 1976 wurde das **Schaureservat für Wisente** im Wolliner Nationalpark bei Międzyzdroje (Misdroy) eingerichtet (→ S. 184). Ein jüngeres **Wisentgehege** gibt es im Usedomer Prätenow bei Dargen (→ S. 167). Die gewaltigen, zotteligen Waldtiere waren fast schon ausgestorben. In der **Schmetterlingsfarm** von Trassenheide (→ S. 93) flattern Hunderte bunter Schmetterlinge unter tropischen Bedingungen. Im **Trassenheider Wildlife Usedom** (→ S. 93) geht es exotisch zu. Hier kann man unter anderem das Dschungelleben mit seinen beeindruckenden Reptilien und Insekten entdecken. Im **Tropenhaus Bansin** (→ S. 125) trifft man auf Weißbüscheläffchen und auf viele andere Tiere. Begrüßt wird der Besucher von Papagei Jacko, wenn er guter Dinge ist. Im Landwirtschaftlichen **Erlebnisbereich** der Gutsanlage in Mölschow (→ S. 91) leben Ziegen, Tauben, Kaninchen, Schafe und allerlei Federvieh. In den Kreativwerkstätten dieser alten Gutsanlage können Kinder das einheimische Kunsthandwerk kennen lernen.

Vielfältige Erlebnisse

Eine Schiffsreise ist immer ein Erlebnis. Zum Beispiel mit dem Ausflugsdampfer von Bansin, Heringsdorf oder Ahlbeck aus ins Nachbarland Polen, nach Międzyzdroje (Misdroy) oder Świnoujście (Swinemünde). Da gibt es schon bei der Einfahrt in den großen Hafen viel zu sehen. Mit der Stadtfähre kann man danach über die Swine setzen und an ihrem Ostufer den höchsten **Leuchtturm** (→ S. 147) an der Ostseeküste besteigen oder das preußische **Fort Gerhard** (→ S. 149) besuchen. Im **Gesteinsgarten Neu Pudagla** (→ S. 116) hat man rund 140 große eiszeitliche Findlinge zusammengetragen und informativ beschriftet. Gleich daneben geht es abenteuerlich zu: Im **Kletterwald Usedom** (→ S. 117) wird es bei 50 Kletterelementen bestimmt nicht langweilig werden. Im **Kinderland Usedom** in Trassenheide (→ S. 93) ist Herumtoben ausdrücklich erwünscht. Hierfür stehen etwa Hüpfburgen und Trampoline zur Verfügung, es gibt auch ein Streichelgehege und ein historisches Kinderkarussell. Ebenfalls in Trassenheide ist die 3500 Quadratmeter große **Abenteuer-Minigolfanlage Piraten** der Ostsee sehr fantasievoll mit Wildwasserbach, einem schwimmenden Floß und Vulkan gestaltet (www.piraten-der-ostsee.de).

Herausragende Sehenswürdigkeiten

Wahrzeichen der Ostseebäder sind die Seebrücken. Sie finden sich in Ahlbeck, Heringsdorf, Bansin, Koserow und Zinnowitz auf Usedom und Międzyzdroje (Misdroy) auf Wollin. An den Brückenköpfen legen jeweils die Ausflugsdampfer ab, um von einem Seebad zum anderen zu ›hüpfen‹.

Architektonische Meisterwerke aus der Hochzeit der Seebäder vor mehr als 100 Jahren sind vor allem in den Kaiserbädern Bansin, Ahlbeck und Heringsdorf fast lückenlos erhalten geblieben: **Prachtvoll-majestätische Villen** ▶ im Zuckerbäckerstil mit Marmorsäulen, großzügigen Freitreppen, filigran verzierten Giebeln, offenen Loggien, Erkern und Ecktürmchen. Die eleganten Gebäude sind ein Spiegelbild der gesellschaftlichen Stellung ihrer reichen Bauherren und übertreffen sich in Glanz und Gestaltung (→ S. 120, 127, 136, Extra S. 51).

Die **Seebrücke in Ahlbeck** ▶ ist sicherlich die schönste an der Ostseeküste: Der berühmte Pavillon erstrahlt in leuchtendem Weiß – ein Schmuckstück mit vier kleinen Türmchen, die das Dach liebevoll umrahmen. Hier, am fotogenen Wahrzeichen Usedoms, wird schon seit 1898 über den Ostseewellen flaniert (→ S. 138).

Der **Strand von Świnoujście** ▲ Der breiteste Strand an der polnischen Ostseeküste wächst durch die günstige Meeresströmung von Jahr zu Jahr. Der makellos feinkörnige Sand, das sehr flache Brandungsufer, restaurierte Villen in Bäderarchitektur, attraktive Neubauten, außergewöhnlich viele Sonnenstunden und günstige Angebote machen das polnische Seebad mehr und mehr zu einem Favoriten für deutsche Familien mit Kindern (→ S. 146).

Die **Festungsanlagen von Świnoujście** ▶ Die Forts aus der Mitte des 19. Jahrhunderts sind Touristenattraktionen. Sie liegen an der Swinemündung in die Ostsee, zwei auf Usedomer Seite, das weite Fort Gerharda auf Wolliner Seite. Die zu sozialistischer Zeit ausgebaute und im Kalten Kieg hochgeheime ›Unterirdische Stadt‹ ist erst seit 2014 in der Nähe zu besichtigen (→ S. 174).

Die **Heeresversuchsanstalt in Peenemünde** Im Norden von Usedom liegt die Wiege der Raumfahrt und gleichzeitig die Geburtsstunde des Naziterrors mit Raketenwaffen großer Reichweite. Die Versuchsanstalt wurde vor allem durch die von Wernher von Braun entwickelte ›V2‹ bekannt. Heute beleuchtet eine Ausstellung Nutzen und Risiken des technischen Fortschritts, das Wettrüsten während des ›Kalten Krieges‹ sowie die Erfolge der zivilen Raumfahrt (→ S. 86).

Der **Wolliner Nationalpark** ▲ Spektakuläre Natur: Die wilde Kliffküste ist an manchen Stellen fast 100 Meter hoch und ständig in Bewegung. Herabgestürzte Bäume und Erdmassen lassen die gewaltigen Naturkräfte erahnen, die an den eiszeitlichen Endmoränen nagen. Herrliche Buchen- und Eichenwälder ziehen sich über die sanft gewellten Hügelketten des Nationalparks. Naturliebhaber fühlen sich hier sicherlich ebenso wohl wie die zotteligen Wisente in ihrem Reservat (→ S. 179).

Landschaftlich besonders reizvoll sind auf Usedom die Halbinseln Lieper Winkel, Loddiner Höft, Gnitz und Wolgaster Ort sowie das sanft gewellte Land der **Usedomer Schweiz** (→ S. 175). Hier empfehlen sich ausgedehnte Wanderungen und Radtouren.

Der **Ostseeküstenradweg R 10** ▲ führt von Ahlbeck über Świnoujście bis nach Gdańsk (Danzig). Er durchquert alle Seebäder, umgeht aber alle verkehrsreichen Straßen und verläuft meist auf Wiesen-, Wald- und Feldwegen, Landstraßen und alten Bahndämmen. Er passiert zum Beispiel alle Swinemünder Forts, das Wolliner Wisentgehege und die urwüchsigen Wolliner Wälder (→ S. 175).

Der ›R 10‹ verbindet sich in Świnoujście mit der 56 Kilometer langen **Feininger-Route** (→ S. 157), die auf 40 Stationen das reizvolle Usedomer Hinterland bis zur Swinemündung durchstreift.

Der **Haff-Radfernweg** umrundet von Kamminke aus das Kleine Stettiner Haff (→ S. 165).

Man hat hier Ruhe und frische Luft und diese beiden Dinge erfüllen Nerven, Herz und Lungen mit einer stillen Wonne.

Theodor Fontane 1863 in einem Brief aus Usedom an seine Frau Emilie

Am Strand in Karlshagen

LAND UND LEUTE

Landschaft

Usedom ist vom Wasser höchst abenteuerlich zerkerbt und läuft an einigen sehr schmalen Erdzungen Gefahr zerrissen zu werden. Die Insel zerfällt dadurch in sich wieder in unendlich viele Halbinseln, welche Winkel genannt werden, von denen der Wolgaster, der Lieper und der Zechiner Winkel die hauptsächlichen sind.

Wilhelm Cornelius (deutscher Dichter und Redakteur, 1809 geboren, das Todesjahr ist unbekannt)

Pommern wendet sein Gesicht dem Meer zu. ›Am Meere gelegen‹ bedeutet denn auch sein Name, auf Polnisch ›po morze‹. Die geographische Form des historischen Pommern wird gern mit einem Schmetterling verglichen, der auf das offene Meer hinausfliegt. Sein Leib entspricht der Oder, Stettin dem Kopf, die Inseln Usedom und Wollin figurieren als seine Fühler. Vorpommern erscheint als der zerzauste und kleinere linke, Hinterpommern als der rechte Flügel.

Beeindruckend ist die landschaftliche Vielfalt auf kleinem Raum: feinkörnige Sandstrände, Kliffküsten, Seen, schilfgesäumte Haffs und Bodden, verträumte Buchten, Halbinseln, Hügelland, flache Wiesen und Weiden, Moorland, ausgedehnte Misch- und Buchenwälder. Eine landschaftliche Besonderheit prägt beide Inseln gleichermaßen: das ebenso seltsame wie beeindruckende Nebeneinander von Flach- und Steilküste. Für dieses Phänomen sind die Endmoränenstränge verantwortlich: wallartige Aufschüttungen von Gesteinsmaterial am Ende eines Gletschers. Sie erstrecken sich von Norden nach Süden. Treten sie im Inselinnern auf, formen sie die Landschaft sehr abwechslungsreich mit weit geschwungenen Erhebungen bis zu fast 100 Metern Höhe sowie Seen in den Niederungen zwischen den Hügelketten. Stoßen sie ans Wasser, entstehen Steil- oder Kliffküsten. Erosionen durch Regen, Stürme, Meeresbrandung und -strömung nagen an den

Das herb-romantische Swinedelta

Steilufern und landen Sand, Ton, Lehm und Steine mit West-Ost-Strömung andernorts an der Küste wieder an. Bis heute werden diese ›Abtragungsküsten‹ auf beiden Inseln ständig und unaufhaltsam verändert. Auf Usedom sind besonders der Streckelsberg bei Koserow und der Lange Berg bei Bansin davon betroffen, auf Wollin die schroffe Kliffküste bei Międzyzdroje (Misdroy). Gräser, Sträucher und Bäume bieten dem Kliff zumindest zeitweise Schutz vor Winderosion und Niederschlägen. Bei den oft starken Herbst- und Winterstürmen trägt das Sturmhochwasser dann regelmäßig wieder Material von den steilen Wänden ab. Es entstehen dadurch bodennahe Hohlkehlen am Kliff, und die oberen Schichten rutschen stetig nach. Diese Küstendynamik setzt sich bis heute fort. Die Steilküsten liefern das Material, das die Strömung und der Wind strandnahe weitertransportieren. So entstanden die wunderbar breiten Sandstrände Usedoms. Einige von ihnen werden Jahr für Jahr noch breiter, etwa der Strand im polnischen Świnoujście (Swinemünde). Am Peenemünder Haken im Nordwesten der Insel Usedom wird jährlich rund ein Meter ›Neuland‹ zugeschwemmt.

In den Endmoränen sind mitunter Kesselmoore eingelagert; ein besonders schönes Beispiel dafür ist der verschwiegen gelegene Mümmelkensee bei Bansin. Zahlreiche sogenannte Strandseen entstanden hinter den Dünenwällen, die die Gewässer von der Ostsee abschnürten, so etwa der Schloonsee, der Kölpinsee oder der Wockninsee. Andere Seen bildeten sich in den vom Eis ausgeschürften Gletscherzungenbecken. Dazu gehören der Wolgastsee, der Zerninsee und die Krebsseen auf Usedom sowie die Seen der Seenplatte auf der Insel Wollin.

Die Entstehung der beiden pommerschen Inseln

Usedom und Wollin sind sehr junge Inseln, jedenfalls erdgeschichtlich gesehen. Sie entstanden erst im Verlauf einer geologischen Entwicklung, die vor rund 13 000 Jahren einsetzte, als die mächtigen Eisgletscher allmählich abschmolzen und sich etappenweise nach Skandinavien zurückzogen. Der gigantische Eispanzer der sogenannten Weichseleiszeit, die vor etwa 115 000 Jahren einsetzte, erreichte fast unglaubliche Höhen von bis zu 1000 Metern. Seine größte Ausdehnung reichte bis in das Gebiet des heutigen Berlin. Die Schmelzwasser schufen in der von den Gletschern ›ausgekratzten‹ Baltischen Senke einen riesigen Süßwassersee, die erste Entwicklungsphase der Ostsee. Aus ihr ragten zunächst nur die höchsten Erhebungen der Geröllhaufen und Gesteinsablagerungen hervor, die die Gletscher in grauer Vorzeit aus der Erde hervor geschoben hatten und die die Eisschmelze nun zurückließ. Diese Sedimente bildeten zahlreiche Kleinstinseln, eine Art Archipel im südlichen Teil der Ostsee. An diesen Inselkernen setzten sich durch Strömungen, Winde und Wetter fortwährend weitere Ablagerungen fest. Die Folge war die Bildung einer Ausgleichsküste: Langgezogene Nehrungen entstanden, also sandige, schmale Landstreifen, die schließlich zu geschlossenen Verbindungen zwischen den Inselkernen führten. Weite Sandstrände bildeten nun die Küstenlinien des neu geschaffenen Landes. Sehr anschaulich zeigt sich diese geologische Entwicklung noch an der Landbrücke zwischen dem Nord- und dem Südteil Usedoms, der ›Wespentaille‹ der Insel zwischen den Seebädern Zempin und Ückeritz.

Als sich vor rund 7500 Jahren die Gletscher weit nach Norden zurückgezogen hatten, hob sich – von der Last des Eises befreit – das skandinavische Festland und der Meeresspiegel der Ostsee stieg deutlich an. Dadurch wurden weite Festlandteile nördlich der heutigen Odermündung überflutet. Darunter war auch die Landverbindung zwischen Rügen und Bornholm. Neue Mündungsarme der Oder bildeten sich damals dort heraus, wo die Gletscherwasser abgeflossen waren: Peenestrom, Swine und Dievenow. Dievenow und Peenestrom trennten nun den halbinselförmigen Landstrich vom Festland, und die Swine teilte dieses damals noch üppig bewachsene Tundrengebiet schließlich in zwei Inseln: Usedom und Wollin. Bis vor etwa 3000 Jahren waren die steilen Moränenhügel am Swinedelta noch vom Oderwasser bespült. Die Swine war damals bis zu 14 Kilometer breit. Im Laufe der Jahrhunderte lagerten sich Dünen und Strandwälle ab und das Swinedelta verlandete. Durch die große Überflutung vor 7500 Jahren entstanden in geschützter Lage hinter den Inseln breite, stark verlappte Buchten, Bodden genannt. Der größte Bodden im Oderdelta ist das Achterwasser, das weit in die Insel Usedom hineinragt. Auch das Stettiner Haff entstand in jener Vorzeit als großer, flacher Stausee im Mündungsbereich der Oder.

Die Findlinge

Usedom, Wollin und ganz Pommern sind stein-reich. Die pommersche Landschaft ist noch immer reich bestückt mit den ›wandernden Steinen‹, die die Eiszeitgletscher zusammen mit Millionen Tonnen Geröll aus dem Norden mitbrachten. Manche dieser Findlinge haben imposante Maße und ragen nicht selten pittoresk aus dem Wasser an den See- oder auch Meeresufern, etwa der Königstein bei Kamień Pomorski (Cammin), der Fischotterfelsen am Wolliner Jezioro Czajcze (Otternhöhlensee), der Sagenstein am Ufer des Schmollensees nahe der Ortschaft Sellin oder der Strandfelsen von Bansin. Er prägt sogar das Stadtwappen des Seebads: Der Fels lugt aus der Ostsee, auf ihm sitzt ein Seeadler. Der fast runde Granitstein trat 1908 aus dem steilen Kliff des Langen Bergs hervor

Der sagenumwobene Otternstein bei Wisełka, ein Findling

Am Strand von Świnoujście

und rutschte schließlich ab. Aufgrund seines Gewichts hat er seitdem seine Position nicht verändert. Durch die andauernden Abtragungen der Küste vergrößerte sich allerdings in den vergangenen rund 100 Jahren der Abstand zwischen dem Fuß der Steilküste und dem Findling auf enorme 60 Meter.

Die Fantasie der Bevölkerung machte aus den Findlingen ›Teufelssteine‹ oder ließ sie von Riesen über die pommersche Erde schleudern. Die Pommern haben sie gut genutzt – die Alten für ihre Werkzeuge, Waffen und die zahlreichen Großsteingräber, die frühen Pommernchristen erbauten damit ihre Kirchen, für die Kutschen entstanden befestigte Straßen und Chausseen, und die Handelsstationen wurden zu gepflasterten Marktplätzen. Die nicht selten mehrere Kubikmeter großen und tonnenschweren Steine weisen häufig Schleifspuren und Kratzer auf, eindeutige Nachweise für ihre ›Reise‹ im Eistransport. Der interessante **Usedomer Gesteinsgarten** (→ S. 116) im Forstamt Neu Pudagla hat in seiner Freiluftausstellung die wichtigsten Gesteinsarten dieser Findlinge ausgestellt.

Die Ostsee

Das 413 000 Quadratkilometer große und bis zu maximal 459 Meter tiefe Binnenmeer wird auch Baltisches Meer (Morze Bałtyckie) genannt. Die Ostsee ist ein vergleichsweise sehr junges Meer. Noch vor 13000 Jahren waren Teile Nordeuropas von riesigen Gletschermassen der sogenannten Weichseleiszeit bedeckt, die sich infolge der Erwärmung des Erdklimas in dieser Epoche allmählich nach Skandinavien zurückzogen. Die Baltische Senke füllte sich daraufhin zwischen dem Eisrand im Norden und den zurückgelassenen Geröllschuttmassen im Süden mit Wasser. So entstand ein riesiger Süßwasserstausee, der Baltische Eisstausee. Wegen der ständigen Zufuhr von frischem Schmelzwasser stieg sein Wasserspiegel über das Weltmeeresniveau, so dass vor etwa 10 000 Jahren das gestaute Wasser erstmals zur Nordsee durchbrach: Das salzige Yoldiameer war

›Land der 44 Inseln‹: das Swinedelta

geboren. Salzwasser flutete in den Eissee. Trotz der erdgeschichtlichen Jugend der Ostsee ist ihr geologischer Untergrund ausgesprochen alt. Er war einstmals von einem subtropischen Wald überzogen. Der Bernstein, die ›Harztränen‹ dieser frühzeitlichen Urwaldbäume, zeugt davon.

Die heutigen Küstenformen entstanden erst vor etwa 1500 Jahren. Seit dieser Zeit breitete sich die heute allerorten anzutreffende Sandklaffmuschel Mya arenaria in der Ostsee aus. Daher wird die gegenwärtige Entwicklungsphase des Baltischen Meeres wissenschaftlich als Myameer bezeichnet. Biologisch ist das relativ flache Meer eher artenarm. Nur einige Dutzend Fischarten sind hier heimisch. Gefangen wird vor allem Hering, Dorsch (Kabeljau) und Flunder. Wegen des geringen Salzgehalts wandern aus der Nordsee keine neuen Arten ein, den meisten Süßwasserarten ist es hier wiederum zu salzig. Ostseelachse und der Stint pendeln von einigen Flüssen in die Ostsee, Aale, Schnäpel, der Zander und der Barsch kommen sowohl in der Ostsee als auch im Stettiner Haff vor.

Galt die Ostsee noch in den späten 1970er Jahren als das schmutzigste Meer der Welt, so hat sich die Wasserqualität in den letzten 20 Jahren stark verbessert. An den Küsten der südlichen Ostsee wird sie heute fast überall mit gut bis sehr gut bewertet, Badeverbote gibt es längst nicht mehr. Doch der Schein trügt: Noch immer werden über die Flüsse pro Jahr bis zu einer Million Tonnen Stickstoff aus dem wachsenden Einsatz von Kunstdünger und Tausende Tonnen Nitrat in die Ostsee geleitet. Sie verwandeln das Meer in eine blühende Landschaft, in der vor allem Blaualgen gedeihen. Die sinken auf den Boden, wenn sie absterben, werden dort zersetzt und entziehen dem Wasser so den letzten Sauerstoff. Die Ostsee stirbt allmählich von ihrem Grund her. Was Not tut, ist daher die Belüftung ihres Bodens. Und das kann nur die Nordsee, doch die rettende Frischwasserzufuhr aus dem Westen bleibt seit Jahrzehnten immer länger aus. Die kleine See hängt auf Gedeih und Verderb am großen Tropf. Wird das Baltische Meer wieder zum Süßwassermeer, oder kippt es gar?

Boddengewässer: Achterwasser und Stettiner Haff

Sowohl das Achterwasser als auch das Stettiner Haff sind Boddengewässer. Bodden sind seenähnliche Küstengewässer, die durch Landzungen (Nehrungen), Sandhaken oder auch Inseln vom Meer weitgehend abgeriegelt sind. Nur durch schmale Meeresarme stehen sie mit der offenen See in Verbindung. Entstanden durch nacheiszeitliche Flutungen, sind Bodden in der Regel sehr buchtenreich. Die Buchten werden als Wiek bezeichnet, zum Beispiel das Krumminer Wiek im Achterwasser.

Usedom und Wollin bilden den östlichen Abschluss der vorpommerschen Boddenküste. Das Achterwasser ist eine Ausbuchtung des Peenestroms, der in die Ostsee mündet. Im Norden wird das Achterwasser durch die Halbinsel Gnitz eingerahmt, im Süden vom Lieper Winkel. Das rund 300 Quadratkilometer große Gewässer ist von einem breiten Schilfgürtel umsäumt, Badestrände sind daher eher rar. Der Bodden ist aber ein beliebtes Segel- und Surfrevier. Die Schilfröhrichte am Ufer sind wichtige Rückzugsgebiete für zahlreiche Insektenarten und Vögel. Hier sind Seeschwalben, Teich- und Drosselfänger, Graureiher und die scheuen Fischotter ebenso anzutreffen wie Seeadler.

Das Stettiner Haff (Zalew Szczeciński) besitzt eine Größe von 903 Quadratkilometern und eine Ost-West-Ausdehnung von 52 Kilometern. Es ist nur leicht salzhaltig und maximal neun Meter tief. Seit 1945 verläuft die Staatsgrenze zwischen Deutschland und Polen mitten durch das Haff. Der deutsche Teil heißt Kleines Haff, der polnische Großes Haff (Wielki Zalew). Vorgelagert sind die Inseln Usedom, Wolin (Wollin) und Karsibór (Kaseburg). Die ehemalige Kaiserfahrt, der heutige Kanał Piastowski (Piastenkanal), bildet die Verbindung für die Schifffahrt zwischen dem Stettiner Haff und dem Baltischen Meer. Ausflugsfahrten auf dem Haff sind während der Sommersaison von Kamminke, Ueckermünde und Altwarp aus möglich. Die Wasserqualität gilt seit Jahren als gut und badetauglich. Im Haff sind unter anderem Hechte, Bleie, Plötzen (Rotaugen), Quappen und Rapfen heimisch.

Auch im Winter ist das Haff reizvoll

Bernstein - das Gold des Baltischen Meeres

Eine Sage aus altpruzzischer Zeit erzählt von Jurate, der schönen Prinzessin des Baltischen Meeres. Diese hatte sich unsterblich, aber standeswidrig in den jungen Fischer Kastytis verliebt, worüber sich der ewig zürnende pruzzische Donnergott Perkunos so erboste, dass er ihren prächtigen Unterseepalast aus purem Bernstein zerstörte und ihren Geliebten tötete. Die Prinzessin weinte bitterlich, ihre Tränen geronnen zu honiggelben Steinen. Nicht minder tränenreich ist auch eine Legende, die der römische Dichter Ovid (43 v. Chr.–18 n. Chr.) – in Anlehnung an Euripides – niederschrieb: Phaeton, der Sohn des Sonnengottes Helios, raubte einst den väterlichen Sonnenwagen. Er hatte jedoch weder eine Fahrerlaubnis noch genügend Erfahrung mit dem vierspännigen Gefährt. So endete die Spritztour im Fluss Eridanos. Unbarmherzig verwandelte daraufhin der Göttervater Zeus seine über den Diebstahl informierten Schwestern, die Heliaden, in Pappeln. Dicke Tränen flossen bald die Bäume hinab und versteinerten auf der Erde. So wurden die ›Tränen der Heliaden‹ zu funkelnden Bernsteinen.

Es gibt aber auch eine naturwissenschaftliche Erklärung für die Entstehung des Bernsteins: Vor 45 bis 40 Millionen Jahren war ganz Nordeuropa von riesigen Nadelwäldern bedeckt, von der ausgestorbenen Kiefernart Pinus succinifera. Diese Bäume produzierten reichlich Harz, das ins Wasser oder ins Erdreich floss. Dabei schloss die zähe Flüssigkeit alles ein, was ihr zu nahe kam: Insekten, Blätter, Moos, Samen, Mineralien, Wassertropfen. Solche Steine mit Einschlüssen (Inklusen) sind heute besonders hoch geschätzt. Die Umgestaltung des Baumharzes zum Stein war von komplizierten Prozessen begleitet, unter anderem von Oxyda-

Verkaufsstand in Świnoujście

tion, Verdunstung und Fermentation (Gärung). Bei der Verbreitung des baltischen Bernsteins haben vor allem die eiszeitlichen Verschiebungen eine große Rolle gespielt. Der Name ›Bernstein‹ ist vom mittelhochdeutschen Börnsten abgeleitet und bedeutet brennbarer Stein. Echter Bernstein schwimmt in stark salzhaltiger Lösung. Er lädt sich zudem statisch auf, wenn man ihn an Wolle oder Seide reibt.

Die Schönheit dieser Steine sowie ihre einfache Bearbeitung veranlassten schon in der Jungsteinzeit (ca. 4000–1700 v. Chr.) Stämme am Baltischen Meer, aus dem schönen Stein Schmuckgegenstände und Talismane herzustellen. Nachweislich betrieben bereits zu Beginn der jüngeren Eisenzeit, also etwa 700 v. Chr., Völkerschaften der baltischen Pomorze-Kultur einen regen Handel mit den hochzivilisierten europäischen Kulturen. Bei denen stand der Bernstein hoch im Kurs, er wurde gegen Schmuck und Grabbeilagen aus Italien und den griechischen Kolonien am Schwarzen Meer getauscht. Zu einem organisierten Bernsteinexport von der Ostseeküste ans Mittelmeer, bis nach Syrien und Ägypten, kam es ab den ersten nachchristlichen Jahrhunderten. Vier große Handelswege, die berühmten Bernsteinstraßen, führten dorthin und passierten zahlreiche Marktplätze in Schlesien, Böhmen und Mähren, in Österreich und auf dem Balkan. Sie führten nach Byzanz (Konstantinopel, das heutige Istanbul) und Bagdad, aber auch entlang der Oder und Neiße über mehrere Stationen nach Westen und bis nach Rom. Das Bernstein war als Schmuck begehrt, diente aber sogar als Arznei. Der römische Gelehrte Plinius d. Ä. (23–79) schwor auf Bernsteinamulette gegen Geistesstörung und Prostataweh. Entzündete man den Stein, befreite sein Qualm angeblich von Herzbeklemmung und Rheumatismus.

Im Barock, zu Beginn des 18. Jahrhunderts, erlebte die Bernsteinkunst eine neue Blütezeit. Man begnügte sich nun nicht mehr mit der Herstellung von Schmuckstücken, sondern stattete komplette Inneneinrichtungen mit Bernstein aus. Das berühmteste Beispiel dafür ist das legendäre Bernsteinzimmer, wohl das phantastischste Bernsteinkunstwerk überhaupt. Es wurde 1701 vom preußischen König Friedrich I. in Auftrag gegeben, 1713 erstrahlten schließlich die Wände des Kabinetts im Weißen Saal des Berliner Stadtschlosses im Glanz des Ostseegoldes. Aber schon 1717 schenkte es ausgerechnet sein Nachfolger, der sprichwörtlich geizige preußische ›Soldatenkönig‹ Friedrich Wilhelm I., dem russischen Zaren Peter I. für dessen Sommerresidenz in Zarskoje Selo, dem Katharinenpalast bei Sankt Petersburg. Im Zweiten Weltkrieg raubten deutsche Soldaten den kostbaren Schatz, ›heim ins Reich‹ sollte er. Im April 1945 wurde er, in Kisten verpackt, zum letzten Mal auf der Königsberger Burg gesehen. Dann verliert sich seine Spur. Eine meisterliche originalgetreue Nachbildung durch russische Bernsteinkünstler befindet sich seit 2003 wieder im Katharinenpalast.

Die südliche und südöstliche Küste der Ostsee ist das Gelobte Land für alle, die nach den schönen Steinen suchen – ob als Strandläufer im Schneckentempo mit kleinen Stöcken in Tang und Muscheln stochernd, ob mit Keschern in den Fluten watend oder ganz unromantisch mit schweren Baggern, die im Tagebau die Erde umwühlen. So geschieht es im russisch-samländischen Jantarnyj, dem ehemaligen Palmnicken, wo die größte Bernsteingrube der Welt liegt. Die besten Bedingungen für das Bernsteinsammeln sollen übrigens dann gegeben sein, wenn ein Sturm, der nach Nord blies, plötzlich nach Süden dreht.

Sturmfluten

Es brandet über Bäumen / Und Häuser hier die See. / Die Dünen wild zersplissen, / Zerklüftet das Gestad, / Vom Wasser fortgerissen,/ Die Ernte samt der Saat…

Ferdinand Freiligrath (1810–1876), ›Vineta allerorten‹

Regelmäßig verändern starke Stürme im Herbst und Winter die Küstenlinien Usedoms und Wollins. In Abständen von etwa zwölf Jahren ist mit einem schweren Sturmhochwasser zu rechnen. Sie haben dann oft katastrophale Folgen für die Inseln und richten verheerende Schäden an. So zerstörte die Allerheiligenflut des Jahres 1304 die Landverbindung zwischen der Insel Rügen und der Insel Ruden an der Nordküste Usedoms. Der Greifswalder Bodden, bisher ein Binnensee, öffnete sich dadurch zur Ostsee hin. Bei der Sturmflut vom November 1872 tobte ein gewaltiger Orkan über Usedom. Damals hatten lang anhaltende Winde aus westlicher Richtung gewaltige Wassermassen der Nordsee in die Ostsee gedrückt und im Finnischen Meerbusen gestaut. Ein Sturm aus Nordost trieb das Wasser dann springflutähnlich an die südliche Ostseeküste. Die Flut riss die Insel an ihrer schmalsten Stelle entzwei. Der kleine Ort Damerow versank dabei in den reißenden Meeresfluten. Auch die Sturmfluten von 1904 und 1913 führten zu Durchbrüchen an diesem nur rund 300 Meter breiten Landstreifen, der die Ostsee vom Achterwasser trennt. Diese Landbrücke ist neben den Kliffhängen des Streckelsbergs und des Langen Bergs auf Usedom stets einer der Hauptangriffspunkte der Fluten. Die Sturmflut von 1995 spülte bei Ückeritz und bei Ahlbeck nahezu zehn Meter vom Festland ins Meer hinaus. Die Brandung und Sturmfluten haben den Streckelsberg bei Koserow in den letzten 300 Jahren um gut 250 Meter schrumpfen lassen. Einst soll er gar bis zur Insel Rügen gereicht

Der Sanddorn, der für die Küste charakteristische Strauch

haben. Mit Buhnen, Wellenbrechern und einer dreiteiligen Schutzmauer – Küstenschutzmaßnahmen von 1995 – soll der natürliche Prozess zumindest verlangsamt werden. Der für den Küstenschutz wichtige und lange geplante Riegeldeich zwischen Peenemünde und der Ostsee wird für die Usedomer Bevölkerung unverständlicherweise immer wieder verschoben.

Die Kälte im Winter birgt eine weitere Gefahr: Eisalarm. Das Eis erschwert oder behindert durchschnittlich in jedem vierten Winter die Ostseeschifffahrt. Außerdem können die bizarren, meterhohen Eisplatten an den Ufern die Seebrücken gefährden. Im idyllisch am Haff gelegenen Fischerdorf Kamminke zermalmten noch im April des Jahres 1970 riesige Eisschollen die 150 Meter lange Mole, zerstörten an Land Produktionshallen und türmten sich zu einem 300 Meter langen Eiswall.

Die Dünen

Das sind kleine Sandhügel, 3–5 Schritt hoch. Trauriges, halmartig vereinzeltes Struppgras sprießt aus ihnen, so dass sie ganz das Aussehen eines alten Männerhauptes gewähren, das schlecht barbiert ist.

Heinrich Laube (deutscher Schriftsteller, Dramatiker und Theaterleiter, 1806–1884)

Direkt auf dem Strand gedeihen nur äußerst anspruchslose, salzverträgliche Pflanzen wie Stranddistel, Kali-Salzkraut, Strandroggen oder Europäischer Meersenf. Der landwärts wehende Wind fängt sich stets in größerem Abstand vom Ufer im Windschatten anderer Gräser der Küstenflora und formt Sandhügel. Diese Dünen bestehen aus zerriebenen Muschelschalen und aus Quarzsand, der von den Meereswellen und dem Wind herangetragen wird. Die natürliche Dynamik findet erst ein Ende, wenn Pionierpflanzen den Dünensand festigen. Zu ihnen gehören das Haargras, die Strandquecke und der Strandhafer, der sich mit seinen schuppigen Halmen im lockeren Grund verankert. Im Windschatten dieser meist krautigen Gräser bilden sich zunächst Weißdünen, Dünen aus frischem Sand. Etwas höher liegt die nächste Zone der Küstendünen: Graudünen. Sie sind gealterte Weißdünen, auf denen nun hauptsächlich Gräser wie die Sandsegge, das Schillergras und das Silbergras wachsen und auch der Strandroggen, ein sehr hohes und bläulich-grünes Gras, das zum ›Befestigen‹ des Flugsandes wichtig ist. Ihre abgestorbenen Halme bleiben unzersetzt auf dem Sand liegen und geben der Düne durch diesen Rohhumus die graue Farbe. Hier beginnen sich auch Sumpfpflanzen auszubreiten, auch Moore und Flechten. Sie bilden bereits eine dichte Grasnarbe. Dieser Dünengürtel geht allmählich in eine weitere Zone über, in den Küsten-Kiefernwald.

Hier, in der Zone der Braundüne, gedeihen neben Kiefern und Birken auch vielerlei Sträucher: Kriechweiden, die weiß blühende Bibernellrose (Dünenrose), die Besenheide und der Sanddorn. Dessen essbaren Beeren, die im Herbst schön orange leuchten, sind sehr reich an Vitamin C. Auch etliche Tiere sind in den drei Zonen der Küstendünen heimisch, darunter Heidelerchen, Sandlaufkäfer, Pillendreher, Kaninchen und Igel.

Naturschutzgebiete auf Usedom, Wolin und Karsibór

Die landschaftliche Vielfalt der Inseln bietet beste Bedingungen für einen großen Artenreichtum sowohl der Pflanzen- als auch der Tierwelt. Die Naturparadiese sind für ihren weiteren Erhalt sowie gleichzeitig für einen nachhaltigen Tourismus notwendigerweise streng geschützt. Die Schutzmaßnahmen bedeuten aber keineswegs den Ausschluss für Naturfreunde.

Im Jahre 1999 wurde der gesamte deutsche Teil der Insel Usedom zum Naturpark erklärt. Dazu gehören auch die Sandinsel Ruden und die küstennahe Ostsee, das Achterwasser und der Peenestrom sowie ein schmaler Uferstreifen der Boddenküste am Festland. Der Naturpark ist daher mit seinen 632 Quadratkilometern eineinhalbmal so groß wie die Insel selbst. Insgesamt sind 14 Naturschutzgebiete (NSG) ausgewiesen, vor allem Moore und Seen, Inseln und Halbinseln an der Binnenküste und der Ostsee. Das Naturreservat Karsiborskie Paprocie (Farnland Kaseburg) liegt auf dem polnischen Teil Usedoms, im Stadtgebiet von Świnoujście (Swinemünde). Zur Hafenstadt an der Swinemündung gehört auch die Insel Karsibór (Kaseburg) mit dem Vogelschutzgebiet Karsiborska Kępa (Kaseburger Hutung). Der Nationalpark auf der polnischen Insel Wolin (Wollin) nimmt rund 20 Prozent der gesamten Inselfläche ein.

Naturschutzgebiet Peenemünder Haken, Struck und Ruden

Das 7824 Hektar große Schutzgebiet im äußersten Norden Usedoms ist das älteste der Insel. Seit 1925 stehen die Zugvögel-Rastplätze der Halbinsel Struck und der Insel Ruden unter strengem Schutz. Zu beobachten sind unter anderem Rotkehlchen, Laubsänger, Wintergoldhähnchen und Watvögel. Eine Besonderheit des Peenemünder Hakens sind die ausgedehnten Windwatten. Hier wird nicht durch Ebbe wie in der Nordsee, sondern durch starke Winde das Wasser aus dem Bodden hinaus in die Ostsee gedrückt. So entsteht durch die ›Trockenlegung‹ eine Nahrungsquelle für Zugvögel. Ein Shuttlebus des Naturparks bringt die Besucher zum Peenemünder Haken, wo Führungen angeboten werden. Im Sommer fahren Ausflugsschiffe täglich von Peenemünde, Freest und Karlshagen aus auf die Insel Ruden. Ein Lehr- und Wanderpfad führt durch weitgehend unberührte Natur.

Kein seltenes Zeichen an der Küste

Blick vom Streckelsberg auf den Strand bei Koserow

Naturschutzgebiet Insel Großer Wotig

Die Insel liegt im Peenestrom, eingeklemmt zwischen dem Festland und Usedom. Sie ist Brutstätte für viele Vogelarten, vor allem für Watvögel wie den Großen Brachvogel, die Bekassine und den Alpenstrandläufer. Regelmäßig im Frühjahr wird das 190 Hektar große Schutzgebiet von salzhaltigem Meerwasser überflutet. Daher bildete sich hier eine spezielle Vegetationsform, das Salzgrasland.

Naturschutzgebiet Streckelsberg

Der Streckelsberg ist mit seinen 58 Metern Höhe die höchste Erhebung an der Küste Usedoms. Die Kliffranddüne mit spektakulärem Weitblick bis nach Swinemünde und bei guter Sicht sogar bis nach Rügen steht seit 1961 unter Schutz. Hier hatte der auf Usedom legendäre Oberförster Schröder schon 1818/19 ein grünes Denkmal aus Buchen, Weiden und Kiefern geschaffen, um die Endmoräne aus der Eiszeit gegen die Sandverwehungen zu schützen. Heute wachsen hier Maiglöckchen und Leberblümchen, seltene Orchideenarten wie das Rote und das Bleiche Waldvögelein oder das Knabenkraut, auch Anemonen, der Nestwurz und die Waldhyazinthe. Der Streckelsberg ist außerdem ausgesprochen steinpilzreich. Ein schöner Wanderweg bietet spektakuläre Ausblicke auf den Strand und die Pommersche Bucht.

Naturschutzgebiet Insel Görmitz

Das 165 Hektar große Schutzgebiet liegt auf dem kleinen Achterwasser-Eiland, das durch einen Damm mit der Halbinsel Gnitz verbunden ist. Hier existiert eine Brutkolonie des Haubentauchers. Auch Fischotter und Seeadler genießen die Ruhe der kleinen Insel.

Naturschutzgebiet Südspitze der Halbinsel Gnitz

Seit 1994, 61 Hektar groß. Die Landzunge im Achterwasser mit dem Weißen Berg und artenreichen Magerrasenwiesen ist vorwiegend mit Kiefernwald bestanden, in großer Zahl wachsen hier Wacholderbüsche. Im Frühsommer blühen Knabenkraut und Sumpfsitter aus der Familie der Orchideen. Heimisch ist der

Am Balmer See

seltene Moorfrosch, in den Wänden der Klippen brüten Uferschwalben, Seeadler lassen sich beim Kreisen über dem Achterwasser beobachten. Zahlreiche Wasservögel rasten während des herbstlichen Vogelzugs. Es gibt Wanderwege, regelmäßig bietet die Naturparkverwaltung geführte Radwanderungen an.

Naturschutzgebiet Wockninsee bei Ückeritz

Im Zentrum des 50 Hektar großen Schutzgebiets, eingebettet in die Seesandebene zwischen Ostsee und Achterwasser, liegt der Wockninsee. Der typische Strandsee ist ein See im Verlandungsprozess. An den Seerändern befinden sich Übergangsmoore, auf den Flachmooren wachsen Erlen, Birken, Kiefern und alte, bizarr geformte Eichen. Seit 1958 als Naturschutzgebiet ausgewiesen, mit Rundweg und Aussichtspunkt.

Naturschutzgebiet Inseln Böhmke und Werder im Balmer See

Betreten verboten, seit 1967. Auf den beiden kleinen Vogelinseln bei Neppermin brüten Flussseeschwalben und um die 6000 Lachmöwenpaare.

Naturschutzgebiet Mellenthiner Os

Ein Os ist eine Landschaftsform, die durch Aufschüttungen während der letzten Eiszeit entstanden ist. Seltene Pflanzen und seltene Tiere sind hier zwischen Mellenthin und dem Balmer Golfplatz heimisch: Gagelstrauch, Sumpfblutauge, Sumpf-Haarstrang sowie Uferschwalben, Milane, Kraniche und der Neuntöter. Auf dem Wanderweg passiert man Reste eines Ringwalls, der zu einer slawischen Höhenburg gehörte. Seit 1995, Wander- und Radwege.

Naturschutzgebiet Halbinsel Cosim am Balmer See

Nördlich der Ortschaft Balm. Der Name ist vom altslawischen Wort Kos – Liebesinsel – abgeleitet. Es dominieren Feucht- und Salzwiesen, ausgedehnte Schilfröhrichte, Erlenbrüche in den vermoorten Senken. Reiherkolonie mit 500 Brutpaaren. Seit 1990, 85 Hektar, öffentlicher Weg.

Naturschutzgebiet Mümmelkensee

Der See ist ein Hochmoorsee, der durch einen abschmelzenden Eisblock nach der letzten Eiszeit entstand. Zu beobachten sind hier Kraniche, Graugänse, verschiedene Libellenarten, Schmetterlinge, auch der Eisvogel. Gelbe Teichrosen schmücken im Sommer den stillen See. Sie werden Mummeln genannt, in der niederdeutschen Verkleinerungsform Mümmelken. Zwischen Bansin und Ückeritz, sechs Hektar, seit 1957, Naturlehrpfad (6,2 km) mit Info-Tafeln.

Naturschutzgebiet Kleiner Krebssee

Der auffällig klare See bei Neu Sallenthin ist von einem breiten Schilfgürtel umgeben, Brutheimat vieler seltener Vogelarten wie dem Zwergtaucher, dem Karmingimpel und der Rohrammer. Buchenwald, 50 Hektar, seit 1996.

Naturschutzgebiet Gothensee und Thurbruch

Sehr flaches Areal, geprägt durch riesige Entwässerungsprojekte vergangener Zeiten. Der rundum von Schilf umsäumte Gothensee ist der größte Binnensee auf Usedom. Hier leben seltene Wasservögel, Rohrdommeln und Fischotter. Das Thurbruch ist nach dem ausgestorbenen Wildrind Thur benannt. In der weitläufigen Moorlandschaft sind viele Schmetterlingsarten heimisch, zum Beispiel der Moorbürstenbinder oder der Dukatenfalter. Seit 1967, 800 Hektar, Wander- und Wirtschaftswege.

Naturschutzgebiet Zerninsee-Senke

Das südlich von Ahlbeck gelegene 365 Hektar große Moorgebiet wurde schon 1938 unter Schutz gestellt, jedoch 1963 aufgrund des massenhaften Besucherstroms von der NSG-Liste gelöscht. Seit 1995 sind das Wollgras, der Sumpfporst, das Torfmoos sowie die scheue Kreuzotter und der Moorfrosch wieder offiziell geschützt, und es finden nun kontrollierte Führungen statt. Dabei lässt sich vielleicht auch die langschnäbelige Bekassine beobachten oder zumindest hören, denn der Schnepfenvogel wird wegen seiner meckernden Fluggeräusche auch ›Himmelsziege‹ genannt.

Im Thurbruch

Naturschutzgebiet Golm

Die mit 69 Metern höchste Erhebung Usedoms ist hauptsächlich als Kriegsgräberstätte bekannt. Spazierwege führen durch das kleine Schutzgebiet, in dem Fledermäuse, der auf Usedom seltene Schwarzspecht und Pflanzenarten wie das Leberblümchen und der Zwiebel-Zahnwurz heimisch sind.

Rezerwat Karsiborskie Paprocie

Das 36 Hektar große Reservat (dt: Naturreservat Farnland Kaseburg) liegt im Swinemünder Waldgebiet Swidny Las südwestlich der ul. Nowokarsiborska. Diese lange und kerzengerade Straße führt zur großen Fähre über die Swine. Im Schutzgebiet gedeiht der zum Teil über zwei Meter hohe Königsfarn besonders üppig. Durch den Wald führt ein Naturlehrpfad bis zum Inselkopf an der Kaiserfahrt, dem heutigen Kanał Piastowski. Dort hat man einen wunderbaren Ausblick über das Stettiner Haff. Die großen Sandberge, auf die man hier überall trifft, stammen noch aus der Bauzeit der Kaiserfahrt, als man zwischen 1875 und 1880 den Kanal ausbaggerte und dadurch Kaseburg zur Insel machte.

Der Königsfarm ist eine streng geschützte Pflanze. Seine sporentragenden Blätter ähneln Blumen. Um diese vom Aussterben bedrohte Pflanze ranken sich Märchen sowie eine alte, slawische Legende. Danach soll der Farn einmal pro Jahr und stets in der Johannisnacht vom 23. auf den 24. Juni eine Blüte hervorbringen. Wer in dieser Nacht die geheimnisvolle Farnblüte entdeckt, wird Glück und Wohlstand erlangen, heißt es. Vom Stadtzentrum Swinemündes führt ein Fahrradweg direkt dorthin.

Vogelschutzgebiet Karsiborska Kępa

Die zu Świnoujście (Swinemünde) gehörende rund 14 Quadratkilometer große Insel Karsibór (Kaseburg) zählt sicherlich zu den landschaftlich schönsten Gebieten im weiten Swinedelta. Das 180 Hektar große Schutzgebiet Karsiborska Kępa (Kaseburger Hutung) liegt im nördlichen Teil der flachen Schwemmlandinsel. Es ist von der Dorfstraße des gleichnamigen Ortes über einen Lehmweg zu Fuß und mit dem Rad bis zum Beobachtungsturm zugänglich. Das Reservat besteht seit 1993 und ist ein bedeutendes Rastgebiet für Zugvögel aus Sibirien und Skandinavien. Rund 140 Vogelarten sind hier heimisch, darunter auch sehr seltene wie der Seggenrohrsänger. Auf den feuchten, mit Niederschilf bewachsenen Wiesen brüten überwiegend Regenpfeifer sowie Uferschnepfen, Kiebitze und Rotschenkel.

Vom Beobachtungsturm und einigen geschützten Plätzen nahe der Alten Swine, die sich hier um die Insel windet, kann man aber auch Seeadler, Rotmilane, Kampfläufer, den Wachtelkönig oder den sich auf seinen dünnen Beinchen blitzschnell bewegenden Alpenstrandläufer beobachten. Auf keinen Fall sollten Sie ein Fernglas vergessen! Der Star des Reservats ist ein vom Aussterben bedrohter Winzling – der Seggenrohrsänger. Die Lebensräume des seltensten europäischen Singvogels wurden im letzten Jahrhundert vor allem durch Meliorationen von Feuchtgebieten zerstört. Er überwintert in Westafrika.

Auf den feuchten Wiesen dominiert eine einzigartige Salzwiesenflora, zum Beispiel das Strand-Milchkraut und der Krähenfuß-Wegerich. Diese bis zu 25

An der Alten Swine

Zentimeter hohe Salzpflanze kommt sonst nirgendwo in Polen vor. Bei starken Nordwinden strömt Wasser aus der Ostsee durch die Swine ins Stettiner Haff. Auf diese Weise wird ein Großteil der um die 40 Inseln und Inselchen im Swinedelta mit Salzwasser überflutet.

Woliński Park Narodowy

Der Woliński Park Narodowy (Wolliner Nationalpark) wurde 1960 als erster Ostseeküsten-Nationalpark gegründet und 1996 um die Meeresgewässer der Pommerschen Bucht sowie ufernahe Teile des Stettiner Haffs erweitert. Dazu gehören nun außerdem Dutzende Inseln am alten Lauf der Swine zwischen den Inseln Wolin und Karsibór (Kaseburg). Dieses einmalige Archipel von Inseln aus Moor, Seesand und Torf, durchzogen von Kanälen und Flussarmen, ist etwa 3000 Hektar groß. Das überaus reizvolle Gebiet wird regelmäßig vom Ostseewasser überflutet. Wegen der dann rückwärts gerichteten Strömung des Wassers wird das Swinedelta (Delta Swiny) auch als ›Rückstrom-Delta‹ bezeichnet.

Die Gesamtfläche des Nationalparks beträgt rund 11 000 Hektar, wovon 4500 Hektar Wasserfläche sind. Das Schutzgebiet des Parks liegt hauptsächlich im westlichen Teil der Insel Wollin. Die Flora des Parks reicht von Dünengewächsen wie Stranddisteln bis zu mehreren Orchideenarten wie dem Knabenkraut und seltenen Waldpflanzen wie dem Geißblatt. Auf der Kliffkante wachsen sehr häufig Gehölze wie Spitzahorn, Schlehe, Hundsrose und Sanddorn, außerdem Waldmeisterbestände, Leberblümchen und Maiglöckchen und an der Abtragungsseite unter anderem der außerordentlich genügsame Gemeine Huflattich sowie Scharfer Mauerpfeffer. Im Park leben etwa 230 Vogelarten, rund 140 brüten hier. An der Pommerschen Bucht sind auch arktische Vogelarten zu beobachten. Dazu gehören der Sterntaucher, die Eisente, die Schellente und die Raubmöwe. Mit etwas Glück sind sogar Kegelrobben und der Gewöhnliche Schweinswal, auch Kleiner Tümmler genannt, zu sehen.

Wälder

Als der Bamberger Bischof Otto 1124 ins östliche Pommern reiste, um die dort ansässigen Heiden vom rechten Glauben zu überzeugen, war sein Hauptproblem zunächst eher natürlicher als religiöser Art. Wie sein Chronist Herbord berichtet, konnten sich Otto und Gefolge nur äußerst mühsam einen Weg durch die dichten Wälder bahnen. Das ganze Pommerland war damals ein schier undurchdringlicher Urwald. Mönche und Neusiedler hatten in den nächsten Jahrhunderten alle Hände voll zu tun, dass aus einem puren Waldland ein Kulturland wurde. Die ursprünglichen Wälder sind längst gerodet, an ihrer Stelle Kulturforste entstanden.

Auf den nährstoffarmen und trockenen Böden breiten sich auf Usedom und Wollin vor allem Kiefernwälder oder Kiefern-Eichen-Mischwälder aus. Ausgesprochene Sandkiefernwälder prägen denn auch oft das Landschaftsbild im Nordwesten Polens. Sogenannte Rentierflechten, Silbergras und Heideseggen bewachsen häufig die Böden des Kiefernwaldes. Ansonsten finden sich dort auch Heidel- und Preiselbeeren, das Heidekraut, die Glockenheide und die Krähenbeere. Die anspruchslose Birke ist verstreut in fast allen Kiefernwäldern anzutreffen, vor allem an den Rändern und an den Waldwegen.

Höchst beeindruckend sind die berühmten pommerschen Buchenwälder. Zum Teil gehen sie in einen Mischwald mit Kiefern und Eichen über. Besonders im Küstenbereich Nordwestpolens haben sie oft eine weitgehend geschlossene Verbreitung, da die Buche die mergeligen Grundmoränenböden liebt. Die Waldböden sind in der Regel sehr pflanzenarm, weil die nicht selten riesigen Laubbäume kaum Sonnenlicht durchlassen. An lichteren Stellen gedeihen etwa der Zahnwurz und das Einblättrige Perlgras. Ansonsten trifft man auf einige Farne, gelegentlich auch auf Waldmeister, Buschwindröschen und Waldveilchen. Die ältesten und schönsten Buchen stehen an der Kliffküste bei Międzyzdroje (Misdroy) und an den steilen Hängen im Südwesten der Insel Wollin. Sie sind Bestandteile des Woliński-Nationalparks. Hier wachsen auf den Waldböden auch mehrere Orchideenarten und das Geißblatt.

Vögel an der Küste

Die Ufer des Stettiner Haffs, des Achterwassers und das Gebiet des weitverzweigten Swinedeltas werden im Frühjahr und im Spätherbst zu Sammelstätten Abertausender Zugvögel, darunter verschiedene Entenarten sowie Stern- und Prachttaucher. Bei den Inseln Usedom und Wollin kreuzen sich zwei Hauptlinien des jährlichen Vogelzugs zwischen Nord- und Südeuropa – die Route, die entlang dem Urstromtal der Oder führt und die baltische Route in Ost-West-Richtung. Hier, zwischen der Swinemündung und dem Peenestrom, liegen außerdem sehr wichtige Überwinterungsplätze für zahlreiche Vogelarten: Bergenten, Trauerenten, Samtenten und Blässhühner aus der Familie der Rallen sowie Grau- und Kanadagänse.

Auf den Inseln horsten viele Vögel aus der Familie der Habichte, zu der der Mäusebussard, der Rotmilan, der Wespenbussard und auch der Seeadler gehören. Zurzeit versucht man, den Uhu, wissenschaftlich Bubo bubo genannt, an der Küste wieder heimisch zu machen.

Buchenwald bei Międzyzdroje

Möwen und Seeadler

Es war Nacht geworden, als die Möwe Jonathan sich wieder bei dem Schwarm an der Küste einfand. Jonathan war schwindlig vor Müdigkeit, aber so glücklich, dass er beim Landen noch einen Looping machte.

Richard Bach, ›Die Möwe Jonathan‹

Ein Ostseestrand ohne Möwen lässt sich nur schwer vorstellen. ›Schmuck des Meeres‹ werden die Vögel in Polen umgangssprachlich genannt. Die grandiosen und eleganten Segelflieger schweben dank ihrer langen, schmalen und spitz zulaufenden Flügel selbst bei turbulenten Luftverhältnissen oder gar gegen den Wind problemlos knapp über der Wasseroberfläche. Ihre vier Zehen sind mit Schwimmhäuten verbunden. Das und auch ihr dichtes Gefieder ermöglicht ihnen zu schwimmen. Zu den Möwenarten, die die Lüfte an den Küsten Usedoms und Wollins sowie den Boddengewässern in großer Zahl bevölkern, gehören die kleine Lachmöwe, die Silbermöwe, die Sturmmöwe und die vergleichsweise riesige Mantelmöwe. Die Tiere können bis zu 25 bis 30 Jahre alt werden, erreichen aber normalerweise dieses Alter nur selten. Möwen brüten stets am Boden und in Kolonien. Sie legen meist zwei bis vier Eier, die von beiden Eltern drei bis fünf Wochen bebrütet werden. Die meisten Möwenarten sind Allesfresser. Vorwiegend ernähren sie sich von Kleintieren wie Fischen, Weichtieren und Krebstieren, die kleineren Möwenarten wie die Lachmöwen auch von Würmern, Larven und Insekten. Einige Arten sind sogenannte Kulturfolger, sie suchen besonders im Winter ihre Nahrung auch auf städtischen Müllhalden und Klärteichen. Dazu gehört die **Silbermöwe**. Sie kann bis zu 65 Zentimeter groß werden, mit einer Flügelspannweite von bis zu 1,55 Meter. Die Silbermöwe hat einen hellgrauen Rücken, graue Flügel, schwarze Flügelendspitzen mit weißen Flecken, einen gelbgrünen Schnabel sowie hellrosa Beine.

Große Möwenarten wie die **Mantelmöwe** erbeuten sogar (kranke) Wasservögel oder rauben Nester aus. Kopf, Hals, Nacken, Schwanz und die Unterseite dieser größten deutschen Möwen sind rein weiß, die Oberseite ist schiefergrau, der Schnabel hellgelb. Sie sind wahre Riesenflieger mit 80 Zentimetern Größe und einer Flügelspannweite von 1,70 Meter. Sie sind damit bedeutend größer als etwa der Schreiadler, der vom Aussterben bedrohte ›Pommernadler‹.

An den Stränden der beiden pommerschen Inseln sind **Lachmöwen** besonders zahlreich. Die weißen Segler gehören zu

Winterfütterung am Strand von Świnoujście

den kleinsten Möwenarten und werden maximal 37 Zentimeter groß. Sie haben einen weißen Körper mit blaugrauen Flügeln und schwarzer Endbinde Schnabel und Füße sind bei den geschlechtsreifen Tieren karminrot. Eine kaffeebraune Gesichtsmaske prägt das Prachtkleid nur zur Brutzeit zwischen März und Juli. Im Winter haben die Tiere mit dem Mark und Bein durchdringenden ›kriiärr‹ einen weißen Kopf mit einigen graubraunen Flecken. Ihr schrilles Gekreische gehört aber sicherlich wie das Rauschen der Wellen und das Pfeifen des Windes zur gewohnten Strandmelodie, besonders wenn die Vögel im Winter von den Einheimischen gefüttert werden und dabei im Schwarm ein eindrucksvolles Flugballett in den Lüften vorführen, geschickt flatternd und wild balgend um die heransausenden Futterbrocken.

Das Wappentier des Woliński-Nationalparks sowie des polnischen Staates ist der **Seeadler**. Der größte Greifvogel Mittel- und Nordeuropas erreicht eine Höhe von 90 Zentimeter und eine Spannweite von 2,40 Meter. Im Flug ist der Vogel am keilförmigen weißen Schwanz und an den brettartig breiten, fingerartigen Schwingen zu erkennen. Seine Läufe sind ungefiedert, denn er gehört nicht zu den eigentlichen Adlern, sondern zur Familie der Habichtartigen. Außer von Fisch nimmt er auch Aas an und schmarotzt bei anderen Greifvögeln. Sein Lebensraum liegt stets am Wasser, seien es Meeresküsten, Seen oder Flüsse. Seine Horste baut er gern auf alten, bis zu 30 Meter hohen Bäumen am Waldrand. Der Horst besteht aus Knüppeln und feineren Ästen. Erst im 5. Lebensjahr ist der Seeadler geschlechtsreif. Das Weibchen legt im Februar/März ein bis drei matt-kalkweiße Eier, die beide Elternvögel in etwa 40 Tagen ausbrüten. Die Jungen sind nach 80 bis 90 Tagen flügge. Bei der Jagd vom erhöhten Ansitz aus oder im Suchflug ist der scheinbar schwerfällige Vogel äußerst geschickt und vielseitig. Fische, auch große Hechte, greift er im Fluge an der Wasseroberfläche und sogar im Tauchen und hebt sie in die Lüfte. Wasservögel wie Blesshühner und Enten überrascht er. Falls sie tauchen, ermüdet er sie, indem er über dem Wasser so lange rüttelt, bis er sie schlagen kann. Altvögel überwintern meist in der Nähe des Brutplatzes, Jungvögel streifen dagegen weit umher. Die Pommersche Bucht und die nahrungsreiche Odermündung locken zudem häufig Gäste an: Seeadler aus Skandinavien und dem Baltikum. Die Tiere können bis zu 40 Jahre alt werden.

Im Nationalpark auf Wollin leben derzeit acht Seeadlerpaare. Vor allem auf Usedom hat ihr Brutbestand in den letzten Jahren erfreulich zugenommen. Heute gibt es auf der Insel 16 Brutpaare. Allerdings brüten nur durchschnittlich ein Dutzend von ihnen erfolgreich. Häufig sieht man die majestätischen Tiere etwa am Schmollensee bei Bansin, am Peenestrom, am Kleinen Haff und am Achterwasser. Die beiden Pommern-Inseln und das Gebiet rund um das Haff sind heute der Verbreitungsschwerpunkt des Seeadlers in Mitteleuropa. Noch vor wenigen Jahren stand der Vogel ganz oben auf der Roten Liste der vom Aussterben bedrohten Tierarten. Schuld daran war in erster Linie das europaweit verwendete – und längst verbotene – Insektizid DDT, das über die Beutetiere in die Nahrungskette gelangte. Es führte zu Dünnschaligkeit der Eier, die oft schon bei der Brut zerbrachen. Heute verenden etliche Adler noch immer an Bleivergiftungen, indem sie Bleireste im Aas aufnehmen. Seit 2014 darf daher in Mecklenburg-Vorpommern nur noch mit bleifreier Munition gejagt werden.

Wirtschaft und Gesellschaft

Große Teile der Usedomer Bevölkerung leben vom Tourismus, der mittlerweile an der Küste fast das ganze Jahr über boomt. Über 1,5 Millionen Feriengäste werden derzeit auf der deutschen Usedomseite gezählt – eine beachtliche Zahl bei gerade mal 31 500 Einwohnern. Rund 40 000 Einwohner leben in der größten Stadt Usedoms, im polnischen Świnoujście (Swinemünde) mit seinen eingemeindeten kleineren Orten. Im Inselinneren, im sogenannten Achterland, ist auch die Landwirtschaft nach wie vor eine zumindest nicht unwesentliche Einnahmequelle. Der Ökolandbau gehört wie in ganz Mecklenburg-Vorpommern zur deutschen Spitze. Aufgrund der sehr armen Böden auf Usedom ist eine intensive Landwirtschaft allerdings kaum möglich. Angebaut werden hauptsächlich Kartoffeln, Roggen und Hafer, auch Mais und Raps. Mehrere Landwirte suchen sich ein neues oder zweites Standbein, indem sie Ferien auf dem Bauernhof anbieten. Vor allem bei jungen Leuten herrscht im Hinterland Landflucht. Der Fischfang, einst die Erwerbsquelle Nr. 1, spielt auf der Insel nur noch eine untergeordnete Rolle; die Konkurrenz innerhalb der internationalen Hochseefischerei ist zu groß. Trotz des boomenden Tourismus nimmt seit Jahren die Einwohnerzahl im deutschen Teil Usedoms eher ab als zu.

Nach der Wende, ab 1990, wurden auch im östlichen Vorpommern viele Betriebe abgewickelt. Zu den wenigen Firmen, die in dieser Gegend die nahezu vollständige Deindustrialisierung überlebten, gehören die Wolgaster Peenewerft und die Anklamer Zuckerfabrik. In der gesamten strukturschwachen und sehr dünn besiedelten Region an der Odermündung gehört die Arbeitslosigkeit zur höchsten in ganz Deutschland; sie liegt bei rund 17 Prozent. Die schwierige Arbeitssituation ist sicherlich auch ein fruchtbarer Nährboden für die rechtsnationale NPD, die seit 2006 im Schweriner Landtag sitzt.

Die einzigen Industrieansiedlungen auf Usedom gibt es im polnischen Świnoujście (Swinemünde). In der Reparaturwerft mit rund 800 Beschäftigten werden an zwei Docks Hochseeschiffe repariert und umgebaut. Die Stocznia Remontowa S.A. gehört seit 2013 zur Gryfia-Werft von Szczecin (Stettin), einer der größten Werften Europas. Im Swinemünder Handelshafen werden Kohle, Eisenerz und Stückgut umgesetzt. Und im neuen, hochmodernen ›Gazoport‹ wird ab 2015 flüssiges Gas aus arabischen Ländern angeliefert. Auch in Świnoujście floriert seit Jahren der Tourismus. In der Hafen- und Mündungsstadt gibt es zurzeit die wenigsten Arbeitslosen der gesamten Wojewodschaft Westpommern, die Quote liegt bei vergleichsweise geringen 6,7 Prozent. Durchschnittlich beträgt sie im Nordwesten Polens 16,4 Prozent (Stand 2014).

Auch auf der Insel Wollin sind der Tourismus vor allem an der Küste und die Landwirtschaft im Inselinneren die wichtigsten Erwerbsquellen der 30 000 Einwohner. Die Landwirtschaft ist hier wie in ganz Polen wenig effizient, da sehr arbeitsintensiv. Nach der politischen Wende 1990 wurden die großen staatlichen Landbetriebe in Unin (Tonnin) und Mokryca Wielka (Groß Mokratz) aufgelöst. Viele Wolliner verloren dadurch ihre Arbeit, zahlreiche junge Menschen verließen notgedrungen die Insel. Die Parzellen, die die pommerschen Bauern bewirtschaften, sind in der Regel weniger als fünf Hektar groß.

Geschichte der Region

Die Geschichte der beiden Inseln Usedom und Wollin ist in die Geschichte Pommerns eingebunden. Die geschriebene Geschichte Pommerns, des ›Landes am Meer‹, beginnt erst im 9. Jahrhundert, als sich das Gebiet unter der Herrschaft westslawischer Stämme befand. Zerstörungen, Vertreibungen und viel Schlachtenlärm prägten seitdem die Jahrhunderte bis 1945, als viele Deutschen ihre Heimat verlassen mussten und Polen aus dem von den Sowjets annektierten Ostgebieten ihres Landes hierher ins nun polnische Wolin und Świnoujście ›umgesetzt‹ wurden. Nun sind seit einigen Jahren die Grenzen zwischen Polen und Deutschland vollständig gefallen und ganz neue Chancen tun sich dadurch auch für die beiden pommerschen Schwesterinseln auf.

Frühzeit und slawische Besiedlung

Die eiszeitlich modellierte Landschaft füllte sich etwa ab 8000 v. Chr. allmählich wieder mit Leben. Auf die Eiszeit folgte die Altsteinzeit, Wälder und andere Pflanzen wuchsen heran, Tiere wurden heimisch, schließlich kamen auch Menschen in diese Gegend: Nomadisierende Sammler und Jäger. Ihre Beute in den damaligen Steppen- und Tundrengebieten waren Bisons, Mammuts, Rentiere und Wildpferde. Aus den massenhaft vorhandenen Findlingen, die die Eismassen nach Pommern geschleift hatten, wurden ab 4500 v. Chr. die ersten Steinwerkzeuge und Waffen gefertigt, später auch Herd- und Mahlsteine. Hünengräber prägen diese frühe Kultur im südlichen Ostseeraum. Auf Usedom sind solche Steingräber zum Beispiel noch in Lütow auf der Halbinsel Gnitz und auf dem Festland am Peenestrom nördlich von Lassan zu sehen.

Relikte der Eiszeit im Gesteinsgarten Neupudagla

Die Menschen wurden in der Jungsteinzeit ab 3000 v. Chr. sesshaft. Mit geschliffenen Steinbeilen rodeten sie Wälder, mit primitiven Hakenpflügen bearbeiteten sie den Boden. Eine agrarische Kultur mit Ackerbau und Viehzucht entstand, die Menschen säten Nutzpflanzen wie Gerste und Weizen und düngten mit mineralischen Stoffen. Sie domestizierten Rinder und Pferde, die fortan als Hilfe bei der Landarbeit dienten. Haustiere wie Schweine, Ziegen und Schafe waren nun unentbehrlich zur Nahrung sowie zur Herstellung von Fellen und Wolle. Ein reger Handel im Ostseeraum war in der Bronzezeit ab 1600 v. Chr. nachweisbar. Ein bronzezeitlicher Burgwall befand sich auf dem Golm bei Kamminke am Haff. Nordgermanische Stämme wie Burgunder und Goten rückten ab 600 v. Chr. und in der Folgezeit aus Skandinavien und von der Insel Bornholm vor. Ihre Handelsbeziehungen reichten bis ins Römische Reich, Bernstein war ihr allseits begehrtes Tauschobjekt.

Während der sogenannten Völkerwanderung ab etwa 375 n. Chr. verließen große germanische Verbände wohl wegen der unwirtlichen Lebensbedingungen und des rauhen Küstenklimas den Mündungsbereich der Oder in Richtung Süden und Westen. Im Verlauf der nächsten Jahrhunderte rückten slawische Stämme aus dem Osten in die fast menschenleeren Gebiete an der Odermündung nach. Auf Usedom und Wollin siedelten Stämme des Liutizenbundes. Zu ihnen gehörten die Wolliner, der mächtigste slawisch-pommersche Stamm.

Gegen 900 drangen skandinavische Händler – Wikinger – in den Ostseeraum ein. Sie gründeten größere Handelsniederlassungen, zerstörten aber auch bedeutende Marktplätze. Die Dänen unter Harald Blauzahn beherrschten das pommersche Küstenland. Auf der Insel Wollin sollen sie die riesige und legendäre Handelsstadt Vineta – auch Jomsborg oder Julin genannt – gegründet haben. Skandinavische und slawische Kulturen und Bräuche mischten sich. Erste slawische Runddörfer sowie trutzige Burganlagen auf Erdwällen und mit Palisaden umgeben entstanden auf Usedom: bei Mellenthin, Neppermin und auf dem Schlossberg der Stadt Usedom.

Obwohl die Wolliner 967 im Kampf gegen den polnischen Piastenfürsten Mieszko unterlagen, gelang es den polnischen Herrschern nicht, Wollin und die Odermündung zu unterwerfen. Etwa zur gleichen Zeit plante der spätere römisch-deutsche Kaiser Otto I. die Christianisierung der Elb- und Ostseeslawen, nicht zuletzt um sie in den Machtbereich der römischen Kaiser (deutscher Nation) und deren Kirchenverband einzugliedern. Aber auch die frühe christliche Mission scheiterte: 983 kam es zum gut organisierten Slawenaufstand unter der Führung der Liutizen, die die kirchlichen und politischen Vertreter des Reiches vertrieben. Die slawisch-heidnische Herrschaft der Liutizen hielt sich noch bis ins 12. Jahrhundert.

Christianisierung und Kolonisation

Die slawische Burgsiedlung ›urbs osna‹ existierte seit dem 10. Jahrhundert bei Usedom. Die Dänen zerstörten sie 1119. Zu dieser Zeit regierte Wartislaw I. das Land an der Odermündung. Er gilt als der Stammvater der pommerschen ›Greifenherzöge‹. Wartislaw nahm 1121 den christlichen Glauben an und war der polnischen Krone zur Treue verpflichtet. Die Herrschaft der Greifendynastie hielt mehr als 500 Jahre. Das autonome Herzogtum Pommern war ein Pufferstaat zwischen Polen, Brandenburg und dem Kreuzritterorden. Pommernherzog Wartislaw veranlasste 1124 den Bamberger Bischof Otto zur Missionierung der heidnischen Liutizen. Der fromme Mann war auf seinen zwei christlichen Missionsreisen nicht gerade zimperlich: Er ließ die Heidentempel zerstören, den Rumpf des slawisch-heidnischen Heiligtums mit dem dreigesichtigen Triglaw soll er eigenhändig zertrümmert haben. Das goldene Haupt wurde dem Papst in Rom überreicht. 1128 fand auf dem Schlossberg in Usedom ein Landtag statt, den Pommernfürst Wartislaw I. einberufen hatte. Hier nahmen die westpommerschen Stammesfürsten den christlichen Glauben an. Ein Granitkreuz auf dem Schlossberg erinnert seit 1928 an dieses historische Ereignis.

Im Jahr 1140 erfolgte die Gründung des Bistums Wollin, das direkt dem Papst unterstand. Wegen zahlreicher dänischer Überfälle wurde es jedoch schon 1176 nach Cammin verlegt. Ab 1153 kam es in Pommern zu vielen Klostergründungen, Vorboten der deutschen Ostkolonisation: Den Mönchen folgten bald deutsche Bauern, Handwerker und Kaufleute – Siedler aus Holstein, Westfalen, Niedersachsen und Flandern. Sie versprachen sich in dem dünn besiedelten Land an und nahe der Ostsee bessere Lebensbedingungen als in ihren Herkunftsregionen. Die ansässige slawische Bevölkerung nannte die Neusiedler Niemi (=Stumme), da sie sich mit ihnen anfangs nicht unterhalten konnte. Daraus entwickelt sich später das polnische Wort ›Niemcy‹ für Deutsche. Slawen und Deutsche lebten ohne größere Konflikte nebeneinander.

Hansezeit und Reformation

Erbstreitigkeiten führten 1295 zur Aufteilung des Herzogtums Pommern in die Linien Pommern-Wolgast und Pommern-Stettin. Usedom erhielt das Stadtrecht und stieg zum Regionalzentrum der Insel auf, Wolgast wurde Residenzstadt. Auf dem Reichstag zu Frankfurt am Main 1338 beanspruchte Brandenburg die Lehnsherrschaft über Pommern, bekam vom deutschen Kaiser aber ›nur‹ das Recht der Erbfolge, sollte die pommersche Herrscherlinie aussterben. Es folgten zahlreiche Städtegründungen, die alle Lübisches oder Magdeburgisches Stadtrecht bekamen. 14 pommersche Städte traten dem zu dieser Zeit mächtigen Hansebund bei. Hansekoggen befuhren den gesamten Ostseeraum und erschlossen wirtschaftlich große Teile des nördlichen Europa.

Der Landtag von Treptow 1534 beschloss die Einführung der lutherischen Lehre in Pommern. Der gebürtige Wolliner Johannes Bugenhagen (1484–1558) avancierte zum Reformator Pommerns. Der ›Pomeranus‹ genannte Geistliche war der Beichtvater Martin Luthers und übersetzte die Bibel ins Plattdeutsche. Doch mit der Reformation breitete sich in Pommern auch die Leibeigenschaft aus. Der Adel raffte an sich, was die katholische Kirche hinterließ, und enteignete zugleich die Bauern. Viele von ihnen wanderten daher ins nahe Polen aus. Dort vergällte den protestantischen Pommern bald die Gegenreformation das Leben. Große Gutssiedlungen ohne bäuerlichen Kleinbesitz prägten bis weit ins 20. Jahrhundert die landwirtschaftliche Struktur Pommerns.

Kampf um Pommern: Schweden und Preußen

Die Kämpfe des Dreißigjährigen Krieges verwüsteten Pommern. ›Pommerland ist abgebrannt‹, heißt es im bekannten Kinderlied, das diese Ereignisse aufnimmt. Schwedische Truppen unter König Gustav II. Adolf landeten 1630 bei Peenemünde und traten in den Krieg gegen die Kaiserlichen unter Wallenstein ein. Es folgte die militärische Wende zugunsten der protestantischen Schweden. Als 1637 das pommersche Greifengeschlecht mit Herzog Bogislaw XIV. ausstarb, pochte Brandenburg auf seine Erbansprüche von 1338. Der Westfälische Frieden 1648, der den Krieg beendete, beschloss jedoch wiederum die Aufteilung Pommerns: An Schweden fiel Vorpommern mit Rügen, Usedom, Wollin und Stettin, Brandenburg bekam Hinterpommern.

Gegenspieler: Wallenstein …

Im Nordischen Krieg (1700–1720) kämpften vor allem Russland, Sachsen-Polen und ab 1715 auch Brandenburg-Preußen gegen die Vorherrschaft Schwedens im Ostseeraum. Im Frieden von Stockholm 1720 wurde schließlich festgelegt, dass das junge Königreich Preußen die begehrten östlichen Teile Vorpommerns erhalten solle: Usedom, Wollin und das Gebiet nördlich der Peene, allerdings gegen eine Zahlung von zwei Millionen Talern. Die Insel Rügen, Stralsund, Greifswald und Wolgast blieben weiterhin schwedisch.

… und Gustav Adolf II. von Schweden

Unter dem preußischen König Friedrich II. (›der Große‹) wurden ab 1740 auf den pommerschen Inseln Usedom und Wollin Schulen gebaut, Dünen befestigt, die Wälder planmäßig genutzt, Meliorationen durchgeführt, mit dem Hafenausbau in Swinemünde begonnen und 1746 per Befehl die ›Tartüffel‹ eingeführt. Die Kartoffel brauchte jedoch einige Jahrzehnte, bis sie den Pommern auf den Inseln mundete. Heute sind die ›Tüften‹ aus der Inselküche von Usedom nicht mehr wegzudenken. Die Haupterwerbsquellen der Bevölkerung auf den Inseln waren in dieser Zeit die Fischerei, die Landwirtschaft und die Tierzucht. Der größte Industriebetrieb der Region war das Zementwerk in Lubin an der Haffküste der Insel Wollin. Hier wurden in der Mitte des 19. Jahrhunderts um die 800 Mitarbeiter beschäftigt.

Preußen baute Swinemünde zum Vorhafen Stettins aus, um sich von der von Schweden kontrollierten Ostseezufahrt über den Peenestrom und Wolgast unabhängig machen. Nach den napoleonischen Befreiungskriegen wurde im Wiener Kongress 1815 die europäischen Grenzen neu festgelegt. Nun kamen auch Schwedisch-Pommern und die Insel Rügen an Preußen. Die beiden Inseln Usedom und Wollin bildeten einen gemeinsamen Landkreis, Kreisstadt wurde Swinemünde. An der Swinemündung begann 1824 der Badebetrieb, kurz danach eröffneten auch die Seebäder in Heringsdorf und Misdroy (→ Extra S. 46).

Von der Reichsgründung bis zur Wiedervereinigung

Mit der Einweihung der 12 Kilometer langen, 80 Meter breiten und 10 Meter tiefen Kaiserfahrt (1874–1880) zwischen Swinemünde und dem Haff verkürzte sich der Schifffahrtsweg nach Stettin. Außerdem konnten über diesen Kanal nun auch große Seeschiffe die Odermetropole erreichen. Die 1876 in Betrieb genommene Bahnverbindung zwischen der Reichshauptstadt und Usedom machte die Insel zur ›Badewanne Berlins‹. Die Blütezeit der Seebäder begann, ein Bauboom an den Inselküsten setzte ein. Der Erb- und Geldadel baute sich pompöse Villen an die Strandpromenaden, illustre Hotels und Pensionen schossen dort, wo kurz zuvor nur verschlafene Fischernester existiert hatten, aus dem sandigen Boden. Die elegante Bäderarchitektur sorgt bis heute äußerlich mit ihren fröhlich verspielten Türmchen, Giebelchen und Säulchen für den noblen Touch der Bäder. Vor allem Heringsdorf wurde zum ›Protzenbad‹. Aber auch der gehobene Mittelstand reiste nun mit der Bahn von der Spree an die See, so dass man, wie der

Eine Postkarte aus der Frühzeit des Bädertourismus

Berliner Feuilletonist Alfred Kerr es 1897 seufzend ausdrückt, im Seebad ausgerechnet die Gestalten träfe, vor denen man in Berlin geflohen sei: »Das macht Toiletten und schwatzt und schreit und benimmt sich auffallend und verunreinigt mit Protzentum die anständige Seeluft. Und dann erholt man sich in Berlin von den Strapazen der Sommerfrische.« In den turbulenten 1920er Jahren entdeckten auch viele Künstler und Dichter das schöne Eiland an der Pommerschen Bucht, unter ihnen der russische Schriftsteller Maxim Gorki, die Brüder Thomas und Heinrich Mann, Kurt Tucholsky und Victor Klemperer. Sie alle logierten nobel in den mondänen Seebädern Heringsdorf oder Ahlbeck.

Das Militär begann 1936 mit dem Aufbau der Heeresversuchsanstalt Peenemünde, mit einem Testgelände für Raketen und einer Erprobungsstelle der Luftwaffe. Die Region zwischen der Nordspitze Usedoms bei Peenemünde und dem Badeort Zempin wurde zur militärischen Sperrzone erklärt. Ende 1943 lief die Serienherstellung der A4 an, die den Namen V2, ›Vergeltungswaffe 2‹, erhielt. Im Mai 1945 ergab sich eine Gruppe von mindestens 115 Raketenforschern den US-Amerikanern, darunter war auch Wernher von Braun, der ganz oben auf der amerikanischen Wunschliste stand. Die Amerikaner verfrachteten schleunigst Berge von Geheimdokumenten und technischen Zeichnungen in ihre Verwaltungszone, bevor sie das Gebiet an der Ostsee vereinbarungsgemäß den Sowjets übergaben. Die Raumfahrtprogramme im amerikanischen Huntsville und im kasachischen Baikonur setzen in den 1950er- und 1960er Jahren ganz auf das Know-how der Forscher aus Peenemünde.

Amerikanische Bomber richteten im März 1945 in Swinemünde unter den Einwohnern und Flüchtlingen aus dem Osten ein schreckliches Inferno an, über 20 000 Menschen starben und wurden in Massengräbern auf dem Golm begraben. Im Mai 1945 besetzten sowjetische Truppen der Roten Armee die Inseln. Im Potsdamer Abkommen wurden Stettin, die Insel Wollin sowie Swinemünde am östlichen Zipfel Usedoms unter polnische Verwaltung gestellt. Die deutschen Bewohner mussten das nun polnische Świnoujście auf Usedom und die Insel Wollin per Dekret verlassen. Menschen aus den polnischen Ostgebieten, die ihrerseits ihre Heimat aufgrund sowjetischer Gebietsansprüche hatten verlassen müssen, wurden ins nunmehr polnische Pommern umgesiedelt. Der bei Deutschland (DDR) verbliebene Teil der Insel unterstand ab 1952 der Kreisverwaltung in Wolgast. Mit einer groß angelegten Enteignungsaktion, ›Aktion Rose‹ genannt, sicherte sich die DDR 1953 den staatlichen Zugriff auf Hotels und Pensionen an der Ostseeküste. Die meisten Besitzer wurden mit sehr fadenscheinigen Beschuldigungen angeklagt und zu teils absurden Strafen verurteilt. Die DDR-Oberen betitelten die Eigentümer von Pensionen und Hotels als ›Strandbourgeoisie‹.

Zentraler Organisator für den Jahresurlaub der Werktätigen war nun der FEDI, der Feriendienst der DDR-Gewerkschaft FDGB. Die deutsche Ostseeküste mit den Inseln Rügen und Usedom wurde zur beliebtesten Ferienregion der DDR. Zahlreiche Inselbewohner arbeiteten auf der Peene-Werft in Wolgast, die Nationale Verteidigungsarmee der DDR (NVA) übernahm die ehemaligen Militäranlagen der Nazis in Peenemünde und Karlshagen. Der Armeestandort wurde erst in der Wendezeit 1989 aufgelöst und damit der Norden Usedoms erstmals seit 1936 wieder zugänglich.

Heute mühelos zu überqueren: die Grenze zwischen Deutschland und Polen

Nach der Wiedervereinigung

Am 3. Oktober 1990 trat die DDR der Bundesrepublik bei. Usedom – außer Świnoujście – gehört seitdem zum neu gebildeten Bundesland Mecklenburg-Vorpommern. Hauptwirtschaftsfaktor auf der Insel wurde der nun privat organisierte Tourismus.

Allerdings führten die zahllosen Streitigkeiten um die Rückerstattungsansprüche der wertvollen Immobilien in den 1990er Jahren zu drastischen Rückgängen der Besucherzahlen. Die über Jahrhunderte wichtigste Erwerbsquelle der Usedomer, der Fischfang, spielt heute kaum noch eine Rolle. Die wenigen verbliebenen Fischer sind auf Zusatzverdienste angewiesen. Sie betreiben kleine Räuchereien, Fischimbissbuden und Ferienwohnungen. Überregionale Bedeutung besitzen die Werften in Stralsund und in Świnoujście.

Das ehemalige Hinterpommern ist heute weitgehend identisch mit der 1999 neu geschaffenen polnischen Wojewodschaft Zachodnio-Pomorskie (Westpommern), Hauptstadt des nordwestlichen Verwaltungsbezirks ist Szczecin (Stettin). Zu dieser Wojewodschaft gehören auch Świnoujście sowie die Insel Wollin.

Die Usedomer Seebäder sind heute gewiss schöner als je zuvor. Die zahlreichen Gebäude der Bäderarchitektur auf Usedom glänzen seit Anfang des neuen Jahrhunderts wieder wie zu ihrer Bauzeit vor mehr als 100 Jahren, jetzt allerdings ausgiebig modernisiert mit Spa- und Wellnessbereichen. Der Tourismus boomt. Auf Wollin und in Świnoujście erfolgte die Sanierung alter Bausubstanz einige Jahre später. In Świnoujście wurde zudem neben dem historischen ein neues, architektonisch sehr ansprechendes Kurviertel hochgezogen.

Zum Mai 2004 trat Polen der EU bei, und 2007 fielen die Grenzkontrollen weg, im Sommer 2011 weihte man die zwölf Kilometer lange ›Europapromenade‹ zwischen Bansin und Świnoujście ein. Die beiden Usedomer Inselteile sowie die Schwesterinsel Wollin sind damit wieder enger zusammengerückt.

Die Erfindung des Seebades

Im Seebad ist der Mittelpunkt der Wellenschlag. Erst spricht man davon, ob welcher sein wird, dann, ob welcher ist, zuletzt, ob welcher gewesen ist, und dann geht es wieder zum Futurum. Das langweilt mit der Zeit.

Heinrich Laube (deutscher Schriftsteller, 1806–1884)

Das Meer strahlt eine faszinierende Magie aus, unzählige Male wurde es in Liedern und Gedichten besungen oder auch hymnisch gepriesen. Doch der Mensch nähert sich der offenen See, deren Urgewalt kaum kalkulierbar ist, klugerweise mit einer gehörigen Portion Respekt. Übermut wird, wie schon jedes Kind weiß, schnell bestraft. Selbst der mächtige und selbstherrliche Perserkönig Xerxes der Große bekam das bitter zu spüren. Der Großkönig ließ einst das Meer auspeitschen, weil es mit hohen Wellen seine strategisch wichtige Brücke über den Hellespont zerstört hatte. Der Meeresgott Poseidon, so lernen wir, rächte sich kurzerhand, indem er die persische Flotte bei Salamis untergehen ließ. Die zerstörerische Naturkraft des Meeres schuf Angst und Schrecken. Es herrschte über die Jahrhun-

Historischer Badekarren aus der Frühzeit des Seebads

derte eine regelrechte Verachtung der Küste, eine Abscheu vor dem Aufenthalt am Ufer. Man siedelte nicht direkt am Meer, selbst Fischerorte wurden oft der See abgewandt angelegt.

Da kann man sich leicht vorstellen, wie revolutionär um 1750 die Idee anmuten musste, ausgerechnet der geheimnisvollen See eine heilende Wirkung zuzusprechen. Zunächst kursierte in England innerhalb der therapeutischen Zunft die Empfehlung, die natürliche Heilkraft des salzigen Meerwassers, das Reizklima an der See und die sauerstoffreiche Meeresluft gegen verschiedene Krankheiten einzusetzen. Die neue Bewegung begann in dem unbedeutenden englischen Fischernest Brightelmstone an der Kanalküste. Hier wurden die ersten Badeeinrichtungen geschaffen: hochrädrige Bademaschinen für Damen und Herren sowie ein Badehaus für kalte und warme Seewasserbäder. Unter dem gekürzten Namen Brighton entwickelte sich der kleine Ort schnell zu einem vielbesuchten Luxusbad – das Seebad war geboren. Deutschland ging einige Jahrzehnte später baden, erst gegen Ende des 18. Jahrhunderts galt der Sprung in die Wellen nicht mehr unumwunden als ungesund, gefährlich oder unschicklich. Herzog Friedrich Franz I. von Mecklenburg-Schwerin gründete 1793 das erste deutsche Seebad in Heiligendamm bei Bad Doberan. Bald schwappte die neue Welle in andere Gefilde an der Ostseeküste über: auf Usedom wurde Swinemünde 1824 erstes Seebad, auf Wollin die Ortschaft Misdroy 1835.

Nun ergab sich zwangsläufig die Frage, wie der Kurgast ins salzige Wasser gelangen sollte, ohne die moralischen Gebote der Schicklichkeit zu verletzen. Bei dieser heiklen Frage wusste der herzogliche Badearzt Professor Dr. Samuel Gottlieb Vogel Rat. Er ließ fast neun Meter lange Badeschaluppen bauen, mit denen die Badewilligen aufs offene Wasser gesegelt wurden. Draußen stiegen sie nackt in einen vergitterten Kasten, der mehr oder weniger tief in die See getaucht wurde. Das Baden unter Segeln und im ›Aalkasten‹ entpuppte sich aber als Fehlschlag, zu viele Gäste wurden unterwegs seekrank. Fortan, ab 1808, benutzte man hölzerne, rundum geschlossene Badekarren, die von Pferden oder einer Winde ins Meer gezogen wurden. Die Intimität der Badenden bewahrte eine Markise, die bis auf das Wasser reichte. Auf eine geziemende Distanz zwischen den Badekutschen der Damen und der Herren achtete man peinlich genau.

In den ersten Jahrzehnten der Ostsee-Bäderkultur war das Baden selbst aber noch recht nebensächlich, wichtiger erschien das Nebeneinander von Medizin und Unterhaltung: Man tafelte in stilvoll dekorierten Restaurations-Sälen, ging zum Tanztee und schwang das Tanzbein, lauschte Kurkonzerten, promenierte, um sich zu zeigen und versuchte sich im Glücksspiel in den Casinos. Viele Badegäste hielten damals die Spielbank für die wichtigste Badeeinrichtung. Ein Strandleben wie heute fand dagegen noch nicht statt. Ein braun gebranntes Gesicht wie bei den Fischern und Bauern galt bei Kommerzienräten, hohen Beamten oder Gutsbesitzern als unfein.

Mit der Reichsgründung 1871 beschleunigte sich die Entwicklung des Seebädertourismus rasant. Ein wahrer Bauboom mit vornehmen und zum Teil palastähnlichen Gebäuden im neuen Stil der Bäderarchitektur setzte ein, Bahnverbindungen zwischen der Reichshauptstadt Berlin und den Seebädern entstanden. Die Zahl der Sommergäste stieg rapide an, Usedom wurde zur ›Badewanne Berlins‹.

Zunächst gab es eingezäunte Damen- und Herrenbäder auf den Stränden, um 1900 wurde die Geschlechtertrennung zunächst im Familienbad aufgehoben, rund ein Jahrzehnt später fielen mit der ›Freibadeerlaubnis‹ die Sperren am Strand endgültig. Sittenwächter kontrollierten aber weiterhin die strikte Einhaltung der offiziellen Kleiderordnung beim Badevergnügen. Der letzte Schrei vor dem Ersten Weltkrieg: Das weibliche Geschlecht trug lange, rote Anzüge aus hässlichem Drillich, an den Knöcheln und am Hals mit weißen Schleifen verziert, und auf dem Kopf Badekappen aus gelbem Gummi, an den Füßen schwarze Schnabelschuhe mit Knöchelriemen – ein Augenschmaus der besonderen Art, wenn sich der Anzug im Wasser wie ein Ballon aufblähte. Züchtig vom Hals bis zur Wade war auch die Männerbademode. Aber schon in den 1920er Jahren kam allmählich das Sonnenbad im Naturkostüm in Mode, ›schwedisch baden‹ nannten es die FKK-Pioniere. Der preußische Staat reagierte 1932 mit dem berüchtigten ›Zwickelerlass‹: Männer und Frauen mussten einen Badeanzug tragen, der Ober- und Unterkörper weitgehend verdeckte und mit einem Zwickel versehen war.

In den 1930er Jahren begann eine neue Phase für die Seebäder. Die überdrehte Herrlichkeit der Zwanzigerjahre fand ein jähes Ende. Reitstiefelträger und andere Uniformierte, siegestrunkenes Geschrei, vehementer Antisemitismus, neue Truppenübungsplätze und Hakenkreuzflaggen an den Promenaden prägten jetzt die Seebäder auf den pommerschen Inseln. Nach der NS-Zeit gehörten die beiden Inseln verschiedenen Staaten an. Wollin wurde polnisch, ebenso Swinemünde auf Usedom, das nun zu Świnoujście umgetauft wurde. Der große Rest Usedoms war Staatsgebiet der Deutschen Demokratischen Republik (DDR). Beide Inseln unterstanden nun dem ›sozialistischen Aufbau einer leistungsfähigen Erholungsinfrastruktur‹. Planmäßig organisierten die beiden sozialistischen Staaten einen Bädertourismus ›im Dienste der Werktätigen‹ mit Betriebsferienheimen und riesigen Campingplätzen. Die alten Badeeinrichtungen und die schmucken Gebäude der Bäderarchitektur verfielen, aber sie blieben immerhin stehen. In Westdeutschland dagegen dominierte an den Küsten und auf den Inseln der Abriss, scheußliche Neubauten rückten in den 1960er- und 1970er Jahren an die Stelle der alten Villen. Viele private Immobilienbesitzer wurden auf Usedom rigoros enteignet, die wertvollen Häuser in staatliche Ferienheime umgewandelt. Chronische Versorgungsengpässe und lange Warteschlangen an den touristischen Einrichtungen nahmen die meisten Sommerurlauber stoisch hin. Notfalls halfen bei der Nahrungsaufnahme auch die Buden der Außer-Haus-Verkaufsstellen aus. Hier gab es die drei berühmten Bs: Bockwurst, Broiler und Bulette. Im polnischen Świnoujście und in Międzyzdroje auf Wollin wurden in den Nachkriegsjahrzehnten auch etliche stattliche Gebäude im Stil der Bäderarchitektur abgerissen, das Baumaterial diente dem Wiederaufbau des im Krieg von den Deutschen vollständig zerstörten Warschau.

Nach der politischen Wende 1989 entstanden an der polnischen Ostseeküste neue moderne Hotels. Die polnischen Seebäder gewinnen Jahr für Jahr an Beliebtheit, gerade auch bei deutschen Touristen. Auf Usedom ist gut 25 Jahre nach der Wende die Renaissance der Seebäderkultur augenscheinlich gelungen, Spa- und Wellnessangebote liegen im Trend der neuen Zeit. Die restaurierte Bäderarchitektur ist heute von Zinnowitz bis Świnoujście eine Augenweide und europaweit einzigartig.

Kultur und Lebensart

Die herrliche, hügelige Landschaft im Innern Usedoms und vor allem das besondere Licht über der Ostsee faszinierten und inspirierten schon im 19. Jahrhundert viele Künstler aus aller Welt. Heute besitzt die pommersche Sonneninsel, auf deutscher wie polnischer Seite, eine außerordentlich reiche und vielfältige Kunst-, Kultur- und Kulinarikszene – annähernd 365 Tage im Jahr Genuss für Augen, Ohr und Gaumen. Die kleine pommersche Schwesterinsel Wollin feiert ihre Top-Events in den Sommermonaten.

Die Pommern

Die Pommern haben einen geraden und schlichten Sinn. Sie sind von natürlicher Offenheit.

König Friedrich II., 1768

›Behördenmäßig‹, räsonierte der pommersche Dichter Hans Werner Richter, gäbe es Land und Leute, also das alte Pommern und die Pommern gar nicht mehr. Dafür haben die Nazis gesorgt. Im ehemaligen Swinemünde auf der pommerschen Insel Usedom und auf ihrer pommerschen Schwesterinsel Wollin wohnt seit Kriegsende wohl kaum ein echter Pommer mehr, die gesamte Bevölkerung bestand nach dem Krieg aus – meist unfreiwillig – Zugezogenen. Die ›Neupommern‹ kamen aus anderen polnischen Landesteilen, zumeist aus dem ostpolnischen Grenzland, Kresy genannt, das die Sowjetunion 1939 annektiert hatte. Das ehemalige deutsche Hinterpommern, früher Synonym für kulturelle Rückständigkeit, ist heute Bestandteil der polnischen Wojewodschaft Zachodnio-Pomorskie (Westpommern).

Der deutsche Teil Usedoms samt den Boddengewässern und dem Haff gehört seit 2011 zum Landkreis Vorpommern-Greifswald. Er zählt mit durchschnittlich 55 Einwohnern pro Quadratkilometer zu den am dünnsten besiedelten Landstrichen Deutschlands. Die ganze Region ist ausgesprochen ländlich. Die Landschaft mit ihren kargen Böden und das Meer prägen bis heute den rauhen Menschenschlag an der Ostseeküste, meint der Bansiner Hans Werner Richter in seinem 1971 erschienenen, köstlich kurzweiligen Bestseller ›Deutschland – deine Pommern‹. Hier ist der Kampf mit den alltäglichen Widrigkeiten der Natur elementar, das Ringen in harter Arbeit mit dem Boden und der See. Das führt dazu, dass die Region mehr Unikume als Genies hervorbringt.

Pommerland ist abgebrannt, aber nicht verschwunden. Geblieben sind die kulinarischen Vorlieben rund um Fisch und Kartoffel, geblieben ist auch die Mentalität der Pommern: dickköpfig, wortkarg mit drastischem Humor sowie ihre ›herrlich besoffene Sprache‹, wie es Kurt Tucholsky ausdrückte.

Architektur

Die ältesten baulichen Zeugnisse auf Usedom sind, wie vielerorts in Mitteleuropa, spätmittelalterliche Sakralbauten. Sie entstanden oft kurz nach der deutschen Ostkolonisation und der Christianisierung der slawischen Bevölkerung im 13. Jahrhundert. Zu diesen beeindruckenden gotischen Gotteshäusern, aus rotem

Backstein und/oder Feldsteinen errichtet, gehören die St. Johanneskirche in Liepe, die St. Petrikirche in Benz, St. Michael in Krummin, die Dorfkirchen in Koserow und Mellenthin, die mächtige St. Marienkirche in Usedom (Stadt) und St. Jakobus in Zirchow. Aus dem 15. Jahrhundert stammen die Kirchen in Garz, in Morgenitz und in Mönchow. Neugotisch mit Backstein Ende des 19. oder Anfang des 20. Jahrhunderts gebaut sind mehrere Kirchen in den Seebädern beider Inseln.

Viele reetgedeckte Häuser säumen in mehreren Teilen Usedoms Dorfstraßen und Wege. Früher wohnten in solchen meist einstöckigen Katen Fischer und Landarbeiter. Die alte Tradition der Dacheindeckung mit getrocknetem Schilfrohr hat sich in Usedom gehalten. Etliche Katen hat man mittlerweile zu Ferienwohnungen umgebaut und modernisiert, viele neue Reethäuser entstanden im Achterland als exklusive Pensionen oder Hotels, wie etwa in Balm am Balmer See. Zahlreiche reetgedeckte Gebäude stehen im Lieper Winkel, am Loddiner Höft, in Zempin am Achterwasser und in der Thurbruchortschaft Ulrichshorst. Auf der zu Świnoujście gehörenden Insel Karsibór (Kaseburg) wird in einem riesigen Schilfgebiet Rohr geerntet und fürs Häuserdecken verkauft.

Auf der Insel Wollin gibt es noch einige wenige alte Gutshöfe, die bis auf eine Ausnahme für Wohnzwecke umgebaut wurden. Usedom besitzt drei Herrenhäuser des pommerschen Landadels. Sie entstanden in der zweiten Hälfte des 16. Jahrhunderts im Stil der Renaissance. Die einheimischen Bauern nannten damals die vornehmen und stattlichen Gebäude ihrer Herrschaften auch aus Ehrerbietung ›Schlösser‹. So werden sie noch heute genannt. Nach dem Zweiten Weltkrieg kam in der sozialistischen DDR ›Junkerland in Bauernhand‹ und die Usedomer Schlösser in Pudagla, Mellenthin und Stolpe dienten fortan als Ferien- oder Kinderheime, als Wohnraum oder als Dorfgaststätte. Auch die staatlichen LPGs, die landwirtschaftlichen Produktionsgenossenschaften, nutzten die herrschaftlichen Gebäude. Alle drei Schlösser verfielen in dieser Zeit. Glücklicherweise sind sie mittlerweile im Besitz ambitionierter Eigentümer, die den einstigen Renaissance-Schmuckstücken wieder zu altem, aber auch neuem Glanz mit Kultur- und Gastronomieangeboten verhalfen.

Eine prachtvoll-majestätische, zuweilen spektakuläre Architektur besitzen unzählige Villen und Hotels in den Seebädern. Sie entstanden in wilhelminischer Zeit, also zur vorletzten Jahrhundertwende. Der Baustil wird meist ›Bäderarchitektur‹ genannt.

Pomphafte Bäderarchitektur: die Villa Hintze in Heringsdorf

Die Bäderarchitektur

Das gibt es nur an der Ostsee, auf Usedom in Bansin, Heringsdorf, Ahlbeck, auch in Zinnowitz und Swinemünde: die Promenaden, aber auch ganze Straßenzüge in der zweiten und dritten Reihe hinter den mondänen Boulevards strahlen und leuchten kirschblütenweiß mit noblen und reizenden Strandvillen sowie anderen vornehmen Gebäuden. Es sind hunderte von baulichen Kleinoden, keines gleicht dem anderen. Und doch bilden sie ein Ensemble. Sie stammen aus einer vergangenen Epoche, deren Architektur keiner speziellen Stilgattung zuzuordnen ist. Gerade die unbekümmerte Stilmischung macht den Reiz der Viertel aus, der Mix verschiedenster Bau- und Stilmerkmale, der aus der Schatzschatulle europäischer Baukunst herausholt, was gefällt: großzügige Freitreppen, aufwändig gestaltete Eingangstüren mit Portikus, edle, oft antikisierende Marmorsäulen mit Kapitellen und verschiedensten Schmuckelementen, Holzloggien mit filigranen Verzierungen, Erker, Türmchen, variantenreiche Balkon-, Terrassen- und Verandakonstruktionen, Dreiecksgiebel mit Tympanon, Reliefs an den Fassaden, elegante Jugendstilfenster und Dachreiter, Simse, barocke Putten, Risalite und Pilaster, wahrhaftes Zuckerwerk mit Laubsägenfantasien. Ganz ohne Stilsicherheit und – trotzdem – einfach schön.

Die Seebäderarchitektur entwickelte sich in der Zeit zwischen der Reichsgründung 1871 und dem Ersten Weltkrieg. Nicht nur auf Usedom entstanden Bauten, aber hier sind die gestalterische Vielfalt und die hohe Anzahl solcher Häuser mit ihren Prachtfassaden einzigartig. Ausgangspunkt dieser Architektur war die Sommervilla auf großzügigem Grund und parkähnlicher Anlage. Form und Bauweise sind an römische Vorbilder angelehnt, klassizistische Elemente dominieren. Solcher Villen-Luxus war dem Hochadel, den Bankiers und dem wohlhabenden Großbürgertum vorbehalten. Man besprach an der See seine Geschäfte und baute vor Ort Villen, die den Reichtum ihrer Besitzer zur Schau stellen sollten. Besonders in Heringsdorf faszinieren bis heute zahlreiche dieser mondänen Strandvillen. Später, mit dem Aufkommen des Bädertourismus als Massenvergnügen, wurden auch die Sanatorien und Pensionen, die Kurhäuser, die Veranstaltungspavillons, die Badeanstalten und die Seebrücken ›bäderarchitektonisch‹ gestaltet. Nicht selten, vor allem aber am südöstlichen Teil der Bansiner Strandpromenade, erinnern Fassaden mit Holzschindeln und so manches Detail an nordischen Drachenstil, an russischen Landhausstil oder an schweizerische Gebirgsarchitektur. Das ist kein Zufall, galt die Schweiz doch auch schon um 1900 als Inbegriff für Urlaub und Erholung.

Heute sind die fast durchweg erhaltenen gebliebenen Bädervillen hübsch saniert und meist zu exklusiven Feriendomizilen umgebaut. Das einmalige Flair der Usedomer Seebäder blieb bewahrt, nicht zuletzt weil 40 Jahre realsozialistische Urlaubsgestaltung jegliche Modernisierungsversuche verhinderte. In Westdeutschland dagegen wurden solche alten Bauten in den 1960er Jahren meist kurzerhand abgerissen und durch öde Hotels und Hochhäuser ersetzt. Ohne die Wende 1989 wäre heute allerdings von diesem herrlichen architektonischen Erbe der Insel auch nicht mehr viel zu sehen. So findet aber nun glücklicherweise jedes Jahr im September die Usedomer Woche der – wiedergeborenen – Bäderarchitektur statt (www.baederarchitektur.de).

Englischer Tudorstil: das Hotel Kastell in Ahlbeck

Kleines Lexikon zur Bäderarchitektur

Portikus: Vorbau am Haupteingang, in der Regel von Säulen oder Pfeilern getragen. Oft mit Dreiecksgiebel.

Loggia: Raum in einem Gebäude, der sich mittels Bögen oder Säulen zum Außenraum öffnet.

Dachreiter: Verzierungen auf dem Dach, häufig hölzerne Türmchen.

Fiale: Schlankes, spitz auslaufendes Türmchen auf Stützpfeilern von größeren Gebäuden.

Fries: Schmaler, waagerechter Verzierungsstreifen aus Stein mit verschiedenen Ornamenten.

Kapitell: Oberer Abschluss von Säulen und Pfeilern, mit Ornamenten geschmückt.

Attika: Aufmauerung über dem Kranzgesims.

Pilaster: Wandpfeiler zur vertikalen Gliederung von Außen-, aber auch Innenwandflächen.

Risalit: Gebäudeteil, der auf der ganzen Fluchtlinie eines Hauses hervorspringt.

Relief: Künstlerische Darstellung, die sich plastisch vom Hintergrund abhebt.

Tympanon: Schmuckfläche in Giebeldreiecken oder im Bogenfeld von Portalen.

Maler, Literaten, Komponisten

Die feine, wohlhabende Berliner Gesellschaft hatte es sich schon in der ersten Hälfte des 19. Jahrhunderts auf Usedom gemütlich gemacht, standesgemäß mit noblen Strandvillen. Später, etwa ab der Jahrhundertwende, zog es auch immer mehr Dichter und Denker und vor allem Maler zur Sommerfrische an die Küste des schönen Eilands. Nach Inspiration und Motiven mussten sie hier nicht lange suchen, die Inselnatur ist schließlich reich ausgestattet: Weiße Sandstrände, das Meer mit all seinen Farbschattierungen, Fischerboote, sattgrüne, im Frühjahr und Sommer bunt gesprenkelte Landschaft, verschlafene Dörfer im Hinterland an schilfumsäumten Seen, prächtige Bäderarchitektur in den Seebädern. Manche Maler kamen immer wieder, einige bleiben auch ganz. Zu den bekanntesten zählen Otto Niemeyer-Holstein (→ S. 110), Rolf Werner (→ S. 122), Lyonel Feininger (→ S. 158) und Philipp Otto Runge (→ S. 70). Eine kleine Künstlerkolonie bildete sich um den ›Käpt´n‹ Otto Niemeyer-Holstein. Dazu gehören die Berliner Malerin Karen Schacht (1900–1988), die Maler Otto Manigk (1902–1972) und Herbert Wegehaupt (1905–1959). Sie wohnten in Ückeritz. Der Maler Hugo Scheele (1881–1960) zog mit seiner Frau 1921 nach Zempin, seine Ölbilder und Aquarelle waren in dieser Zeit sehr gefragt. Er malte Usedomer Landschaften, Porträts, Karikaturen und den Alltag der Fischer. Eher dem Großflächigen und Monumentalen verpflichtet war das Malerehepaar Manfred Kandt (1922–1992) und Susanne Kandt-Horn (1914–1996). Auch sie lebten, ab 1954, in Ückeritz.

Bis heute ist Usedom ein beliebter Ort der Kunst und der Malerei geblieben. In den Inselgalerien hängt oder lehnt auf den Staffeleien, was die Künstler gegenwärtig mit Pinsel und Farbe auf die Leinwand bringen. Darunter sind etwa Werke des Ur-Usedomers Volker Köpp aus Ahlbeck. In seiner Ausstellung im reetgedeckten Fischerkaten dominieren maritime Motive: Strandkörbe, Netze, Reusen, Fischkisten mit allerlei Meeresgetier, windschiefe Fischerbuden. Ganz wichtig bei vielen Malern: Die atmosphärischen Stimmungen an der Küste – Wolkengebilde, Licht, Schatten, Farben, und all das von düster-bedrohlich bis sommerlich-heiter.

Theodor Fontane 1883

Unter den Schriftstellern, die während der 1920er Jahren Usedom gerne und oft einen Ferienbesuch abstatteten, sind bekannte Autoren wie Maxim Gorki, Thomas Mann und sein Bruder Heinrich Mann, Victor Klemperer (›Tagebücher 1933–1945‹), Kurt Tucholsky sowie Robert Musil (›Der Mann ohne Eigenschaften‹). Sie erholten sich beim Strandspaziergang in der frischen, gesunden Seeluft und schrieben hier an ihren Werken. Heinrich Mann begann auf Usedom seinen Roman ›Die große Sache‹, Thomas Mann vollendete seinen ›Zauberberg‹ in Ahlbeck. Musil wohnte weniger nobel im dörflichen Koserow und beobachtete tagelang die Fischer bei ihrer Arbeit. Der märkische Wanderer und Romancier Theodor Fontane verbrachte die meiste Zeit seiner Kindheit in Swinemünde und reiste 1863 aus dem hektischen Berlin nach Heringsdorf, um ›Ruhe und frische Luft‹ zu tanken. Hans Werner Richter, Mitbegründer der legendären ›Gruppe 47‹, erblickte 1908 in Bansin das Licht der Welt und schrieb mehrere Bücher über seine Heimat (→ S. 122). Der spätromantische Komponist Engelbert Humperdinck (Welterfolg mit der Oper ›Hänsel und Gretel‹) logierte 1906 im mondänen Heringsdorfer Strandhotel. Der ›Walzerkönig‹ Johann Strauss entspannte sich 1889 einige Wochen in der Villa Anna in Heringsdorf.

Kunst, Kitsch und andere Mitbringsel aus Polen

Auf Schritt und Tritt trifft man natürlich auch an der polnischen Ostseeküste auf Bernsteinerzeugnisse. Das Angebot reicht von billigen Ketten und Anhängern aus rohen Steinchen, preiswerten mosaikartig gefertigten Bildern, die nicht selten katholische Heilige oder den ehemaligen polnischen Papst porträtieren, über kitschig verzierte Kästchen, Souvenirschiffchen mit Bernsteinsegeln, Krawattennadeln, Manschettenknöpfe und altmodische, aber hübsche Broschen mit Insekteneinschlüssen bis hin zu kunstvoll verarbeiteten Schmuckstücken – oft in hochwertiges Silber eingefasst. Sehr beliebt sind auch Tischlampen mit bernsteinbesetzten Schirmen, die ein wohlig-warmes, goldenes Licht spenden. Eine lange Tradition hat in Polen die Herstellung von Silberschmuck. Die Preise liegen zum Teil beträchtlich unter denen in Deutschland.

Auch Maritimes wie etwa allerlei mit Muscheln verzierte Utensilien von Kitsch bis Kunst, ziseliert und kunstvoll gestaltete Buddel- und Modellschiffe sowie Einrichtungszubehör alter Dampfer können sowohl für Sammler interessant als auch nette Mitbringsel sein. Trödelläden, ›antyki‹ genannt, sind da

Beliebte Mitbringsel aus Polen

meist die besten Adressen. Auch die moderne Kunst ist in Polen sehr gefragt und beachtenswert. Schauen Sie sich mal in den zahlreichen Galerien und Gemäldegeschäften um. Preiswerte Kunstbände bekommt man in allen Buchhandlungen. Und dass die polnische Musik nicht nur aus Chopin und vielleicht noch Penderecki besteht, ist längst bekannt. Nicht nur eingefleischte Jazzfans kennen die polnischen Jazzer Tomasz Stańko, Krzystof Komeda oder Michał Urbaniak und Urszula Dudziak.

Skulpturenschnitzer um Tadeusz Zieliński in Świnoujście

Auch Mitbringsel für das leibliche Wohl sind sehr beliebt. Delikatessen aus Pommern sind getrocknete Pilze, Waldfruchtmarmelade, Honig und eingelegte Heringe. Große Einmachgläser voll mit frisch in den Wäldern gesammelten Blaubeeren und Körbe mit Pfifferlingen, Maronen, Grünlingen und Steinpilzen bieten unterwegs vor allem Kinder und Alte für paar Złoty an den Straßenrändern feil. In die Pilze zu gehen ist für nicht wenige polnische Familien eine existentielle Einnahmequelle. Nicht nur die Kinder sind ganz versessen auf die krówki, Bonbons mit der berühmten Kuh auf dem Einwickelpapier. Nicht minder lecker schmecken die sezamki (Sesamkekse) und die śliwki w czekoladzie, Pflaumen in Schokolade. Nicht zuletzt ist auch das polnische Nationalgetränk ein Mitbringsel, das manchem Daheimgebliebenem an kalten Wintertagen warm ums Herz werden lässt: Die Palette an Wodkas füllt in allen Lebensmittel- und Getränkegeschäften ganze Regale. Besonders geschenktauglich sind der Zubrówka mit dem Wisentgras in der Flasche und der sanftere Chopin in der eleganten Designflasche.

Sportmöglichkeiten

Die beiden Inseln an der Pommerschen Bucht bieten sehr vielfältige Möglichkeiten der aktiven Betätigung. Im Mittelpunkt steht naturgemäß der Wassersport. Schließlich gibt es auf Usedom und auf Wollin Wasser, wohin man auch schaut: Vorne die Ostsee, im Hinterland jeweils mehrere Seen, dazu das Oderhaff und die Odermündungsflüsse Peenestrom, Swine und Dievenow. Man hat die Wahl zwischen Baden, Windsurfen, Kiten und Segeln.

In den warmen Monaten werden 14-tätig durch das Landeshygieneinstitut Wasserproben an der deutschen Ostseeküste entnommen und nach strengen EU-Regeln untersucht. Seit Jahren wird die Wasserqualität als gut bis sehr gut bewertet. Der feinkörnige Ufersaum der Außenküsten beider pommernschen Eilande fällt kinderfreundlich sehr flach ins Meer. Schwimmer müssen allerdings fast überall 50 bis 100 Meter ins Meer hinauslaufen, erst dann ist in der Regel der Boden unter den Füßen weg. Die meisten Strände werden überwacht. Eine

Mit dem ›Eisbaden‹ im Februar wird jedes Jahr die Badesaison eröffnet

rote Flagge verbietet das Baden, eine gelbe warnt vor Gefahr beim Baden. Gute Bade- und Schwimmmöglichkeiten bieten auch das Stettiner Haff, das Achterwasser und der Peenestrom sowie auf Wollin vor allem der Jezioro Wisełka.

Auf der deutschen Seite Usedoms hat fast jedes Seebad ausgewiesene FKK-Bereiche, in Świnoujście und auf Wollin ist das Nacktbaden dagegen nicht erlaubt. Eine Ausnahme bildet der Strand von Lubiewo bei Międzyzdroje. Hier wird hüllenloses Baden geduldet. Bestens geeignet zum Windsurfen und Kiten sind einige Starkwindreviere – wie etwa bei Karlshagen und Świnoujście auf Usedom oder bei Dziwnów (Dievenow) auf Wollin. Für Anfänger bieten sich das Stettiner Haff und das Achterwasser an; es gibt mehrere Surfschulen. Haff und Achterwasser sind außerdem ideale Segelreviere. Auch die Ostsee ist ein Paradies für Segler, allerdings nur für Könner. Rund um Usedom gibt es mittlerweile etwa 25 Marinas mit Anlegestellen, die größte und modernste Marina Usedoms und der gesamten polnischen Ostseeküste mit Platz für bis zu 300 Yachten befindet sich im Nordbecken am Hafen von Swinoujście.

Usedom ist ein beliebtes Reiterterrain. Auf der Insel gibt es 18 Reiterhöfe. Viele bieten Kurse für Anfänger sowie Ausritte durch Wald und Flur oder am Strand an. Usedom ist zudem zweifellos ein Radlerparadies. Das Radwegenetz der zweitgrößten deutschen Insel ist mittlerweile auf fast 200 Kilometer angewachsen. Man sollte jedoch nicht davon ausgehen, dass das Gelände durchweg plattes Land ist, eher im Gegenteil: Das Hinterland der Seebäder ist ziemlich hügelig, die ›Berge‹ der eiszeitlichen Endmoränen besitzen mitunter ganz ordentliche Steigungen. Zu schaffen macht an manchen Tagen auch der Wind. Man muss sich davon aber keineswegs abschrecken lassen. Die meisten der durchweg gut ausgeschilderten Touren sind familienfreundlich. Dazu zählt auch der besonders reizvolle zwölf Kilometer lange und grenzüberschreitende Promenadenweg zwischen den Seebädern Swinoujście und Bansin. Längere Radwege, die über die Insel führen, sind der Ostseeküsten-Radweg, der Stettiner-Haff-Rundweg sowie der Usedom-Rundweg. In den letzten Jahren entstanden neben den viel befahrenen Straßen der Insel neue asphaltierte Radwege. Auf Wollin gibt es vergleichsweise wenig ausgebaute Radwege. Hier lässt es sich aber problemlos auf den wenig befahrenen Landstraßen zwischen den kleinen Ortschaften und den Seen im Inselinneren sowie auf Waldpfaden durch den Wolliner Nationalpark radeln.

Usedom besitzt ein 400 Kilometer langes Wanderwegenetz. Da ist sicherlich für jeden Geschmack etwas dabei. Ideal und landschaftlich reizvoll sind Wanderungen auf den entlegenen Halbinseln Gnitz, Lieper Winkel, Usedomer Winkel und Wolgaster Ort. Herrlich barfuß wandern oder nordic walken lässt es sich an den Außenküsten der beiden Inseln entlang. Der Golfplatz am Balmer See zählt zu den schönsten Golfanlagen in Deutschland. Zu den schönsten Polens gehört der Golfplatz in Kolczewo an der Wolliner Ostseeküste. Neueren Datums ist die in eine einzigartige Hügellandschaft gebettete 18-Loch-Anlage ›Baltic Hills‹ bei Korswandt am Wolgastsee.

Feste und Festivals

Jährlich Ende März finden die ›Usedomer Literaturtage‹ statt. Viel Renommee besitzen das ›Wikinger- und Slawenfestivel› und das ›Usedomer Musikfestival‹, das stets Ende September/Anfang Oktober mit zahlreichen Veranstaltungen aufwartet. Weit über die Insel hinaus bekannt ist die ›Usedom Baltic Fashion‹ im Mai, sehr beliebt sind das ›Jazzfestival Usedom‹ im Juni und das hochkarätig mit Berliner Schauspielern besetzte Theaterprogramm ›Klassik am Meer‹ in der Koserower Dorfkirche.

Usedoms Schwesterinsel Wolin (Wollin) feiert im Hochsommer. Dann lockt im Juli das größte Sommerpicknick an der polnischen Ostseeküste rund 30 000 Fans an. Genau genommen findet es einige Kilometer vom Meer entfernt statt, in dem kleinen Ort Sułomino am Stettiner Haff. Das musikalische Programm reicht von Country und Blues über Reggae bis zu Rock´n Roll. Um die 1500 Teilnehmer aus 24 Ländern beteiligen sich seit 1993 Anfang August beim ›Wikingerfestival‹ in der Ortschaft Wolin. Stätte des Festivals ist die nachgebaute Slawen- und Wikingersiedlung auf der Insel Ostrów. Hier werden Kultur und Traditionen des frühen Mittelalters vorgeführt. Seit 1996 wird das Seebad Międzyzdroje (Misdroy) zur sommerlichen Filmhauptstadt Polens. Auf dem Filmfestival trifft sich die Crème de la Crème der polnischen Filmszene. Ein Hauch von Hollywood: Auf dem polnischen Walk of Fame, der Aleja Gwiazd, haben schon über 130 der beliebtesten polnischen Leinwandstars ihre Handabdrücke in Bronze verewigt, unter ihnen beispielsweise Roman Polański.

Beim Kleinkunstfestival Heringsdorf

Polen: Geschichte, Kirche, Polinnen

Mit nationalem Stolz blicken die Polen auf ihre wechselvolle Geschichte. Lange 123 Jahre - von 1795 bis 1918 - war Polen gänzlich von der europäischen Landkarte getilgt - aufgeteilt zwischen den benachbarten Großmächten Russland und Preußen bzw. Deutsches Reich sowie Österreich (ab 1867 offiziell Österreich-Ungarn). Unendliches Leid brachte die faschistische Barbarei, der Millionen Polen zum Opfer fielen. Der polnische Staat überlebte alle Katastrophen, weil die polnische Nation, ihre Kultur und Sprache überlebte. Eindeutig bestimmend für die Sicht ihrer Historie ist bis heute die fast religiöse Interpretation als opfervolle Leidensgeschichte. In diesem Sinne prägte der polnische Nationaldichter Adam Mickiewicz im 19. Jahrhundert den etwas seltsam anmutenden Slogan von Polen als ›Christus der Völker‹. Auch als 1980 auf der Danziger Lenin-Werft um die Gewerkschaft Solidarność und den Elektriker Lech Wałęsa Weltgeschichte geschrieben wurde, waren die Muttergottes von Częstochowa und der polnische Papst Johannes Paul II. stets allgegenwärtig.

Obwohl man im katholischen Polen bei dem brisanten nationalen Thema über die Geschichte des Landes wenig Spaß versteht, kursieren trotzdem unzählige Anekdoten und Witze, in denen man sich selbst auf den Arm nimmt. Etwa dieser: Einem Studenten aus Frankreich, einem aus Deutschland und einem aus Polen wird die Aufgabe gestellt, sich wissenschaftlich mit dem Elefanten auseinanderzusetzen. Der Franzose wählt das Thema ›Der Elefant und sein Liebesleben‹, der Deutsche schreibt über den Elefanten an und für sich und der Pole betitelt seine Arbeit mit ›Der Elefant und die polnische Freiheitsbewegung.‹

Über Jahrhunderte war Polen sowohl ein multinationaler als auch ein multikonfessioneller Staat. Noch 1931 waren ›nur‹ 75,2 Prozent der Bevölkerung römisch-katholischen Glaubens, 9,8 Prozent waren Juden, 11,8 Prozent Orthodoxe. Die Ermordung der Juden durch die Nazis und die Westverschiebung Polens nach dem Zweiten Weltkrieg führten zur konfessionellen Homogenisierung; heute sind rund 95 Prozent der Polen Katholiken. Und auch den Vielvölkerstaat Polen gibt es nicht mehr.

Über die Jahrhunderte geblieben ist die inbrünstige Religiosität und Frömmigkeit sehr vieler Polen. In wohl keinem anderen christlichen Land werden so viele neue Kirchen gebaut. Und wer am Sonntag im Lande unterwegs ist, bemerkt sofort, dass es offensichtlich immer noch an Gotteshäusern mangelt. Kaum eine Kirche, die zur Sonntagsmesse nicht von Gläubigen überquillt, so dass zahlreiche Besucher draußen vor der Tür den Gottesdienst verfolgen.

Einen Feminismus, wie er in den vergangenen Jahrzehnten in Westeuropa wirkungsmächtig wurde, lehnen die allermeisten Polinnen strikt ab. Ihr Feminismus heißt stattdessen, betont feminin zu wirken. Sie machen sich gern schick und schön. Vielleicht wurde daher schon so mancher Polenreisende in der Vergangenheit dazu verleitet, die Polinnen selbst zu den Sehenswürdigkeiten des Landes zu zählen. So fand der Librettist von Karl Millöckers Operette ›Der Bettelstudent‹, ›der Polin Reiz‹ sei ›unerreicht‹. Und Heinrich Heine geriet auf einer Polenreise geradezu in romantische Verzückung, als er die ›Weichselaphroditen‹ beschreiben sollte.

Essen und Trinken

Schlicht, deftig und bodenständig: mit diesen Attributen wird die pommersche Küstenküche typischerweise beschrieben. Die Mahlzeiten sollten seit alters her in erster Linie satt machen und keinen Feinschmeckerpreis gewinnen. Doch in den vergangenen Jahren hat sich vor allem auf Usedom einiges bewegt, etliche Inselrestaurants heimsen mit ihrer feinen Gourmetcuisine renommierte Kritikerpreise ein und sammeln begehrte Punkte, Hauben, Kochlöffel und Sterne. Mitte Mai werden die kreativen Delikatessen von den Meisterköchen volksnah an den Strand gebracht. Dann findet zwischen Bansin und Ahlbeck der ›Grand Schlemm‹ statt, wo man sich auf neun Rastplätzen de Luxe kulinarisch verwöhnen lassen kann. Ob Hering satt mit Usedomer Fischkartoffeln oder ganz exquisit Saltimbocca vom Kabeljau auf geschmorten Zucchini – lecker ist das eine wie das andere.

Vor allem kommt auf den Tisch, was man direkt vor der Haustür vorfindet. Und da ist Wasser, wohin man auch schaut. Usedom ist der einzige Standort in Deutschland, wo es sowohl Hochseefischer als auch Strand- und Binnenfischer gibt. Der Heimathafen der Hochseefischer liegt in Freest am westlichen Ufer des Peenestroms, also genau genommen schon um Peenes Breite außerhalb von Usedom. Binnenhäfen am Achterwasser und am Haff gibt es zum Beispiel in Usedom Stadt, in Kamminke, Rankwitz, Lassan sowie auf Karsibór (Kaseburg). Gefischt wird das ganze Jahr über: Karpfen, Barsch, Aal, Zander, Hecht aus den Binnengewässern, Hering, Dorsch und Flunder aus dem Baltischen Meer.

Hoch im Kurs steht seit einigen Jahren wieder der Hering, das ›Silber des Meeres‹. Jährlich im April finden die ›Usedomer Heringswochen‹ statt. Dann wird die große Vielfalt an Gerichten mit dem pommerschen Ostseehering präsentiert: Gegrillt, gebraten, geräuchert oder in Bierteig eingelegt. Als Brathering ist er ebenso beliebt wie als Rollmops. Für den kleinen Hunger zwischendurch ist das einfache Fischbrötchen seit eh und je ein Renner. Geduldig stehen die Urlauber in Badehosen zur Strandpause an den Fischbuden Schlange für einen Küstenburger mit (Bismarck-) Hering, Matjes, mit kalt und warm geräuchertem Lachs, der dann als Stremellachs über die Theke geht, mit Kabeljau, Heilbutt, Schillerlocke, Räucherfisch und in weiteren Varianten.

In Polen ist diese kleine, kalte Mahlzeit mit dem obligatorischen Salatblatt und reichlich Zwiebeln nie so richtig angekommen. In Świnoujście (Swinemünde) und Międzyzdroje (Misdroy) auf Wollin wird das ›kanapka rybna‹ aber mittlerweile auch an den Strandpromenaden angeboten, fast exklusiv für den deutschen Urlauber. Dafür bekommt man bei den Fischern von Międzyzdroje ganz besonders leckeren Fisch, fangfrisch oder geräuchert, direkt am Strand in windschiefen Buden und kleinen Terrassenrestaurants mit Meeresblick.

Ansonsten werden überall in Świnoujście und auf Wollin die urpolnischen Klassiker serviert: ›pierogi‹, gefüllte Teigtaschen und oft hausgemacht, das herzhafte ›bigos‹, eine Art Sauerkrauteintopf mit vielerlei Fleischzutaten, die Sauermehlsuppe ›zurek‹, die Kuttelsuppe ›flaki‹, Leber gedünstet mit Äpfeln (›wątróbka‹), viel Fisch und viel Fleisch. Vegetarier haben es in Polen nach wie vor nicht ganz einfach, doch die ›kuchnia vegetariańska‹ ist auch hier im Kommen. Besonders in der Gastronomie von Świnoujście hat sich in den letzten Jahren vielerorts die gediegene polnische Hausmannskost zu einer volkstümlichen High-Class-Küche gemausert, schnörkellos und auf hohem Niveau – nicht selten gereicht in ganz unscheinbaren Lokalen, in denen man von außen eher Imbisskultur vermuten würde. Überhaupt hat sich kein Land in Osteuropa kulinarisch rasanter entwickelt als Polen. Regionale (pommersche) Elemente haben jedoch kaum Bedeutung, nicht zuletzt weil nach 1945 die Neubürger Swinemündes und Wollins aus verschiedenen polnischen Landesteilen ins Pommerland umgesiedelt wurden.

Eine besondere Spezialität wird jedes Jahr im Mai aus der Ostsee gefangen: der Hornfisch oder Hornhecht, ein Fisch mit grünen Gräten. Er kommt an die pommersche Küste zum Laichen. Während der ›Usedomer Hornfischwoche‹ wird der pfeilförmige, sehr schmackhafte Fisch gebraten, geräuchert oder sauer eingelegt serviert. Weil er in seiner Form dem Aal ähnelt, aber weitaus preiswerter als dieser ist, brachte ihm dies zu DDR-Zeiten scherzhaft die Bezeichnung ›Arbeiter-Aal‹ ein. Ein Leckerbissen ist auch der bis zu 1,20 Meter lange Steinlachs. Er wechselt im November zum Laichen von der offenen See in die Gewässer des Stettiner Haffs, des Achterwassers und des Peenestroms. Der auch als Ostseeschnäpel bekannte Fisch war zu DDR-Zeiten wegen der schlechten Wasserqualität fast ausgestorben. Seit 1999 wird er nun wieder von Usedomer Küstenfischern gefangen.

Wasser, aber auch weite Wiesen, Ackerland und dichte Wälder prägen die Landschaft der Schwesterinseln. Hier wachsen Rüben, Kohl und Kartoffeln, die in Pommern Tüften heißen – neben Fisch die solide Grundlage der pommerschen Hausmannskost. Wild aus den heimischen, wildreichen Wäldern steht im Herbst auf den Speisekarten. Folgerichtig finden im September die ›Tüftentage‹ und im Oktober die ›Usedomer Wildwochen‹ statt. Eine Besonderheit sind die Löffelgerichte. Dafür braucht es kein Messer und keine Gabel. Das berühmteste Löffelgericht sind die Usedomer Fischkartoffeln, ein Kartoffelbrei, der ein bisschen nach Fisch schmeckt, obwohl er nie Fisch gesehen hat. Das Gericht hat Geschichte: Blieben die Netze der Fischer leer, kochten die Frauen einfach nur Tüften, aber mit Fischgewürzen und -kräutern. Die Fischkartoffeln dienen heute gerne als ideale Beilage zu gebratenem Fisch oder Matjes. Damit sind wir wieder beim Fisch, und der muss bekanntlich schwimmen.

Hüben wie drüben, auf deutscher wie auf polnischer Seite, ist Bier der beliebteste Durstlöscher. Frisches, süffiges Inselbier wird im Heringsdorfer Brauhaus gebraut, in Polen bevorzugt man die Biersorten Żywiec, Tyskie, Warka, das Stettiner Bosman sowie das helle Wyspiarskie, das nach Alt-Usedomer Rezeptur gebraute Inselbier. Gut zum Bier passt der klare Kümmelschnaps namens Köm, in Polen natürlich das Nationalgetränk Wodka (wódka), was ganz harmlos ›Wässerchen‹ bedeutet. Rum, Zucker und Wasser nach eigenem Ermessen gemischt – und fertig ist der Grog, im Winter nach einem langen Strandspaziergang wohl der beste Aufwärmer. Das zweite Glas kann aber schon durchaus groggy machen.

Und Süßes? In Polen schätzt die ganze Familie ›lody‹ (Eiscreme), im Sommer wie im Winter. Als Nachtisch liebt man die traditionellen ›naleśniki‹, gefüllte Pfannkuchen, und allerorten werden ›gofry‹ angeboten, Waffeln, die mit Beeren und Schlagsahne verzehrt werden. Auf Usedom stehen jung und alt auf Schürz- und Spritzkuchen, auf das Gebäck Pfaffenglück und die pommerschen Variationen von frisch gebackenen Mutzen und Bucheln mit Pflaumenmus.

Rezepte aus Pommern

Pommerscher Heringssalat

Zutaten (für 4 Personen): Matjesfilets von 4 Heringen, 2–3 Zwiebeln, 2–3 Äpfel, 4 hartgekochte Eier, 2–3 saure Gurken (nach Belieben Salz- oder Gewürzgurken), 125 g Jagdwurst (oder Fleischwurst), 2 EL Öl, 125 g süße Sahne, 1–2 Pellkartoffeln, Zucker und Salz nach Belieben.

Zubereitung: Äpfel und Zwiebeln schälen und würfeln, ebenso die Kartoffeln, die Gurken, die Eier und die Wurst. Alle Zutaten vermischen, mit Öl und Sahne verrühren und mit Salz und Zucker abschmecken. Manchmal werden auch noch einige Kompottkirschen hinzugefügt.

Piroggen gefüllt mit Kraut und Pilzen (Pierogi z kapustą grzybami)

Zutaten (für 4 Personen): 4 Eier, 500 g Butter, 1 kg Mehl, 200 ml saure Sahne, 60 g getrocknete Waldpilze, 1,5 kg Sauerkraut, 500 g Zwiebeln, Salz und Pfeffer, Zucker.

Zubereitung: Einen Teig aus den Eiern, der Butter, dem Mehl und der sauren Sahne kneten, eine Prise Salz dazugeben und mindestens 1 Stunde im Kühlschrank ruhen lassen. Die Zwiebeln schälen und würfeln. Die Pilze wässern, abspülen und weich kochen, dann kleinschneiden. Die restliche Butter in der Pfanne auslassen, Zwiebeln und Pilze darin dünsten. Das gekochte Sauerkraut kleinschneiden und unter das Gemüse mischen, mit Salz und Pfeffer abschmecken. Den Knetteig dünn ausrollen und Kreise ausstechen. Auf jede Scheibe 1 TL der vorbereiteten Füllung geben und darüber zusammen schlagen, die Teigränder fest zusammendrücken. Die Piroggen auf ein mit Backpapier ausgelegtes Blech setzen. Ein Ei aufschlagen und verquirlen, die Piroggen damit einpinseln. Ofen auf 180 Grad vorheizen. Das Blech in den Ofen schieben und ca. 20 Minuten backen, bis die Piroggen goldbraun sind.

Pommerscher Wildschweinbraten

Zutaten (für 4 Personen): 1 kg Wildschweinfleisch aus der Region, 1 l Buttermilch, 2 EL Speiseöl, 250 g Suppengrün, 125 ml Wasser, 125 ml Rotwein, 125 g Champignons, Pfeffer, Salz, geschnittenes Rosmarin.

Zubereitung: Wildschweinfleisch unter fließend kaltem Wasser abspülen, trocken tupfen, enthäuten und mit Garn zusammenbinden. Über Nacht in Buttermilch legen und dann mit Salz und Rosmarin einreiben. Das Speiseöl erhitzen und das Fleisch von allen Seiten gut anbraten. Wasser hinzufügen, Fleisch schmoren lassen und ab und zu wenden. Die verdampfte Flüssigkeit nach und nach durch heißes Wasser ersetzen. Das kleingeschnittene Suppengrün etwa 30 Minuten vor Ende der Schmorzeit hinzufügen. Nach zwei Stunden Schmorzeit das Garn entfernen und das gare Fleisch vor dem Schneiden 10 Minuten ruhen lassen, damit sich der Fleischsaft setzt.

Soße: Bratensatz mit Rotwein loskochen, pürieren, durch ein Sieb passieren. Dann die zerkleinerten Champignons kurz in der Soße gar ziehen lassen, anschließend mit Salz, Pfeffer und Rosmarin würzen. Eine deftige Würzung ist empfehlenswert: Wacholder, Thymian, Nelken, Lorbeerblatt, Pfeffer, Piment.

EXTRA

Die frisch gesalzenen Wogen rollen an den Strand.
Und hervor tritt der Landrat und hält eine schöne Rede. [...]
Von der Schmutzkonkurrenz der Nordsee wolle er
wohl schweigen – hie gut Ostsee allewege! Die Möwen
schreien. Die Geistlichkeit spricht Gebete und erfleht
vom Himmel eine feiste Saison. Das Meer wird eingesegnet.
Und der Landrat hebt den Zylinder und spricht: Hiermit
erkläre ich die Ostsee für eröffnet.

Kurt Tucholsky, Saisonbeginn an der Ostsee (1922)

USEDOM

Die Seebrücke in Heringsdorf

Festland: zwischen Peenestrom und südlicher Haffküste

Von den Usedomer Halbinseln im Achterwasser oder von der nördlichen Haffküste zwischen Kamminke und Usedom Stadt schweift der Blick über die weiten Wasserflächen hinüber auf die gegenüber liegenden Küsten. Hier liegt das vorpommersche Festland, eine überaus reizende und reizvolle Gegend mit alten Städten voller hanseatischem Flair: Wolgast, Anklam, Ueckermünde – für Usedom-Urlauber empfehlenswerte Möglichkeiten für interessante Tagesausflüge.

Wie es zum Namen Usedom kam

Vor langer Zeit, als das Eiland am Baltischen Meer noch keinen Namen besaß, kam ein Fremder dahergereist, der sich erkundigte, wie die Insel denn eigentlich hieße. Niemand konnte ihm eine Antwort geben. Da ließ er alle Fischer der Insel zusammen kommen, um mit ihnen gemeinsam einen Namen zu finden. Doch sie blieben stumm, es fiel ihnen nichts ein. Da rief der Fremde entnervt: ›Oh, so dumm!‹ Plötzlich waren alle erleichtert, dass endlich jemand etwas gesagt hatte, und sie beschlossen, dass ihre Insel genau so heißen solle. Fortan nannten sie sich also die Osodummer, was später zum heutigen Inselnamen führte.

In Zecherin

▲ Karte S. 65

Wolgast

Das barock geprägte Wolgast am Peenestrom hat sich in den letzten Jahren angenehm herausgeputzt. Der alte Kern um die trutzige Kirche St. Petri zeigt sich schön restauriert in neuem Glanz. Da sich Wolgast am Ende des Zeiten Weltkriegs kampflos ergab, blieb die historische Altstadt nahezu unbeschadet erhalten. Das kleine Städtchen mit seinen heute rund 13 000 Einwohnern war politisch und wirtschaftlich stets eng mit der Insel Usedom verbunden. Es wäre schade, den Beinamen ›Tor zur Insel Usedom‹ als ›Durchfahrt‹ zum Ferienparadies zu interpretieren – die alte Residenzstadt ist wirklich sehenswert.

Geschichte

Wahrscheinlich ab dem 7. Jahrhundert gehörte die Gegend um Wolgast – ebenso wie die Inseln Usedom und Wollin – zum Siedlungsgebiet der slawischen Liutizen. Sie errichteten auf der heutigen Schlossinsel eine Burganlage und gegenüber auf dem Festland einen Tempel, der dem Slawengott Gerovit geweiht war. 1123 eroberte der Pommernfürst Wartislaw I. den Ort und ließ eine steinerne Burg bauen. Bischof Otto von Bamberg zerstörte auf seiner zweiten Missionsreise durchs Heidenland 1128 den Slawentempel und setzte an gleicher Stelle den Grundstein für ein christliches Gotteshaus, die spätere St. Petrikirche. Sie und der slawische Rundling davor sind der Ursprung der Stadt Wolgast. Mit der deutschen Einwanderungswelle erhielt der Ort am Peenestrom 1282 lübisches Stadtrecht und ein regelmäßiges Straßennetz. Wolgast wurde für kurze Zeit Mitglied im mächtigen Hansebund. Nach der Teilung des Herzogtums Pommern wurde die Stadt 1295 Sitz der her-

zoglichen Linie Pommern-Wolgast. Ihre feudale Residenz, das Schloss Wolgast, zählte damals zu den bedeutendsten Renaissancebauten Pommerns. Die Pommernherzöge residierten hier bis 1625, die letzten Überreste ihres Schlosses wurden erst Anfang des 19. Jahrhunderts vollständig abgetragen.

Nach dem Wiener Kongress (1815) wurde Wolgast preußisch. Der Ort am Peenestrom entwickelte sich rasch zu einer wichtigen Hafenstadt, über die der preußische Getreideexport abgewickelt wurde. Daran erinnert noch der riesige Getreidespeicher am Hafen.

Die strategisch hervorragende Lage am schiffbaren Peenestrom, im 17. Jahrhundert noch einzige Zufahrt von der Ostsee zur Oder, weckte Begehrlichkeiten an Wolgast: Im Dreißigjährigen Krieg eroberten nacheinander Wallenstein 1627, dann die Dänen 1628, schließlich die Schweden 1630 die Stadt. Schwedisch blieb sie bis 1815. In dieser Zeit erlebte Wolgast eine wirtschaftliche Blütezeit. Der rasante Aufschwung verdankte sich den Zöllen, die für die Durchfahrt der Schiffe zwischen Oder und dem Baltischen Meer erhoben wurden, aber vor allem auch dem regen Handel mit Getreide und anderen Waren sowie der boomenden Industrie. Es gab in der Stadt eine Eisengießerei, ein Granitwerk, eine Dampfmühle, eine Stickereifabrik und eine florierende Tabakverarbeitung. In der schwedischen Zeit kam es aber auch zur vollständigen Zerstörung von Wolgast. Während des Nordischen Krieges befahl der russische Zar Peter I., die Hafenstadt systematisch niederzubrennen. Das war im Jahr 1713. Der Wiederaufbau bewahrte den mittelalterlichen Grundriss, der neue architektonische Stil der Gebäude war aber barock – so ist es bis heute. Nach der Reichsgründung 1871 ging die Wolgaster Industrie weitgehend zugrunde. Der Schwerpunkt der Schifffahrt verlagerte sich an die Nordsee, ein neues Schutzzollgesetz schädigte den Ostseehandel. Wolgast war gegenüber den Hafenstädten Swinemünde und Stettin nicht konkurrenzfähig. Kurz nach dem Zweiten Weltkrieg, 1948, wurde die Peenewerft gegründet, die sich bald auf den Militärschiffbau spezialisierte. Außerdem wurde Wolgast Marinestützpunkt, nach der politischen Wende wurden die Marinestreitkräfte aber wieder abgezogen. Die 1992 privatisierte Peenewerft fusionierte 2010 mit der Volkswerft Stralsund, sie beschäftigt heute in Wolgast noch rund 800 Mitarbeiter; zu ihrer Hochzeit waren es 3500. Die Altstadt war zum Ende der DDR völlig heruntergekommen, bereits ab 1991 wurden die Gebäude auf der Schlossinsel und der historische Stadtkern im Rahmen der Städtebauförderung aber grundlegend saniert.

Sehenswürdigkeiten

Ein Stadtrundgang kann auf der Schlossinsel oder im Stadtzentrum am Markt beginnen. Dazwischen liegen nur wenige hundert Meter. Die hölzerne Amazonenbrücke verbindet für Fußgänger das Festland mit der Insel. Mit dem Auto fährt man über die Kolbergbrücke. Die sich anschließende Wolgaster Brücke führt auf die Insel Usedom und gehört selbst zu den Sehenswürdigkeiten der Stadt. Das ›Blaue Wunder‹ wird sie liebevoll und stolz von den Einheimischen genannt. Sie ersetzte 1996 die ›Brücke der Freundschaft‹, 2001 wurde sie als kombinierte Straßen- und Eisenbahnbrücke fertiggestellt. Die mit 256 Metern Länge größte Waagebalken-Klappbrücke Deutschlands öffnet etwa alle vier Stunden für rund 20 Minuten zur Durchfahrt für hochmastige Segelschiffe.

Der Markt mit dem Rathaus bildet das Zentrum Wolgasts

Auf dem **Markt** steht das historische **Rathaus**. Der zweigeschossige Verwaltungssitz wurde nach seiner Zerstörung durch russische Truppen 1713 zwischen 1718 und 1724 als Barockgebäude wieder aufgebaut. Das Laternentürmchen über dem Giebel ist von 1780, die prächtige Tür mit originalem Griff und Türklopfer von 1788. Der **Brunnen** vor dem Rathaus stammt von dem Berliner Professor Kurt Baer aus dem Jahre 1936, er illustriert auf zehn Reliefs die Wolgaster Stadtgeschichte. Das Kaufhaus an der Nordseite des Platzes entstand um 1900, das Bankgebäude 1932.
Ebenfalls am Markt befindet sich das älteste Fachwerkhaus der Stadt. Es wurde als Getreidespeicher im späten 17. Jahrhundert errichtet und überstand als eines von nur fünf Häusern die verheerende Brandschatzung von 1713. Aufgrund seiner ungewöhnlichen, gestuften Dach-

▲ Karte S. 65

form bekam es den Spitznamen ›Kaffeemühle‹. Das Gebäude ähnelt tatsächlich einem solchen Gerät, die Kurbel muss man sich natürlich dazudenken. 1955 erfolgte der Umbau zum Stadtmuseum. Das **Stadtgeschichtliche Museum Kaffeemühle** zeigt unter anderem ein nachgestelltes Klassenzimmer aus der Zeit um 1920, den 1905 am Peenemünder Haken entdeckten Wikingerschatz, einige Originale des Wolgaster Malers Philipp Otto Runge und ein hölzernes Modell des ehemaligen Herzogsschlosses. In mehreren Räumen wird die Stadtgeschichte sehr umfassend dokumentiert. Aber auch das alte Speichergebäude selbst ist einen Besuch wert, der Aufstieg bis zum Boden ist wie ein Gang durch die Architektur dieses interessanten Hauses. Auf dem Dachboden erhält der Besucher Einblicke in einige historische Werkstätten.

Die mächtige dreischiffige **Backsteinbasilika St. Petri** steht etwas erhöht auf dem alten Tempelberg. Sie überragt daher die gesamte Stadt. Ihr 80 Meter hoher Barockturm wurde 1920 bei einem Brand zerstört, seitdem muss sie sich mit einem Turmstumpf begnügen. Die erste – noch hölzerne – Kirche an dieser Stelle weihte gleich nach der Zerstörung des slawischen Tempels Bischof Otto von Bamberg 1128 höchstpersönlich ein.

Das Rungehaus

Der Nachfolgebau, das heutige gotische Gotteshaus, entstand ungefähr zwischen 1280 und 1350. In der ersten Hälfte des 15. Jahrhunderts wurde es zu einer Basilika umgebaut. St. Petri war sowohl Hof- als auch Begräbniskirche der Herzöge von Pommern-Wolgast. Die Gruft der Pommernherzöge wurde in der zweiten Hälfte des 16. Jahrhunderts unter dem Chor eingerichtet. Seit 1996 ist sie zugänglich, zu sehen sind neun reich verzierte Prunksärge, darunter auch der von Philipp I., dem letzten Herzog der Linie Pommern-Wolgast. Er verstarb 1625.

Der Innenraum der Petrikirche wirkt sehr nüchtern, ist aber aufgrund der Höhe des Mittelschiffs gleichzeitig ausgesprochen imposant. Eine der wenigen erhaltenen slawischen Bildsteine ist in der Chor-Südwand der Kirche eingemauert und zeigt den Wolgaster Schutzgott Gerovit mit einer großen Lanze. Er wurde auch als Kriegs- und Frühlingsgott verehrt. Nach dem großen Brand im Jahr 1920 hat man in der Turmseitenhalle einen Totentanz mit einem Bilderzyklus von 24 Totentanzszenen freigelegt. Das wertvolle Kunstwerk, in naiv-volkstümlicher Manier gemalt, entstand um das Jahr 1700. Künstler des Werkes war der Kapitän Caspar Sigmund Köppe, er orientierte sich dabei an Holzschnitten von Hans Holbein. Vor dem Tod sind alle gleich – das ist die Botschaft der spätmittelalterlichen Totentänze. Das Motiv des Tanzes stammt aus dem Volksglauben, nach dem die Toten nachts auf den Friedhöfen tanzen. Die zum Teil humorvollen Motive sollten Trost spenden, aber auch unterhalten. In Norddeutschland ist der jüngst restaurierte Wolgaster Totentanz nahezu einmalig. Ein weiterer Höhepunkt von St. Petri ist der wunderbare Panoramablick vom 56 Meter hohen Turmstumpf, 184 steile Stufen müssen zuvor bewältigt werden.

Auf dem alten Wolgaster Friedhof steht die zweite alte Kirche der Stadt: die **Gertrudenkapelle**, ein zwölfeckiger Zentralbau aus dem frühen 15. Jahrhundert. Sie besitzt ein beeindruckendes Sternengewölbe und ist der heiligen Gertrud von Nivelles gewidmet. Die Heilige war die Schutzpatronin der Reisenden. In dieser Funktion dienten die Gertruden- oder Hospitalkapellen. Sie waren Herbergen für erschöpfte Wanderer und lagen außerhalb der Städte. Herzog Wartislaw VI., der 1392 ins Heilige Land gepilgert war, soll die Kapelle in Erinnerung an die Grabeskirche von Jerusalem gestiftet haben. Im Jahre 1997 wurde der Wolgaster **Museumshafen** mit mehreren Traditionsschiffen eröffnet. Er liegt an der Hafenstraße auf der Schlossinsel, nahe der hölzernen Amazonenbrücke. An der Mole vertäut ist die **Stralsund**, ein dampfgetriebenes Fährschiff, das 1890 in der Schichau-Werft in Elbing – das heute polnische Elbląg – vom Stapel lief. Die weltweit älteste Fähre ihrer Art pendelte von 1948 bis 1990 zwischen Wolgast und der Insel Usedom, da zu dieser Zeit kein Schienenstrang über den Peenestrom führte. Auf 32 Metern Gleis transportierte die Fähre damals drei bis vier Personen- oder Güterwagen. Zuvor war sie zwischen Stralsund und Rügen, später zwischen den Inseln Usedom und Wollin unterwegs. An Bord kann man den Maschinenraum und die Kapitänskajüte besichtigen.

Das **Rungehaus**, Geburtshaus des frühromantischen Malers Philipp Otto Runge (1777–1810), das sein Vater 1730 bauen ließ, steht in der Kronwieckstraße 45. In dieser Straße, die außerhalb der Stadtmauer und am einstigen herzoglichen Lustgarten lag, befinden sich noch mehrere alte Kapitänshäuser. Im Rungehaus, jetzt ein kleines Museum, wird Leben und Werk des bedeutendsten Sohnes der Hafenstadt dargestellt. Originale des Künstlers sucht man hier allerdings vergeblich, im Haus hängen Grafiken und Reproduktionen. Informiert wird über Runges theoretische Grundlagen, seinen Einfluss auf Jugendstil und die Moderne, seine Farbenlehre. Sein dreidimensionales Farbensystem, die Rungesche ›Farbenkugel‹, wird durch eine Computerinstallation erläutert.

Wolgast

Vorwahl: 03836.
Postleitzahl: 17438.
Touristen-Information, Rathausplatz 1, Tel. 600118, www.wolgast.de, Juni–Aug. Mo–Fr 10–18, Sa 10–14 Uhr, Juli/Aug. auch So 10–14 Uhr, Sept.–Mai Mo–Fr 9–17 Uhr, Mai, Sept. auch Sa 10–14 Uhr.

Usedomer Bäderbahn: Im Sommer Verbindung zwischen Stralsund und Świnoujście (Swinemünde) im 30-Minuten-Takt, sonst im Stundentakt. Station auf der Schlossinsel. An den Sommerwochenenden Fernzüge der Deutschen Bahn AG von Köln über Potsdam und Wolgast nach Heringsdorf auf Usedom.

Die B 111 verläuft mitten durch den Ort. Sie hat bei Gützkow Anschluss an die A 20, ca. 30 km. Nach Zinnowitz auf Usedom sind es 7,5 km.

Der Ostseebus verkehrt nach Heringsdorf auf Usedom, nach Anklam und nach Greifswald.

Wolgaster Personenschifffahrt, Schiffsfahrten ab Stadthafen, Tel. 234636, www.schiff-usedom.de, Mitte April–Ende Okt. Achterwasserrundfahrten, Peenestromfahrten, Große Hafenrundfahrt, Usedomer Steilküstenfahrt zur Halbinsel Gnitz.

▸ Karte S. 65

Nord-Ost Reederei Wolgast, Straße der Freundschaft 16, Tel. 203220, www.peeneangeln.com. Fahrgastschifffahrt und Angelfahrten.

Hotel Peenebrücke (€€), Burgstr. 2, Tel. 27260, www.hotel-peenebruecke.de. 20 Zimmer in einem historischen Gebäude.
Postel, (€–€€), Breite Str. 26, Tel. 2374383, www.post-aus-wolgast.de. Neues Hostel im alten Postgebäude von 1884, einfache Backpackerzimer, komfortable EZ/DZ und FeWo. Wellnessbereich, Bad, Radverlein.
Petri´s Garten (€), Burgstr. 9, Tel. 237735, www.hotel-petris-garten.de. Fachwerkhaus nahe Petrikirche, Restaurant mit Biergarten.
Pension Schilfhaus (€€), am Fischmarkt 7, Tel. 237100, www.hotel-schilfhaus.de. An der Peene, nahe Zentrum, auch FeWos.
Alter Speicher (€€), Hafenstr. 4, Tel. 205994, www.speicher-wolgast.de. Auf der Schlossinsel, maritim-rustikales Restaurant in historischem Speicher aus dem 18. Jahrhundert, gute Fischgerichte, Biergarten, 9 komfortable DZ.
Fischer Klaus, Hafenstr. 5–7, Tel. 234272, tgl. April–Okt. Fischrestaurant (mehrere Fischsuppen zur Auswahl) auf der Schlossinsel, Sommerterrasse.

Conditorei & Café Biedenweg, Langestr. 15, Tel. 202372. Traditionsreiches Café in der Bäckerei, großes Kuchenangebot, nette Atmosphäre.

Stadtgeschichtliches Museum Kaffeemühle, Rathausplatz 6, Tel. 203041, www.museum.wolgast.de, April–Okt. Di–Fr 11–18, Sa/So 11–16 Uhr, sonst geschlossen.
Rungehaus, Kronwiekstraße 45, Zeiten wie ›Kaffeemühle‹.
Eisenbahndampffährschiff Stralsund, Museumshafen, Juni–August, Zeiten wie ›Kaffeemühle‹.
St. Petrikirche, Kirchplatz, Mai–Okt. 10–17 Uhr.
Kapelle St. Gertrud, auf dem alten Friedhof an der Chausseestraße (B 111), Öffnungszeiten und Führungen nach Vereinbarung, Tel. 203041.
Familientierpark Wolgast, Am Tierpark, Wolgast-Tannenkamp, Tel. 602431, www.tierparkwolgast.de, Mai–Sept. 9–18, Okt.–April 10–16 Uhr. Kleiner Zoo in parkähnlichem Gelände, 300 Tiere in 40 Arten, darunter Bären, Affen, Wölfe und Kängurus. Spielplätze, Streichelgehege.

Wolgaster Hafentage, Wochenende Ende Juni oder Anfang Juli auf der Schlossinsel.
Internationaler Usedom-Marathon, an einem Sa im September, 42 km lange Strecke von Wolgast nach Świnoujście (Swinemünde), auch Halbmarathon; www.usedom-marathon.de.
Papiertheatertage, Miniaturtheater alle zwei Jahre im Sommer (gerade Jahreszahlen).
Tierparkfest, Wochenende im August, großes Familienprogramm.
Wolgaster Sommermusiken, Juni–Sept., Konzerte in der St. Petrikirche.

Hotel-Pension Weidehof (€€), Tannenkampweg, Tel. 234020, www.weidehof-wolgast.de. Am Peenestrom, Reitprogramme, Ausritte, Kutschfahrten.

Segelschule Rückenwind, Hafenstr. 6, Tel. 600013, www.segelschule-rueckenwind.de. Jollensegeln, Seglerkurse, Bootsvermietung, Ausbildung für Seglergrundschein und Motorbootführerschein.

Das Kramlädchen, Langestr. 6. Keramik, Maritimes, Glas, Sanddornprodukte.

EXTRA

Philipp Otto Runge – Maler der Frühromantik

Kinder müssen wir werden, wenn wir das Beste erreichen wollen.

(Philipp Otto Runge)

Als neuntes von elf Kindern erblickt Philipp Otto am 23. Juli 1777 in der Kronwiek am Hafen von Wolgast das Licht der vorpommerschen Welt. Seine Eltern sind wohlhabend und protestantisch, der Vater von Beruf Schiffsreeder und Kaufmann. Schon als Kind kränkelt der Junge und verbringt immer wieder Wochen mit Fieber und trockenem Husten im Bett. Zahlreiche Scherenschnitte von spielenden Katzen, Rosenblüten, Gräsern und Bildnissilhouetten von Familienmitgliedern fertigt er in dieser Zeit an. Man wird auf sein Talent aufmerksam. Bei seinem Bruder Daniel beginnt Runge 1795 in Hamburg eine Kaufmannslehre. Doch schon drei Jahre später widmet er sich ganz der Malerei und studiert an der renommierten Kunstakademie in Kopenhagen. Am Ende seiner Studienzeit lernt Runge in Greifswald Caspar David Friedrich kennen, mit Goethe steht er in regem Briefwechsel über Farbenlehre, er arbeitet mit den Romantikern Clemens Brentano und Achim von Arnim zusammen. Für die Märchensammlung der Brüder Grimm schreibt er zwei plattdeutsche Märchen auf: ›Vom Machandelboom‹ und das berühmte ›Von dem Fischer un syner Fru‹. Der romantische Dichter Ludwig Tieck vermittelt ihm die Mystik Jakob Böhmes. Tiecks Künstlerroman ›Franz Sternbalds Wanderungen‹ inspiriert Runge zu einer mystischen Auffassung der ›Landschafterey‹.

Philipp Otto Runge

Im Jahr 1804 heiratet Runge die Dresdner Kaufmannstochter Pauline Bassenge und lässt sich in Hamburg als freier Maler nieder. Er entwickelt eine neue vielschichtige Bildsprache mit christlichen Motiven, in die auch seine Studien zur Farbentheorie einfließen: »Das Licht können wir nicht begreifen und die Finsternis sollen wir nicht begreifen, da ist den Menschen die Offenbarung gegeben, und die Farben sind in die Welt gekommen, das ist: Blau und Rot und Gelb.« Seine Hauptwerke entstehen: ›Die Hülsenbackschen Kinder‹, ›Meine Eltern‹, ›Die kleine Perthes am Fenster‹, ›Selbstportrait‹. Sein Hauptwerk ›Die Tageszeiten‹ bleibt unvollendet. Ende 1810 stirbt der neben Caspar David Friedrich bedeutendste Maler der deutschen Frühromantik im Alter von nur 33 Jahren an schwerer Tuberkulose.

Lassan

Lassan, das kleine, kaum 1500 Einwohner zählende Landstädtchen am Peenestrom, liegt eine gefühlte Ewigkeit abseits des großen Touristenstroms der Insel Usedom – tatsächlich jedoch sind es nur wenige Kilometer dorthin, und vom Hafen erscheinen Teile der Sonneninsel fast greifbar nahe.

Wendische Slawen gründeten um 1000 eine Fischersiedlung. Nach der deutschen Kolonisation erhielt der Ort schon 1274 das Stadtrecht. Er ist auf einem schmalen Hügel erbaut, der sich auf dem Grundriss eines Fisches aus dem Feucht- und Sumpfland des Peenestroms leicht erhebt. Es ist darauf gerade mal Platz für zwei ellenlange, gepflasterte Sträßchen, die von geduckten, ein- und zweistöckigen **Fischer-, Ackerbürger- und Handwerkerhäuschen** gesäumt sind. In ihren Höfen befanden sich früher Ställe, Scheunen und vor allem Werkstätten. Denn Bauherren vieler dieser Häuser waren Tischler, Drechsler und Stellmacher. Auch Künstler hatten hier ihre Ateliers. Zahlreiche reich und schön verzierte Haustüren zeugen noch aus der Hochzeit des Handwerks in Lassan zu Beginn des 20. Jahrhunderts.

Der **Hafen** wurde nach der Wende zum Wasserwanderrastplatz hergerichtet. Eine kleine Bootswerft in Familienbesitz konnte sich bis heute über viele Jahrzehnte behaupten. Eine maritime Rarität hat seit 2005 in Lassan ihren neuen Heimathafen gefunden: Die ›Ernestine‹ ist einer der letzten erhaltenen Zweimastschoner, ›Wolliner Quatzen‹ genannt. Das 23 Meter lange Schiff mit 12 Kojen lief 1899 in Wollin vom Stapel und diente damals als Fischtransporter. Heute kann man mit diesem wunderbaren Segelschiff in See stechen.

Am Hafenkai erinnert ein **Denkmal** an den berühmten Maler und Bildschnitzer Bernt Notke, der 1435 in Lassan geboren

Von weitem zu sehen: St. Johannis in Lassan

wurde. Er gilt als einer der einflussreichsten spätmittelalterlichen Künstler des Ostseeraums. Sein wohl bekanntestes Werk ist der ›Totentanz‹ in der Marienkirche zu Lübeck. Dort starb Notke 1509.

Die **Johanneskirche**, die den Ort weit überragt, vermittelt noch den Eindruck einstiger, doch längst vergangener Größe. Sie stammt aus dem 13. Jahrhundert, ihr 57 Meter hoher Turm mit achteckigem Helm konnte 1721 eingeweiht werden. Im Innern wurde die Kirche 1870 weitgehend neugotisch umgestaltet. Auffällig ist ein Wandteppich, der die Schicksalsgöttinnen, die Parzen, zeigt: Eine Göttin spinnt den Schicksalsfaden der Menschen, die zweite trennt den Faden auf, die dritte schneidet ihn endgültig ab. Die Kanzel und der überaus üppige Altaraufsatz sind Werke des Stralsunder Schnitzers Elias Kessler aus dem Jahr 1727.

In der **Lassaner Wassermühle** von 1907 ist seit 1988 ein **Heimatmuseum** eingerichtet. Es dokumentiert mit vielen Exponaten neben der Stadt- auch die Mühlengeschichte Lassans – die erste Mühle an der Bäk mahlte hier schon zu Beginn des 15. Jahrhunderts das Korn.

Das Herrenhaus in Buggenhagen, heute ein Museum

Die Umgebung

Der landschaftlich reizvolle, sanft hügelige Landstrich zwischen Wolgast und Anklam ist von Mischwäldern, Wiesen, Feldern und Ackerland geprägt. Hin und wieder fährt man auf großartigen, klassischen Lindenalleen, wie etwa nördlich von Lassan zwischen den Dörfern Wehrland und Waschow.

Die Gegend um das kleine Hafenstädtchen Lassan heißt **Lassaner Winkel** und ist bestens für Radwanderungen geeignet. Hier liegen mehrere kleine Seen, Himmelsaugen genannt, zwischen abgelegenen und verträumten Dörfern. In einigen Orten haben Kunsthandwerker und andere Künstler kleine Betriebe gegründet, Verkaufsläden eröffnet und sich zum Netzwerk ›Kräuter, Kunst und Himmelsaugen‹ zusammengeschlossen. Besonders besuchenswert, zum Schärfen der Sinne, ist der **Duft- und Tastgarten** in **Papendorf**. Inmitten der eiszeitlichen Endmoränenlandschaft wachsen mehr als 300 verschiedene Pflanzenarten, es gibt einen Klostergarten, einen Barfußweg und ein Pommersches Labyrinth, und dazwischen gedeihen Küchenkräuter, Heilpflanzen, Frauenkräuter, Teepflanzen. Angeboten werden unter anderem Kräuterkurse und Wildkräuterwanderungen am Peenestrom, die Kinderkräuterwerkstatt ist ein beliebter Lern-, Spaß- und Entdeckungsort.

Rund drei Kilometer südlich von Lassan liegt **Buggenhagen**. Eine schöne Lindenallee führt zu einem beeindruckenden Herrenhaus, das wohl im frühen 19. Jahrhundert in seiner heutigen neubarocken Gestalt errichtet wurde. Die Geschichte des alten Rittergutes geht bis in das Jahr 1260 zurück. Damals gehörten Schloss und Land dem Adelsgeschlecht derer von Bughe. Nach umfassender Sanierung 1995 diente das noble Gebäude mit seinem baumreichen Park und dem Schlosssee vorübergehend als Hotel. Der neue Besitzer Till Richter, Kunsthistoriker und Sammler, will aus dem Haus am See einen Tempel der Kunst machen. Im Sommer 2013 eröffnete das **Museum** für internationale und zeitgenössische Kunst.

Lassan und Umgebung

Vorwahl: 038374.

Postleitzahl: 17440.

Info-Stelle, Lange Straße 55/57 bei der Ackerbürgerei, www.ackerbuergerei.de.

Die nächsten Bahnhöfe sind in Wolgast und Anklam.

Lassan ist über Landstraßen von der B 110 nördlich von Anklam und von der B 111 westlich von Wolgast zu erreichen.

Pasternack´s Busse verkehren im Lassaner Winkel zwischen Wolgast und Anklam, die Linie 2 führt von Lassan über Papendorf und Zernitz nach Wolgast sowie in südliche Richtung über Klotzow nach Anklam, www.lassaner-busse.de.

▲ Karte: vordere Umschlagklappe

Ackerbürgerei (€), Lange Straße 55/57, Tel. 5111. Pension mit 8 FeWos und klitzekleiner Gaststätte. Regionale Gerichte werden von April–Okt. tgl. ab 15, So ab 12 Uhr serviert. Rad- und Paddelbootverleih.

Renate´s Hofschänke, Lange Straße 44, Mo–Sa 12–15 und 18–20 Uhr, So 12.30–16 Uhr. Kleine, urige Gaststube, liebevoll arrangierter Hof mit vier Tischen.

Mühlenmuseum, Mühlenstr. 2 a, Juni–Sept., www.museum-lassaner-muehle.de, Mo–Fr 10–12, 13–16, Sa 10–12 u. 14–16, So 10–12 Uhr.

Johanneskirche, nur in den Sommermonaten geöffnet, Gottesdienst So 9.30 Uhr.

Till Richter Museum, 17440 Buggenhagen, Straße des Friedens 6, Tel. 038374/551919, www.tillrichtermuseum.org, Mi–So 11–18 Uhr.

Naturcampingplatz Lassan, Garthof 5-6, Tel. 559951, www.campingplatz-lassan.de. Schöne Lage, Stichkanal zum nahen Peenestrom, Gastronomie, Spielplatz, Streichelzoo.

Kleiner Strand in Lassan am Peenestrom. In der Nähe: Pulowsee und Berliner See.

Seequatze Ernestine, Tel. 038374/75215, www.ernestine-segeln.de. Mehrtagestouren können in den Sommermonaten gebucht werden.

Duft- und Tastgarten, Am Weiher 9, 17440 Papendorf, Tel. 038374/55344, www.mirabellev.de, Mai–Okt. Feste u.a.: Holundermarkt Anfang Juni, Sommerfest Mitte Juli, Erntedank im Labyrinth Ende Sept., Kürbisernte im Herbst.

Anklam

›Kleine Stadt mit großem Charme‹, heißt es im Werbeslogan. Kultur wird in der Peenestadt sicherlich ganz groß geschrieben, aber leider nur noch auf alten Fotos und Stichen ist die einstige Pracht Anklams aus der Vorkriegszeit zu bestaunen. Wenige historische Gebäude aus der geschichtsträchtigen Zeit als Hansestadt säumen heute noch die Straßen im Zentrum. Anklam ist – nach Wolgast im Norden – das zweite und südliche Tor nach Usedom. Hier wurde 1848 der Flugpionier Otto Lilienthal geboren.

Geschichte

Aus der kleinen slawischen Siedlung Tanchlim entwickelte sich im 12. und 13. Jahrhundert die Stadt Anklam. Deutsche und flämische Siedler ließen sich hier am Flussübergang der schiffbaren Peene nieder. Anklam erhielt 1264 lübisches Recht, das Zollfreiheit und Freiheit der Schifffahrt garantierte. Die günstige Lage nahe der Peenemündung in den Peenestrom und dessen Mündung in die Ostsee führte schon 1283 zum Anschluss an den Hansebund. Die Haupterwerbsquellen waren in dieser Zeit der Binnen- und der Seehandel, vor allem der europäische Heringshandel florierte. Die mittelalterliche Blütezeit der Hafenstadt endete rund zwei Jahrhunderte später abrupt mit dem Niedergang der Hanse. Einige Backsteinbauten sind die letzten baulichen Zeugen dieser wirtschaftlichen Hochzeit. Zwischen 1648 und 1815 bildete die Peene die Grenze zwischen Schweden und Preußen, Anklam wurde schwedische Grenz- und Garnisonstadt. 1676 eroberte der brandenburgische Kurfürst Friedrich Wilhelm vorübergehend die Stadt. Im Friedensschluss am Ende des Nordischen Krieges 1720 wurde Anklam geteilt: Der größere südliche Teil kam zu Brandenburg-Preußen, der nördliche blieb schwedisch – bis zum Wiener Kongress 1815.

Ein wichtiger Wirtschaftsfaktor für die Stadt ist seit 1883 die Verarbeitung von Zuckerrüben zu Zucker. Die heutige Zuckerfabrik Anklam ist die einzige in Mecklenburg-Vorpommern. Im Zweiten Weltkrieg wurde das Stadtzentrum durch schwere alliierte Fliegerangriffe zu fast 80 Prozent zerstört. Ziel der Bombardements waren vor allem die Anklamer Flugzeugwerke (Arado). Allerdings richteten auch die Deutschen selbst beträchtliche Schäden an, als sie noch Ende April 1945 die Rote Armee am Einmarsch in die Hansestadt hindern wollen. Die Stadt lag daher bei Kriegsende in Schutt und Asche. In den 1970er Jahren entstanden in der Innenstadt zahlreiche neue und wenig anheimelnde Wohnungen in Plattenbauweise.

Seit der politischen Wende kämpft die Stadt mit einer anhaltend hohen Arbeitslosigkeit. Das führte zu massiven Abwanderungen vor allem junger Einwohner. Heute zählt die alte Hansestadt nur noch knapp 13 000 Einwohner, 1988 waren es noch fast 20 000.

Sehenswürdigkeiten

Die Altstadt besteht aus zwei Teilen, der planmäßigen Anlage um den Markt und dem unregelmäßig bebauten Peeneviertel. Beide wurden im 13. Jahrhundert mit einer Mauer umgeben. Drei Stadtrundgänge sind ausgeschildert. Durch das Stadtzentrum führt die grüne Route, zentrumsnah verläuft die orange Route, die blaue Route nimmt die Sehenswürdigkeiten am Stadtrand auf. Sehr weite Wege muss der Besucher im alten Zentrum nicht gehen. Beim Rundgang vom zentral gelegenen Marktplatz mit der touristischen Informationsstelle über die Marienkirche, den Hafen an der Peene und von dort über die Nikolaikirche bis zum Steintor ist man gerade mal um die 1000 Meter unterwegs.

Die Umgestaltung und Neupflasterung des **Marktplatzes** erfolgte 2004. Der

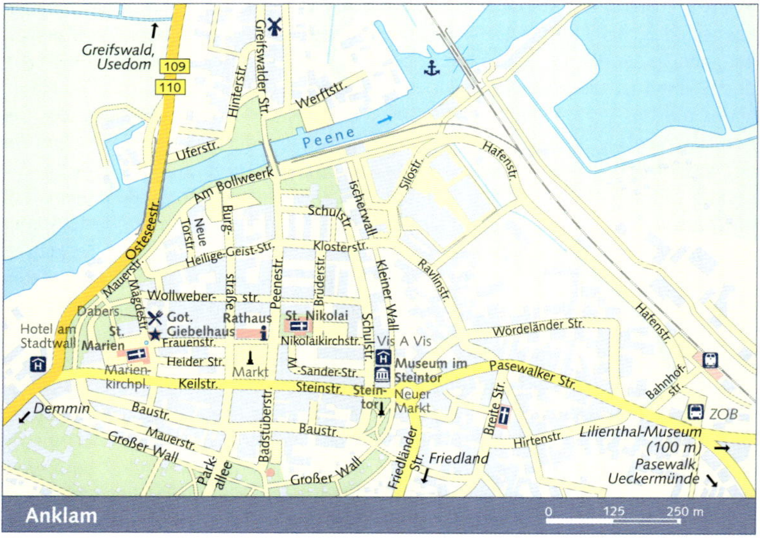

Der Greifenbrunnen auf dem Marktplatz, dahinter St. Nikolai

Springbrunnen wurde 1969 eingeweiht. Der Greif, das Symbol Pommerns, sitzt erst seit 1989 drauf. Die meisten Gebäude am Platz entstanden zwischen 1978 und 1980.

Die Kirche **St. Marien** stammt aus dem 13. Jahrhundert, zumindest ihr ältester Kern. Sie ist die größte Kirche Anklams und ein beeindruckendes Gebäude der norddeutschen Backsteingotik. An diesem mächtigen Gotteshaus lässt sich der einstige Reichtum der Hansestadt erahnen. Ihr Ausbau zu einer dreischiffigen Anlage erfolgte Ende des 15. Jahrhunderts. Am Turm sind noch romanische Formen (Rundbogen) erkennbar. Ein zweiter Turm war nach dem Vorbild der Lübecker Marienkirche geplant, woraus sich die Asymmetrie des Turmes zum Kirchenschiff erklärt. Statt des zweiten Turms baute man die Marienkapelle, in der sich eine Marienfigur aus dem 15. Jahrhundert befindet. Großartig ist die gut erhaltene Innenausmalung der Kirche. Sie konnte 1936/37 freigelegt werden und stammt aus der Mitte des 14. Jahrhunderts. Die Fresken an den Pfeilern und den Gurtbögen im Mittelschiff zeigen florale und geometrische Muster, Heiligendarstellungen und Kreuzigungsszenen.

Im Gegensatz zur Marienkirche wurde **St. Nikolai** in den letzten Tagen des Krie-ges bis auf die Umfassungsmauern voll-ständig zerstört. 1994 begann die Wiederherstellung, die noch nicht abgeschlossen ist. Die zweite große Stadtkirche entstand um 1300, mit ihrem 103 Meter hohen Turm prägt sie die Silhouette Anklams. Die dreischiffige Hallenkirche war die Taufkirche Otto Lilienthals, und dem größten Sohn der Stadt ist auch die zukünftige Nutzung der Kirche als **Ikareum** gewidmet. Das Projekt zum Wiederaufbau wurde vom Otto-Lilienthal-Museum erarbeitet. Thematisiert wird die Kulturgeschichte des Menschenflugs. Die künftige Turmspitze, der Lilienthal-Turm mit Aussichtsplattform, ist als Startpunkt einer Drachenseilbahn geplant, als Sinnbild der friedlichen Eroberung des Himmels (www.ikareum.de).

Das **Gotische Giebelhaus**, ein schmuckes Backsteingebäude, steht schräg gegenüber der Marienkirche, am Pferdemarkt, Ecke Frauenstraße/Mägdestraße. Es stammt aus dem frühen 15. Jahrhundert, 1404 wird es erstmals erwähnt. Das älteste erhaltene Haus Anklams wurde als gewöhnlicher Speicher genutzt. Die aufwändige Gestaltung der Fassade mit gotischen Verzierungen zeugt vom Reichtum der Hansestadt während ihrer Blütezeit. Heute ist in diesem recht schiefen Gebäude das Standesamt untergebracht.

Der 32 Meter hohe **Turm des Steintores** ist das Wahrzeichen der Stadt. Es wurde um 1450 als Stadttor im spätgotischen

Das Steintor, Zeugnis der früheren Stadtbefestigung

Stil errichtet. Damals gab es noch fünf weitere Stadttore. Der Turm mit seinen charakteristischen Staffelgiebeln diente noch bis ins 19. Jahrhundert als Stadtgefängnis, seit 1989 beherbergt er in fünf Etagen das **Heimatmuseum**. Gezeigt werden Exponate von der Frühgeschichte über die Slawen- und Wikingerzeit, die Schweden- und die Preußenzeit bis zur neueren Geschichte Anklams. Zu besichtigen sind außerdem Nachlässe von Heimatforschern, das Anklamer Richtschwert sowie einer der kostbarsten Schätze Pommerns, der Anklamer Münzschatz. Er wurde Mitte der 1990er Jahren zufällig bei Bauarbeiten entdeckt. Die ältesten Geldstücke stammen aus dem 16. Jahrhundert. Von ganz oben, wenn man die 111 Stufen erklommen hat, genießt man einen herrlichen Blick auf die Stadt und das Peenetal.

Der fantasiebegabte Visionär und Erfinder, unermüdliche Tüftler und geniale Flugpionier Otto Lilienthal wurde 1848 in der Anklamer Peenstraße geboren. Sein Geburtshaus steht nicht mehr, eine kleine Büste Lilienthals hat man dort aufgestellt. Die Kindheit verbrachte Otto Lilienthal zusammen mit seinem ein Jahr jüngeren Bruder Gustav gerne in den Peenewiesen. Dort beobachten sie, fasziniert von deren ›Flugtechnik‹, die Störche: »Oft schlichen wir uns nahe heran und zwar mit dem Winde. Sah der Storch uns dann, so erhob er sich stets, uns entgegen hüpfend, bis er von der Kraft der Schwingen genügend gehoben wurde«, schrieb Lilienthal 1889 in seinem Buch ›Der Vogelflug als Grundlage der Fliegekunst‹. Der Traum vom Fliegen ließ den preußischen Ikarus fortan nicht mehr los – bis zu seinem Tod 1896: Er stürzte im brandenburgischen Stölln bei einem Gleitflug ab, der ihn 15 Meter in die Höhe trug, so hoch wie nie zuvor. Genau 100 Jahre nach Lilienthals erstem Flug über 25 Meter am Potsdamer Windmühlenberg eröffnete 1991 das **Otto-Lilienthal-Museum** in der Ellbogenstraße. Im mittlerweile preisgekrönten ›technischen Personalmuseum‹ ist der jahrtausendealte Traum der Menschen vom Fliegen höchst spannend und unterhaltsam, zum Teil durch interaktive Experimente, dargestellt: Hexen reiten auf Besen durch die Lüfte, geflügelte Wesen bereichern Sagen und Legenden, in Anklams Wappen thront ein stolzer Greif, die Brüder Wright schreiben das erste Kapitel der Geschichte des Flugzeugs. Zu Leben und Wirken Lilienthals werden unter anderem Flugapparate und nachgebaute Gleiter präsentiert, die stark an überdimensionale Fledermäuse erinnern. Der museumspädagogische Erlebnispark ›Aeronauticon‹ für Kinder und Erwachsene befindet sich im Außengelände des Museums auf dem Anklamer Flughafen, an der B 197 in Richtung Neubrandenburg.

Die Umgebung

Herrliche, unberührte Natur dominiert die Umgebung mit dem reizvollen **Peene-Urstromtal**. Das unter Naturschutz stehende Tal, gerne ›Amazonas des Nordens‹ genannt, zählt zu den letzten ursprünglichen Flusslandschaften in Deutschland. Hier brüten über 150 Vogelarten, darunter Seeadler und Eisvögel. Besonders schön ist die kleine Ortschaft **Stolpe** am Peeneufer mit einem beeindruckenden Ensemble aus Gutshaus, Gutsanlage, mittelalterlicher Kirche, Fährkrug und der Ruine des ältesten Klosters Pommerns von 1153. Der Wartislawstein von 1150 mit eingemeißeltem Kreuz und gekrümmtem Horn auf der Vorderseite ist ein Sühnestein für den christlichen Pommernherzog Wartislaw, der der Sage nach hier von einem heidnischen Peenefischer erschlagen worden sein soll.

Anklam und Umgebung

Vorwahl: 03971.
Postleitzahl: 17389.
Anklam Tourist Info, Am Markt 3, Tel. 835154, www.anklam.de, Mitte Mai–Mitte Sept. Mo–Fr 9–18, Sa 9–12 Uhr, Mitte Sept.–Mitte Mai Mo–Fr 9–16.30 Uhr.

Ab Berlin-Hbf. mit RE 3 in Richtung Stralsund, Fahrtzeit ca. 2.20 Std., alle 2 Stunden.

Anklam ist über die Bundesstraßen 109, 110 und 197 erreichbar. Die B 110 verbindet mit der Insel Usedom, die B 109 mit Greifswald und der A 20 (Berlin/Lübeck), die B 197 mit Neubrandenburg und der A 20.

Regelmäßige Busverbindungen gibt es nach Wolgast, nach Stadt Usedom, Korswandt, Heringsdorf und Greifswald.

Hotel Vis A Vis (€€), Kleiner Wall 11–13, Tel. 211557, www.vis-a-vis-anklam.de. Im Zentrum, mit Restaurant und Café.
Hotel am Stadtwall (€€), Demminer Str. 5, Tel. 8333136, www.hotel-am-stadtwall.de. Garni-Hotel in einem historischen Gebäude nahe der Peene.
Hotel & Restaurant Gutshaus Stolpe (€€€), 17391 Stolpe, Peenstr. 33, Tel. 039721/5500, www.gutshaus-stolpe.de. 10 km westlich von Anklam, noble Herberge mit Gourmetküche des Sternekochs André Münch.
Gaststätte Dabers, Mägdestr. 1, Tel. 243173. Nahe Marienkirche, traditionsreich, regionale Küche, Biergarten.
Stolper Fährkrug, Stolpe, Peenstr. 38, Tel. 039721/52225, www.gutshaus-stolpe.de, Mitte April–Ende Sept. ab 11.30 Uhr, April und Sept. Di Ruhetag. 10 km westlich von Anklam, über 350 Jahre altes, reetgedecktes Gasthaus am Ufer der Peene. Idyllische große Sommerterrasse unter alten Ahornbäumen, Wasserwander-Rastplatz, Bootsanleger, Personen- und Radfahrerfähre über die Peene. Gute regionale Gerichte. Hier war schon Mecklenburgs Nationaldichter Fritz Reuter vor 150 Jahren gern und oft zu Gast.

Museum im Steintor, Schulstr. 1, Tel. 245503, www.museum-im-steintor.de, Di–Fr 10–17, Sa/So 13–17 Uhr, Okt.–April Mi–Fr 11–15.30, So 13–15.30 Uhr; Erw. 2,50 Euro, erm. 1,50 Euro.
Otto-Lilienthal-Museum, Ellbogenstr. 1, Tel. 2455000, www.lilienthal-museum.de, Juni–Sept. tgl. 10–17 Uhr, Nov.–April Mi–Fr 11–15.30 Uhr, So 13–15.30 Uhr, sonst Di–Fr 10–17, Sa/So 13–17 Uhr. Erw. 3,50 Euro, erm. 2,50 Euro.
Herrenhaus Libnow, Murchin/OT Libnow, www.artedeposito.de. Galerie und Kunsthandlung, Rahmen-Manufaktur, Gästezimmer im 1862 erbauten roten Backsteingebäude, 7 km nördlich von Anklam an der B 110 in Richtung Insel Usedom.
Marienkirche, Mai–Sept. tgl. 9–18 Uhr.
Nikolaikirche, Mai–Sept. tgl. 10–18 Uhr; www.nikolaikircheanklam.de.

Vorpommersche Landesbühne, Leipziger Allee, Tel. 2089-0, www.vorpommersche-landesbuehne.de. Neben dem Anklamer Theater weitere Spielstätten im Sommer: ›Chapeau Rouge‹ in Heringsdorf, ›Blechbüchse‹ und Vineta-Festspiele in Zinnowitz, Hafenfestspiele in Usedom.
Die Peene brennt, Open-Air-Spektakel am Peeneufer, eine Woche im Sept.; www.peenespektakel.de.
Sommermusikreihe in der Marienkirche, klangvolle Kirchentage im Juli und August; www.kirche-anklam.de.
Internationales Trabi-Treffen, ›Rennpappen‹-Meeting auf dem Anklamer Flughafen mit Insel-Rallye über Usedom; www.pappenforum.de.

▶ Karte S. 74

Kanustation Anklam (Abenteuer Flusslandschaft), Werftstraße 6, Tel. 242839, www.kanustation-anklam.de. Paddelboot- und Fahrradverleih, Café, sanitäre Anlagen, hier werden auch mehrstündige geführte Paddeltouren, Fluss-Safaris, Fahrten mit einem Solarkatamaran sowie eine achttägige Paddeltour auf der Peene angeboten.

Anklamer Flohmarkt, jeden ersten So im Monat, am Peeneufer.

Höfeladen Esslust, Murchin OT Libnow (neben Herrenhaus), Tel. 03971/258964, www.hoefeladen-esslust.de, April–Okt. Mo–Fr 10–18 Uhr, sonst 10–17 und Sa 10–14 Uhr. Regionale Bioprodukte werden in 100-jähriger Scheune angeboten leckeres Natursauerteigbrot aus dem Holzbackofen.

Ueckermünde

Die östlichste Hafenstadt der vorpommerschen Küste liegt eingebettet zwischen den Wäldern der Ueckermünder Heide und der weiten Wasserfläche des Stettiner Haffs. Die kleine Seestadt mit ihren rund 9000 Einwohnern, gut zwei Kilometer von der Haffküste entfernt gelegen, wird von der Uecker durchflossen. Das Flüsschen, das im Brandenburgischen entspringt, gab der Stadt ihren Namen. Ausflugsdampfer steuern heute vom Haff in die schmale Flusseinfahrt. Mittlerweile ist an der Haffküste für Yachten und Segelboote eine Marina gebaut worden. Seit 2013 ist Ueckermünde das jüngste staatlich anerkannte Seebad Deutschlands. An den nahen Haffstrand führt ein Wander- und Radweg über die Holländer-Holzbrücke von 2004. Unterwegs sind ›poetische Segel‹ an weißen Masten installiert, einige scheinen im Wind des Haffs zu schaukeln. Auf den Segeln sind maritime Motive zu sehen, zu lesen Verse von großen Dichtern, von Ringelnatz über Tucholsky bis Heine. Der schöne, sehr kinderfreundliche **Sandstrand** ist fast einen Kilometer lang und 50 Meter breit.

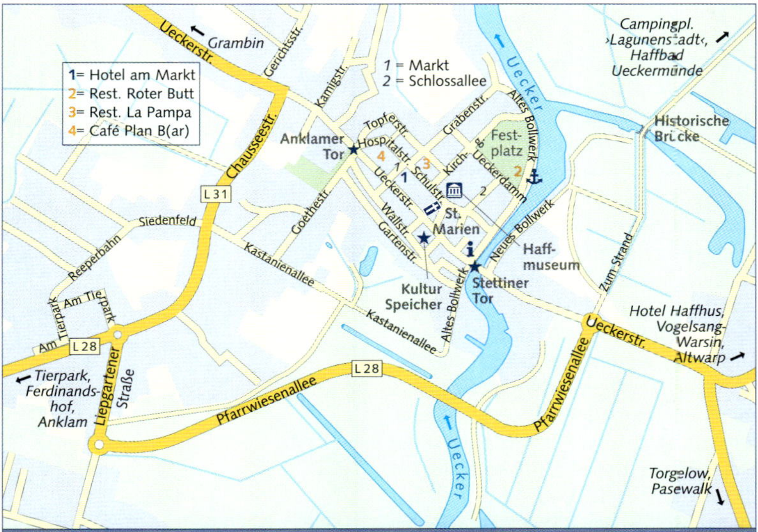

Ueckermünde

Geschichte

Urkundlich wird der Ort am Haff erstmals 1178 als Ucramund erwähnt. Pommernherzog Barnim I. verlieh 1260 dem Handelsplatz die Stadtrechte. Knapp 300 Jahre später, 1546, war das prächtige, vierflügelige Renaissanceschloss der Pommernherzöge fertiggestellt. Heute steht davon nur noch der Südflügel mit dem Schlossturm, in dem das Haffmuseum eingerichtet ist. Am Ende des Dreißigjährigen Krieges wurde Ueckermünde schwedisch, 1720 schließlich preußisch. In diesem und im folgenden Jahrhundert erlangte die Stadt Bedeutung im Schiffsbau und für den Warenumschlag als Binnen- und Ostseehafen. Dazu musste der Flussabschnitt der Uecker zwischen Stadt und Haff schiffbar gemacht werden. Im 19. Jahrhundert boomte die Stadt als regionales Zentrum der Ziegelproduktion. Die letzte der einst 50 Ziegelhütten schloss erst 1997. Ueckermünde wurde 1945 kampflos den sowjetischen Truppen übergeben und bliebt daher von Zerstörungen verschont.

Sehenswürdigkeiten

Sehr beschaulich ist das Stadtzentrum mit seiner geschlossenen Altstadtbebauung. Um den viereckigen, denkmalgeschützten **Markt** und St. Marien entstanden nach der Reichsgründung 1871 viele neue Gebäude. Sie blieben großteils bis heute ebenso erhalten wie die sehr liebevoll restaurierten Fachwerk- und Giebelhäuser aus dem 18. Jahrhundert, die die Gassen und Straßen der Altstadt säumen.

Das **Haffmuseum** im erhaltenen Südflügel des ehemaligen Schlosses der Pommernherzöge beherbergt eine Ausstellung zur Stadt- und Regionalgeschichte. Eine schmale Treppe führt zur Plattform des Schlossturms. Von dort oben hat man einen herrlichen Rundblick über die Stadt, den Hafen und das Haff. Über den Schlosshof ist es nur ein Katzensprung bis zur Flaniermeile am **Stadthafen**. Am fein herausgeputzten Alten Bollwerk, wo ehemals Ziegelsteine, Fisch und Getreide umgeschlagen wurden, herrscht heute im Sommer touristische Atmosphäre, mit freundlichen Läden, einigen Cafés und gewiss ohne Massenansturm.

Die barocke **Marienkirche** von 1766 prägt die Stadtsilhouette. Der flach gedeckte Langbau entstand anstelle der Vorgängerkirche aus dem 15. Jahrhundert. Prächtig ist der Innenraum ausgestattet. Zu bewundern sind der Kanzelaltar von 1775, die bemalte Holzdecke und mehrere Ölgemälde; das älteste datiert aus dem späten 17. Jahrhundert. Sehr geschätzt wird die Akustik des Kirchenraums.

Jährlich über 150 000 Besucher lockt der Ueckermünder **Tierpark** an. Hier leben über 400 Tiere von rund 100 Arten, darunter Löwen, Affen, Kängurus, Lamas, Fischotter und Papageien. Neben dem Tierpark liegt ein **Kletterwald** mit acht Parcours.

Am Marktplatz

▲ Karte S. 79

Am Strand in Ueckermünde

Die Umgebung

Wenige Kilometer westlich von Ueckermünde liegt **Mönkebude**. Das hübsche Dorf mit Fischerhäusern und Bauerngütern ist ein staatlich anerkannter Erholungsort mit Sandstrand, modernem Yachthafen und Campingplatz.

Östlich von Ueckermünde führt der Alte Postweg durch das **Wacholdertal** mit über 120 Jahre altem Kiefernwald und bis zu zehn Meter hohen Wacholdersträuchern zum Fischer- und Hafendorf **Altwarp**. Deutschlands nordöstlichster Hafen liegt an einer Bucht des Stettiner Haffs, am Neuwarper See. Mitten durch den See führt die polnische Grenze. Am anderen, nahen Ufer lugt die Kirchturmspitze der polnischen Ortschaft **Nowe Warpno**, ehemals Neuwarp, hervor. Ein Fischkutter tuckert im Sommer zwischen den beiden Orten dreimal täglich hin und her. In den Jahren vor dem EU-Beitritt Polens 2004 tummelten sich auf beiden Seiten fast schon Touristenmassen, die mit Fähren zum zollfreien Einkauf zwischen Deutschland und Polen pendelten. An den südlichen Ortsrand von Altwarp schließt sich das **Naturschutzgebiet Binnendünen** an. Auf zwei Kilometern Länge erstreckt sich hier eine bemerkenswerte Dünenlandschaft mit bis zu 15 Meter hohen Binnendünen – Beckensande, die sich nach der letzten Eiszeit aus dem Haffstausee durch Nordwestwinde aufstapelten. Die Binnendünen gehören zum 2004 gegründeten Naturpark Am Stettiner Haff. Er erstreckt sich über 53 700 Hektar in direkter Grenzlage zu Polen. Mittelpunkt des Naturparks sind die weiten Sand- und Waldgebiete der Ueckermünder Heide mit Niedermoorflächen kleinen Seen, Kiefernforsten und Buchenwäldern. Hier sind unter anderem auch Seeadler, Schreiadler, Fischotter und der scheue Wiedehopf heimisch. Besonders beliebt bei den Parkbesuchern sind der **Botanische Garten** in Christiansberg und das **Ukranenland** in Torgelow mit rekonstruierten Block- und Bohlenhäusern sowie Schiffen aus der Slawenzeit vor rund 1000 Jahren.

Ueckermünde

Vorwahl: 039771.
Postleitzahl: 17373.
Touristik-Info, Sitz des Fremdenverkehrsvereins ›Stettiner Haff‹ e.V., Altes Bollwerk 9, Tel. 28484, www.ueckermünde.de, Mai–Sept. Mo–Fr 9–18, Sa 9–12, So 10–12 Uhr, sonst Mo–Fr 9–16 Uhr.

Abfahrt von der A 20 bei Pasewalk, dann auf der B 109 über Torgelow und Eggesin nach Ueckermünde.

Von Berlin alle 2 Std. mit dem RE 3 Richtung Stralsund nach Pasewalk, dort umsteigen nach Ueckermünde.

Hotel Am Markt (€€), Markt 3–4, Tel. 800, www.hotel-am-markt-ueckermuende.de. in einem alten Speichergebäude. Mit Brauhaus Stadtkrug, Restaurant, Marktterrasse.
Hotel Haffhus (€€), Dorfstr. 35, Tel. 537-0, www.haffhus.de. Ferienanlage direkt am Haff, eigener Sandstrand, Bootssteg, große Liegewiese.

Ostsee-Campingpark Oderhaff, Dorfstr. 65, Grambin, Tel. 20420, www.campingpark-oderhaff.de, April–Mitte Okt.. Eigener Strandzugang.

Roter Butt, Restaurant im Hotel ›PommernYacht‹, Mai–Sept. tgl. 12–15 u. 18–22 Uhr. Regional, mediterran, asiatische.
Strandhalle, Am Strand 1, Tel. 59610, www.strandhalle-ueckermuende.de. Direkt am Haffstrand mit großer Terrasse, Fisch, Geflügel, Fleisch, sehr beliebt.
La Pampa, Töpferstr. 28, Tel. 22709, www.steakhouse-lapampa.de. Restaurant-Steakhouse nahe Markt, günstig.
Plan B(ar) (vormalig Kroehan & Bress), Am Markt 8, Tel. 599066, tgl. außer So ab 10 Uhr. Pub, Zigarren-Club, Whisky und Wein.

Haffmuseum, Am Rathaus 3 (im Schloss), Tel. 28442, www.ueckermuende.de/haffmuseum, Juni–Aug. Di–So 10–17 Uhr, März–Mai, Sept. und Okt. Mi–Fr 10–12 u. 13–17 Uhr, Jan./Febr. und Nov./Dez. Do/Fr 10–15.30 Uhr.
St. Marienkirche, Ueckerstr., im Sommer tgl. geöffnet.
Tierpark Ueckermünde, Chausseestr. 76, Tel. 54940, www.tierpark-ueckermuende.de, tgl. März–Okt. 10–18 Uhr, Nov.–Febr. 10–15 Uhr; Erw. 8 €, erm. 4,50 €.

Haffbad, ca. 800 m langer, sichelförmiger Sandstrand mit sehr breiter Uferzone und FKK-Abschnitten, Restaurant in der traditionellen Strandhalle, Cafépavillons, Spielplätze, Strandkörbe, Promenade mit Imbiss- und Eisbuden. Weitere schöne Strände in der Nähe: Bellin und Grambin.

Oderhaff Reederei Peters, Altes Bollwerk 2 (Stadthafen), Tel. 22426, www.reederei-peters.de. Ausflugsdampfer verkehren in den Sommermonaten zu Haffrundfahrten, nach Kamminke und nach Świnoujście (Swinemünde) auf Usedom, nach Szczecin (Stettin) über Kamminke und zu Pirate Kiddies Tours.
Segelschiff Wappen von Ueckermünde, Kamigstr. 26, Tel. 22725, www.rollisegler.de. Der erste Rolli-Großsegler in Deutschland ist von Anfang Mai bis Ende Oktober unterwegs auf der Ostsee, dem Stettiner Haff oder auf dem Peenestrom. Er ist behinderten- und rollstuhlfahrergeeignet.

KulturSpeicher, Bergstr. 2, Tel. 54262, www.speicher-ueckermünde.de. Zentrum der Region für Kunst, Kultur, Handwerk und Tourismus. Ausstellungen, Konzert- und Liederabende, Regionalladen mit kunsthandwerklichen Produkten, Likören, Honig.
Wochenmarkt auf dem Marktplatz, mittwochs.

▲ Karte S. 79

Der Norden: Peenemünde und die Inselbäder

›Inselbäder‹ nennen sich die drei Ostseebäder Karlshagen, Trassenheide und Zinnowitz im nördlichen Teil Usedoms. Ein gut sechs Kilometer langer Sandstrand verbindet diese Badeorte. Hier weht die ›Blaue Flagge‹. Sie ist ein begehrtes touristisches Aushängeschild, das die ›Stiftung Umwelterziehung‹ Kommunen verleiht, die sich erfolgreich für einen nachhaltigen Umgang der Menschen mit ihrer Umwelt engagieren. Dazu gehört auch eine ausgezeichnete Wasserqualität. Gustav, der gekrönte Fisch mit kreisrundem Kopf und roter Flosse, ist Maskottchen und Symbol für amtlich geprüfte Familienqualität. Er lächelt vergnügt: im Norden der Insel ist Strand- und Erlebnisurlaub für Familien mit Kindern angesagt.

Peenemünde

Die kleine Gemeinde an der Mündung des Peenestroms in die Ostsee zählt noch nicht einmal 300 Einwohner. Sandstrand? Fehlanzeige. Und schön sind der Ort und die Gegend auch nicht gerade – bis auf die nette, neue Promenade am Hafen. Trotzdem kommen die Touristen in Scharen hierher. Das hat seinen Grund: hier wurde Weltgeschichte geschrieben. In der Abgeschiedenheit des Inselnordens entwickelten Wissenschaftler im Auftrag des NS-Regimes zwischen 1936 und 1943 die A4/V2-Rakete, die Vorläuferin aller modernen Lenkraketen und Trägersysteme. Der Amerikaner Neil Armstrong hätte ohne die Peenemünder Erkenntnisse gewiss nicht schon am 21. Juli 1969 als erster Mensch den Mond betreten können.

Geschichte

Peenemünde wird urkundlich erstmals 1282 erwähnt. In dem Dokument bestätigte Pommernherzog Bogislaw IV., dass er den unbedeutenden Inselort an die Stadt Wolgast verschenkt hatte. Danach scheint hier 350 Jahre nichts Bewegendes mehr passiert zu sein. 1630, also während des Dreißigjährigen Krieges, landete der schwedische König Gustav II. Adolf mit seiner 15 000 Mann starken Streitmacht bei der Peenemünder Schanze und besetzte das gesamte Gebiet der Odermündung. Peenemünde wurde 1648, nach dem Westfälischen Frieden, wie ganz Vorpommern schwedisch und blieb es bis 1720. Dann kam der Ort mit Usedom-Wollin zu Preußen. 1936 mussten die Einwohner Peenemünde verlassen, die Heeresversuchsanstalt und die Erprobungsstelle der Luftwaffe ›Peenemünde-West‹ wurden binnen kur-

Besuchergruppe im Museum

Heute ein Museum: U-461

zer Zeit aufgebaut. Das seinerzeit größte Forschungszentrum der Welt besaß den weltweit modernsten Windkanal, Abschussrampen, ein Schienennetz von 106 Kilometern Länge, Wohnsiedlungen für Tausende Mitarbeiter. Bald wurde das erste einsatzfähige Raketenflugzeug, die ME 163, erprobt, 1942 schließlich das Steinkohlekraftwerk in Betrieb genommen. Es produzierte bis 1990 Strom. Nach alliierten Bombenangriffen auf das Werk wurde 1943 die Produktion der V2-Raketen in die unterirdische Anlage Kohnstein bei Nordhausen verlegt.

■ Historisch-Technisches Museum

Vom einst größten und modernsten Hightechzentrum Europas blieb nur das Kohlekraftwerk der Heeresversuchsanstalt (HVA) vollständig erhalten. Hier ist die ständige Ausstellung des HTM untergebracht, in die jährlich knapp 200 000 Besucher strömen. Sie dokumentiert sehr anschaulich die wissenschaftliche und militärpolitische Dimension der Peenemünder Raketenfabrik, die Entwicklung der V1- und V2-Raketen, ihre barbarische Anwendung durch die Nazis, generelle Risiken des technischen Fortschritts, das Wettrüsten im Kalten Krieg sowie die Erfolge der zivilen Raumfahrt, deren Wiege auch hier in Peenemünde steht. Biografien von Menschen, die hier arbeiteten, werden nachgezeichnet, Lebensgeschichten von KZ-Häftlingen, von Mitgliedern des Wachpersonals, von Wissenschaftlichern wie Wernher von Braun. Auf dem Freigelände stehen originalgetreue Modelle der V1 und der V2, außerdem Hubschrauber und Jagdflugzeuge des Typs MIG aus dem Nachlass der DDR-Volksarmee.

▲ Karte: vordere Umschlagklappe

■ U-Boot-Museum/ Museumsschiff Tarantul

Seit 1998 liegt das größte U-Boot der Welt mit konventionellem Antrieb als Museum im Hafen von Peenemünde. Die **U-461** ist 86 Meter lang, nur knapp 10 Meter breit und 4100 Tonnen schwer. Bei der Besichtigung lässt sich gut nachvollziehen, wie unglaublich eingeengt die 82-köpfige Besatzung in den engen, verwinkelten Gängen auf längere Zeit leben und arbeiten musste. Die technische Ausstattung des Anfang der 1960er Jahre im russischen Gorki gebauten Giganten ist original erhalten. Das U-Boot war bis in die 1980er Jahre auf Patrouillenfahrten im Nordatlantik unterwegs.

Das **Raketenschnellboot Tarantul** der NVA-Marine (Nationale Volksarmee der DDR) liegt seit 2014 am westlichen Ufer des Hafens.

■ Phänomenta

Im Mittelpunkt der Erlebnisausstellung ›Phänomenta‹ stehen 200 naturwissenschaftliche und physikalische Phänomene. Groß und Klein können die einzelnen Stationen aktiv erkunden, ob als Astronautentrainer oder in einer Riesenseifenblase. Kann man seinen eigenen Schatten einfrieren? Kann man mit einer Hand einen Trabi hochheben? Einfach mal ausprobieren!

Weitere Sehenswürdigkeiten

Das Umfeld von Peenemünde, etwa 25 Quadratkilometer, präsentiert sich heute als **Denkmal-Landschaft** mit Überresten von Abschussrampen, Ruinen von Bunkern und des Sauerstoffwerkes, von Wohnsiedlungen und dem KZ-Arbeitslager. Ein 22 Kilometer langer Fuß- und Fahrradrundweg mit 17 Stationen führt zwischen Peenemünde und Karlshagen durch das weite Gelände. Zum Teil kann man auch mit dem Auto fahren. Eine Station unterwegs ist die 1876 erbaute **Kapelle**, die 1993 zum 50. Jahrestag der ersten Bombardierung Peenemündes als **Gedenkstätte** eröffnet wurde, als Mahnmal für die Opfer Peenemündes. Ein Gedenkstein erinnert an die Truppenlandung des Schwedenkönigs von 1630. Ein Info-Faltblatt zum Rundweg ist im Historisch-Technischen Informationszentrum erhältlich.

Peenemünde

Vorwahl: 038371.
Postleitzahl: 17449.
Alte Wache, Hafenstr. 4. Buchhandlung mit Info-Material zu Peenemünde. www.peenemuende-info.de.

Mit der Usedomer Bäderbahn (UBB) stündlich nach Zinnowitz.

Landstraße von Zinnowitz über Trassenheide und Karlshagen.

Pension am Deich (€–€€), Feldstr. 1a, Tel. 28582, www.usedom-hotel.de. Sechs Zimmer, Café mit Kaffeespezialitäten, über 100 Kaffeerezepte.
Die Flunder, Hafenpromenade 7, Tel. 21995. Fisch- und Grillrestaurant am Hafen.
Vidar, Am Hafen, Tel. 0700/47473333, www.piratenschiff-vidar.de. Erlebnisrestaurant auf 125 Jahre altem Dreimast-Windjammer, jeden Fr und Sa um 19.30 Uhr 7-Gänge-›Piratenfraß‹.

Historisch-Technisches Museum Peenemünde (HTM), Im Kraftwerk, Tel. 5050, www.peenemuende.de, April–Sept. tgl. 10–18 Uhr, Okt. tgl. 10–16 Uhr, Nov.–März Di–So 10–16 Uhr; Erw. 8 Euro, Familienkarte 18 Euro. Ab 2015 Aussichtsplattform in über 30 Meter Höhe auf dem Dach des Kraftwerks.
Historische Rundfahrten unter der Regie des Museumsvereins Peenemünde e.V.: Mit dem Tourbus durch das weitläufige Gelände der Heeresversuchsanstalt, im Sommer tgl. 11, 13 u. 15 Uhr; www.peenemuende-west.de.
U-Boot-Museum Peenemünde, Haupthafen, Tel. 28565, www.u-461.de, April–Juni tgl. 10–18 Uhr, Anfang Juli–Mitte Sept. tgl. 9–21 Uhr, Mitte Sept.–Okt. tgl. 10–18 Uhr, Nov.–März tgl. 10–16 Uhr; Erw. 6 €, Familienkarte 12 €.
Phänomenta, Museumsstr. 12, Tel. 26066, www.phaenomenta-peenemuende.de, Mitte März–Ende Okt. sowie Weihnachts- und Winterferien tgl. 10–18 Uhr.
Spielzeugmuseum, Museumsstr. 14, Tel. 25656, www.usedom-spielzeugmuseum.de, April–Nov. u. Weihnachtsferien tgl. 10–18 Uhr, Febr. und März tgl. 10–16 Uhr. Drei Jahrhunderte Spielzeuggeschichte in über 100 Vitrinen und mit 20000 Sammlerstücken.

Sinfoniekonzerte der Baltic Youth Philharmonic unter der Leitung von Kurt Masur, in der Kraftwerkshalle des HTM, Sept.

Fahrgastreederei Apollo, Zum Hafen 1, Tel. 038371/20829, www.schifffahrt-usedom.de. Fährbetrieb aufs Festland nach Freest und Kröslin, Hafenrundfahrten, Ausflugsfahrten zu den Vogelinseln Ruden und Greifswalder Oie mit Landgang. Hochseeangeln.

EXTRA

Peenemünde – Wiege der Raumfahrt und Naziterror

Fritz Langs monumentaler Stummfilm ›Frau im Mond‹ von 1929 ist der Höhepunkt des ›Raketenfiebers‹, das zwischen 1923 und 1933 als riesige Science-Fiction-Welle das Deutsche Reich überzog. Der Traum von der Weltflucht oder der friedlichen Eroberung des Weltalls erfasste Technikbegeisterte wie Träumer. Bald traten aber auch realistischere Perspektiven dieses öffentlichen Raketen-Hypes in den Blickwinkel von Politikern und Militärs. Deutschland bot damals einen höchst fruchtbaren Boden für gefährliche Träumereien: Der bittere Verlust der Weltgeltung infolge der Niederlage im Ersten Weltkrieg, die hohen Reparationszahlungen und die Weltwirtschaftskrise rüttelten an der nationalen Identität.

So wurde 1929 das Heereswaffenamt der deutschen Reichswehr auf einige Raketenbastler aufmerksam, aber besonders auf einen jungen, sehr fähigen Studenten des Maschinenbaus: Wernher Freiherr von Braun (1912–1977). Man erteilte ihm einen Auftrag: Zusammen mit einer kleinen Gruppe von Technikern begann Braun Ende 1932 im brandenburgischen Kummersdorf mit systematischen Versuchen und Messungen mit Raketenantrieben. Schon 1934, die Nazis waren mittlerweile an der Macht, starteten die ersten Raketen der Reihen A1 und A2 erfolgreich auf Borkum. Ziel der Wissenschaftler war nicht der damals noch utopische Griff nach den Sternen, sondern ganz handfest die Konstruktion einer neuen, kriegstauglichen Rakete, die mit einem Flüssigkeitsgemisch statt des bisherigen festen Treibstoffs angetrieben werden sollte. Nur so, da war man sich sicher, wäre eine Rakete als strategische Angriffswaffe tauglich, für die es gleichzeitig keine Gegenwaffe gäbe.

Wernher von Braun persönlich guckte sich 1935 für die zukünftigen, geheimen Raketentests einen geeigneten Standort aus. Beste Voraussetzungen fand er bei Peenemünde im dünn besiedelten und zur Tarnung günstigen Norden der Insel Usedom. Hier bot die gerade verlaufende pommersche Küste die Gewähr, den Flug einer Testrakete über 400 Kilometer optisch verfolgen zu können. Das leuchtete auch der Heeres- und Luftwaffenleitung ein. Und so wurde das Fischerdorf Peenemünde kurzerhand abgerissen, die Einwohner umgesiedelt. Anfang 1936 begannen die Planungen für die gigantische und sündhaft teure Heeresversuchsanstalt (HVA) sowie für die benachbarte Erprobungsstelle der Luftwaffe. Für einige Jahre standen Geldmittel in fast unbeschränkter Höhe zur Verfügung. Schon im gleichen Jahr setzte eine hektische Bautätigkeit ein. Auf der größten Baustelle des Reiches schufteten Zehntausende Zwangsarbeiter und KZ-Häftlinge, die im Gefangenenlager Karlshagen und dem großen Lager für Zwangsarbeiter und Fremdarbeiter in Trassenheide untergebracht wurden. Beide Lager wurden unter der Leitung von Heinrich Lübke, dem damaligen Hauptmann der Reserve und späteren Bundespräsidenten fertiggestellt. Die Wissenschaftler um Wernher von Braun stellten sich fortan bedingungslos in den Dienst der von den Nazis forcierten Aufrüstung, für den geplanten Krieg und die Bombardierung großer Städte.

Ab 1940/41, nachdem die ›Luftschlacht über England‹ verloren gegeben werden musste, wurde die Entwicklung der Rakete A4 fieberhaft vorangetrieben. Am 3. Oktober 1942 gelang schließlich der entscheidende Durchbruch: Die 13 Tonnen schwere und 14 Meter lange Rakete flog 84,5 Kilometer hoch und mehr als 190 Kilo-

Eine ›V2‹ als Ausstellungsstück in Peenemünde

meter weit. Schon Ende 1942 lief die Serienproduktion der A4 an. Sie erhielt nun den Namen V2, ›Vergeltungswaffe 2‹. Mit dieser weltweit ersten ferngesteuerten Flüssigkeitsgroßrakete wollte man die Bombardierungen deutscher Städte ›vergelten‹, London zerstören, in England dadurch Kriegsmüdigkeit erzeugen, um sich auf den Kriegsschauplatz im Osten konzentrieren zu können. Im August 1943 wurden bei einem britischen Luftangriff mit 600 Bombern auf die Peenemünder Versuchsanstalt die Wissenschaftlersiedlung in Karlshagen und das Lager der Fremdarbeiter in Trassenheide getroffen – irrtümlich, aufgrund einer falschen Markierung der Zielpunkte. Über 600 Fremdarbeiter und 120 Deutsche kamen im Bombenhagel ums Leben.

Die in Peenemünde gestartete Serienproduktion der V2 wurde nun in eine riesige, unterirdische Fabrik bei Nordhausen in Thüringen verlegt. Häftlinge aus dem nahen KZ Mittelbau-Dora wurden in gnadenloser Härte zur Montage der Bauteile für die V2 angetrieben. Durch die unmenschlichen Arbeits- und Lebensbedingungen, Krankheiten, Hunger und den brutalen Terror der SS-Wachmannschaften starben rund 10 000 dieser Zwangsarbeiter. Weitere tausende Menschen starben durch Raketenangriffe der V-Waffen in England, Antwerpen, Rotterdam und Lüttich. Die Niederlage des Deutschen Reichs konnten die ›Wunderwaffen‹ aber auch nicht mehr abwenden.

Die führenden Köpfe der deutschen Raketenforschung, allen voran Wernher von Braun, wurden schon kurz nach Kriegsende im Mai 1945 in die USA gebracht. Nun arbeiteten sie dort für die amerikanische Militärforschung im Kalten Krieg. Braun wurde später gar zum gefeierten Helden des amerikanischen Raumfahrtprogramms und zum ›Vater der Mondlandung‹.

EXTRA

Kröslin und Freest

Fährschiffe fahren vom Hafen in Peenemünde aufs Festland nach Freest und Kröslin. Das alte Fischerdorf **Kröslin** aus dem 13. Jahrhundert liegt malerisch an einer natürlichen Bucht des Peenestroms, gegenüber von Peenemünde. Aus der Gründungszeit des Ortes stammt noch die **Christophorus-Kirche**, ihr barocker Holzhelm auf dem gotischen Turm stammt aus dem 18. Jahrhundert. Das Glanzstück im Inneren ist der 1948 von drei Freester Fischersfrauen handgeknüpfte Altarteppich ›Die Kreuzigung Jesu‹.

Die Blütezeiten der Kröslinger Fischerei sind längst vorüber. Statt bunter Fischkutter ankern seit 1998 schicke, teure Yachten und unzählige Segelboote in der mittlerweile hochmodern ausgerüsteten Marina. Große Segelreviere liegen schließlich vor der Haustür: Stettiner Haff, Greifswalder Bodden, Usedom und Rügen. Eine Besonderheit sind vier schwimmende Ferienhäuser am Rande des Yachthafens, die ›Floating Houses‹.

Fast tischplatt ist die Landschaft zwischen Kröslin und Freest – Äcker, Wiesen, dahinter der Peenestrom. **Freest** ist noch immer ein Fischerort. Die Fischerei ist hier am Bodden noch sehr lebendig, am 1999 völlig erneuerten Hafen dümpeln ganzjährig die Fischkutter, stehen Arbeitsschuppen mit Netzen und Reusen, säumen Bootshäuser die Hafenkais. Tavernen mit Sonnenterrassen rings um das Hafenbecken bieten frisch angelandeten Fisch an, es riecht angenehm nach geräuchertem Fisch. Nur einige Schritte vom Hafen entfernt erstreckt sich ein weiter **Sandstrand**.

Neben dem Fischereihafen sind die berühmten Fischerteppiche das zweite Markenzeichen von Freest. Die Teppichknüpferei geht auf die Zeit der Weltwirtschaftskrise in den 1920er Jahren zurück, als sich viele Freester Fischer nur mit diesem Handwerk über Wasser halten konnten. Später wurde daraus ein eigenständiges Kunsthandwerk. Besonders schöne Exemplare sind in der **Heimatstube** zu bewundern.

▲ Karte: vordere Umschlagklappe

Am Hafen von Freest

Freest

An der Waterkant, Dorfstr. 36, Freest, Tel. 038370/20291, www.waterkant-freest.de. Das Fischrestaurant im reetgedeckten Gebäude zählt zu den ältesten und traditionsreichsten Gaststätten Vorpommerns. Fangfrischer Fisch vom benachbarten Fischereihafen.

Räucherei Thurow, Dorfstr. 49, Freest, Tel. 038370/20208, www.thurow-freest.de, Mo–Fr 10–16 u. Sa 10–14 Uhr. Eine Institution weit und breit, die Räucherei ist seit 1891 in Familienbesitz. Mit Imbiss.

Freester Heimatstube, Dorfstr. 67, Tel. 038370, Mai–Sept. tgl. 10–16.30, Okt.–April Di–Sa 10–16 Uhr.

Freester Fischerfest, 1. Wochenende im August.

Seebad Karlshagen

Nach Sehenswürdigkeiten braucht man in Karlshagen nicht zu suchen, es gibt keine. Das Meer, der herrliche und breite Sandstrand, der höchst kinderfreundlich ganz flach in die Ostsee abfällt, günstige Übernachtungsmöglichkeiten, ein sehr gutes gastronomisches Angebot – das reicht für einen angenehmen, erholsamen Familienurlaub.

Der preußische Oberregierungsrat Carl von Triest leitete 1829 die Ansiedlung einiger Fischerfamilien im siedlungsarmen Nordwesten der Insel und gab dem neuen Ort der Einfachheit halber seinen eigenen Namen: Carlshagen. Die Fischerkolonie wuchs schnell, die reichen Heringsfänge in der Ostsee sorgen für ein gediegenes Auskommen. Erst gegen Ende des 19. Jahrhunderts fasste allmählich auch der Tourismus hier Fuß. Doch schon einige Jahrzehnte später, 1936, war Schluss damit. Der Norden Usedoms wurde wegen des Aufbaus der deutschen Luftwaffen- und Heeresversuchsanstalt Peenemünde zur Sperrzone erklärt. Statt Fischer und Touristen wohnten jetzt Mitarbeiter dieser militärischen Anlage in Karlshagen. Eine Siedlung mit 2500 Wohnungen entstand für die etwa 5000 Wissenschaftler, Ingenieure, Facharbeiter und Militärs und ihre Angehörigen. Die meisten Gebäude wurden 1943 bei einem britischen Luftangriff zerstört. Am südlichen Ortseingang hat man 1970 eine **Mahn- und Gedenkstätte** errichtet. Auf einer Mosaikwand von Klaus Rösler ist der Kampf gegen die Raketenproduktion, der antifaschistische Widerstand und die Flucht des sowjetischen Häftlings Dewjatajew dargestellt. Dem sowjetischen Fliegeroffizier war im Februar 1945 die Flucht aus Peenemünde mit einer deutschen He 111 gelungen. In seiner Heimat verdächtigte man ihn jedoch, ein deutscher Spion zu sein, erst nach Stalins Tod wurde er als ›Held der Sowjetunion‹ geehrt. Eine Station der Denkmal-Landschaft Peenemünde ist der nahe Friedhof, auf dem die Men-

An der Promenade in Karlshagen

Usedom

schen, die bei den Bombenangriffen auf Peenemünde und Karlshagen starben, ihre letzte Ruhestätte gefunden haben. Nach dem Zweiten Weltkrieg wurde Karlshagen zum Wohnort der Beschäftigten zweier Dienststellen der Nationalen Volksarmee der DDR (NVA) in Peenemünde. Geblieben sind ihre Unterkünfte, durchaus unansehnliche mehrstöckige Plattenbauten. Die Fischereiproduktionsgenossenschaft (FPG) ›Inselfisch‹ war zu DDR-Zeiten von großer Bedeutung für die Wirtschaftsstruktur des Ortes. Über 300 Arbeitsplätze gab es damals im Karlshagener Hafen am Peenestrom. Heute wird hier kein Fisch mehr angelandet, die Kutter löschen ihre Fracht im gegenüber liegenden Freest. Nach der Wende wurden moderne Appartementhäuser hochgezogen, alte Hafengebäude abgerissen. In den Sommermonaten dümpeln heute Yachten, Segeljollen und Ausflugsdampfer im Hafen. Die Touristenschiffe legen zu Fahrten nach Wolgast, zur Vogelinsel Ruden und in den Greifswalder Bodden ab. Der Karlshagener **Yachthafen** zählt zu den größten der Insel Usedom. Zollhäuser im Stil der 1930er Jahre säumen die Straße zum Hafen.

Nett gestaltet hat man die **Strandpromenade**, die sich fast 500 Meter nach Norden hinzieht. Im Jahre 2001 entstand der Strandvorplatz mit der ›Dame unterm Schirm‹. Er ist der zentrale Platz des Seebads mit Geschäften, Cafés und Restaurants. Auf den Dünen steht seit 1993 das **Naturschutzzentrum**, zuvor ein Ferienhaus der Nationalen Volksarmee. Das Zentrum informiert über Flora und Fauna der Ostseeküste. Der bewachte und bis zu 60 Meter breite sowie 1200 Meter lange **Sandstrand** mit FKK-Bereich und Sportstrand ist auch in der Hochsaison nicht überfüllt.

Radtour von Karlshagen am Peenestrom entlang nach Trassenheide

Ausgangspunkt ist der Bahnhof in Karlshagen. Eine kleine Landstraße führt über knapp 1,5 Kilometer zum **Hafen von Karlshagen**. Der Wander- und Radweg (Markierung blauer Balken) kreuzt kurz vor der Einfahrt zum Hafen. Nach Peenemünde sind es von dort fünf Kilometer. Wir nehmen den Weg zum nahen Deich. Jetzt geht es am schilfbestandenen Peenestrom entlang, mit schönem Blick auf die Vogelinsel Großer Wotig, zum Flecken **Zecherin**. Der reizende kleine Hafen ist fast das ganze Jahr über ein Ort der Stille, wo nur das Kreischen der über die Yachten, Hausboote, Jollen und Kutter segelnden Möwen, das Surren der Wanten an den Segelmasten und das hohle, gurgelnde Schwappen des Hafenwassers an die Kaimauer zu vernehmen sind. Zecherin war in längst vergangenen Zeiten ein Fährort. Hier wurde an einer 500 Meter langen Eisenkette die Fähre zum Festland hinübergezogen. Parallel zum Ufer verläuft der nun leicht hügelige Plattenweg weiter nach **Mahlzow**, wo man Anschluss an die Usedom Bäderbahn (UBB) hat.

Eine schmale Asphaltstraße geht von der B 111 links ab und passiert Wiesen und Kornfelder. Sie führt nach **Mölschow**. Hier hat sich die alte dörfliche Gutsanlage seit 1995 zu einem vielbesuchten touristischen Anziehungspunkt und Erlebnisbereich – vor allem – für Jugendliche entwickelt. Das Ensemble der etwa um 1900 entstandenen Anlage besteht aus mehreren roten Ziegelgebäuden: Der **Kulturhof** zeigt Ausstellungen zur regionalen und maritimen Geschichte, zur Badekultur und zur Geschichte der berühmten Freester Fischerteppiche; die **Kulturscheune** ist ein Veranstaltungsort mit Kletterwand; der **Jugendhandwerkerhof** ist eine grenzüberschreitende Kreativwerkstatt mit Schauwerkstätten handwerklicher Techniken wie Spinnen, Korbflechten, Weben, Filzen

▲ Karte: vordere Umschlagklappe

und Teppichknüpfen. Angeschlossen sind außerdem ein Bauerngarten, eine Herberge und ein Bistro. In Mölschow-Bannemin hat man ebenfalls UBB-Anschluss.
Schier endlos weit erscheint das flache, von Wassergräben durchzogene Land, durch das der Wanderweg (Markierung roter Balken) nach **Trassenheide** führt. Schon von weitem ist die **Erdholländermühle** aus dem späten 19. Jahrhundert, das auffälligste Denkmal des Seebades, auszumachen. Länge: etwa 10 Kilometer.

Karlshagen

Vorwahl: 038371; Mölschow: 038377.
Postleitzahl: 17449.
Touristen-Information, Hauptstraße 4, Tel. 55490, Anfang Juni–Ende Aug. Mo–Fr 9–18, Sa/So 10–15 Uhr, im Winter Mo–Fr 9–17 Uhr, Sa/So geschlossen. Im Haus des Gastes befindet sich außerdem die **Heimatstube** mit einer Ausstellung zur Ortsgeschichte (Mo–Mi u. Fr 9–17, Do 9–18 Uhr, Juni–Aug. auch Sa/So 10–15 Uhr) sowie eine **Bibliothek** (Mo, Di, Fr 14–17, Do 14–18 Uhr).
www.karlshagen.de, www.usedom-aktiv.de.

Station an der UBB-Nebenstrecke von Zinnowitz.

Strandhotel (€€), Strandpromenade 1, Tel. 2690, www.strandhotel-usedom.de. Neueres Haus, DZ und Studios. Strandnah, Wellnessbereich, mehrfach prämiertes Restaurant.
Usedom-Bike (€–€€), Hugo-Elsner-Str. 5, Tel. 25166, www.usedom-bike.de. Fahrrad-Hotel (Bett & Bike), 200 Meter zum Strand, 24 DZ und 17 Suiten, Bäder barrierefrei, ideal für Kurzurlauber. Fahrradverleih.
UsedomRad, Verleihstation Thomas Holtz, Peenestr. 3, Tel. 21985.

Dünencamp, Zeltplatzstr. 11, Tel. 20291, www.duenencamp.de. Fünf-Sterne-Camping in Strandnähe und inmitten eines Kiefernwäldchens. Familienfreundlich mit Abenteuerspielplatz, Spielzimmer, Kinderanimationen. Ganzjährig.

Restaurant Marina, Am Hafen 10, Tel. 252081, www.resaturant-marina-karlshagen.de, tgl. ab 11 Uhr. Wunderbare Lage am Peenestrom, Fisch- und Wildspezialitäten, maritimes Flair.
Veermaster, Am Hafen 2, Tel. 21012. Günstige und gute Fischgerichte, Hafenatmosphäre, Seglertreff.

Pommersches Bettenmuseum, Am Hafen 4, Tel. 9907630, www.pommersches-bettenmuseum.de, April–Okt. tgl. 10–18, Nov.–März Mo–Fr 10–15 Uhr. Die Ausstellung zeigt rund 200 Betten vom einfachen Strohbett über Bauernbetten bis zum romantischen Himmelbett, auch erotische Nachtgewänder und nützliches Nachtgeschirr.
Gutsanlage Mölschow (Usedom aktiv), Trassenheider Str. 7, Tel. 39925, Juni–Sept. tgl. 10–18 Uhr, Mai und Okt. Di–Sa 10–16 Uhr, Nov.–April Di–Fr 10–16 Uhr.

Seebadfest, Konzerte, Kinderzirkus, Volkstänze, Disco, Strandfeuerwerk ein Wochenende im Juni.
Hafenfest, maritimes Fest am Yacht- und Fischereihafen; ein Wochenende im Juli/Aug.
Usedom Senior Open Ranglisten-Tennisturnier, www.senior-open.de; Mitte Juli.
Usedom Beachcup, weltweit größtes Beachvolleyball-Turnier, Beachparties, www.usedom-beachcup.de; ein Wochenende Ende Juli/Anfang Aug.
Usedomer Drachenfestival, am Strand; Okt.

Seebad Trassenheide

Der stille Badeort Trassenheide liegt abgeschieden und fern des touristischen Trubels von Zinnowitz und erst recht dem der Kaiserbäder. Eingerahmt wird er von den Ostseewellen und von knorrigen Kiefern, und feinkörniger, fast weißer Sand erstreckt sich hier kilometerweit.

Alles ist gut überschaubar: Parkplatz, Strandvorplatz, kleiner Skulpturenpark, Konzertmuschel, Promenade, Spielplatz, zentraler Strandzugang. In der Hochsaison ist Trassenheide belebt, ansonsten weitgehend verwaist. Das eigentliche ›Zentrum‹ der Ortschaft mit der Kurverwaltung und seinen zwei Bahnhöfen liegt knapp 1,5 Kilometer von der Küste entfernt. Das Hinterland ist geprägt von einer flachen, herben Heidelandschaft mit Mooren und Wiesen, durch die schöne Wanderwege führen.

Ein Bewohner der Schmetterlingsfarm

Trassenheide ist ideal geeignet für Familien mit kleineren Kindern. Auch die mittlerweile zahlreichen Touristenattraktionen des Ortes sind auf diese Klientel ausgerichtet. Viele Usedom-Besucher kommen eigens wegen dieser – tatsächlich interessanten – Publikumsmagneten für einige Stunden hierher.

Ebenso wie Karlshagen ist die Ortschaft eine Gründung der preußischen Domänenverwaltung aus dem Jahr 1824. In dieser Zeit nutzte die benachbarte Domäne Mölschow hier einige Flächen Weideland für ihre Schafzucht und unterhielt obendrein einen Hammelstall. Nichts lag offenbar näher, als diese kleine Fischersiedlung nun ›Hammelstall‹ zu taufen. So geschah es und niemand störte sich daran – fast 100 Jahre lang. Dann begann Hammelstall plötzlich als Badeort zu boomen – und verzweifelte schier an seinem für ein aufstrebendes Bad völlig unattraktiven Ortsnamen. 1910 erfolgte schließlich die Umbenennung in Trassenheide, in Erinnerung an den beliebten Förster Trassen, der kurz zuvor in einem nahe gelegenen Sumpf ertrunken war. Doch die Bäderkarriere war nur von kurzer Dauer, die Heeresversuchsanstalt Peenemünde beendete 1936 den Sommertraum und riegelte den Inselnorden für die Öffentlichkeit ab. Britische Bomben, die eigentlich für Peenemünde bestimmt waren, trafen 1943 die Ortschaft verheerend. Dabei fanden auch 621 Menschen des Arbeitslagers den Tod.

Zu DDR-Zeiten bestand in Trassenheide, gleich hinter den Dünen, ein zentrales Pionier-Zeltlager des Bezirks Neubrandenburg. Seit 2006 darf sich die Ortschaft offiziell ›Ostseebad‹ nennen.

▲ Karte: vordere Umschlagklappe

Sehenswürdigkeiten

Alle touristischen Hauptsehenswürdigkeiten des Seebades liegen am Wiesenweg nahe der Hauptverkehrsstraße nach Peenemünde, also ganz nahe beieinander.

Alles ist verkehrt! **Die Welt steht Kopf** ist ein wahrhaft schräges Erlebnis. Das Fundament des Hauses ragt in den Himmel, das Dach steht auf der Erde. Lampen baumeln auf dem Fußboden, Sessel, Tisch und Couch, Herd und Stühle hängen an und von der Decke. Lustige Fotos fürs Familienalbum sind garantiert. Im **Kinderland Trassenheide** sind die Attraktionen kaum überschaubar: Trampolinanlage da, Hüpfburg und Kinderkarussell dort, Piratenschiff, Kindereisenbahn, Fahrten mit ›Der wilden 13‹ um einen Teich herum hier. Die schon etwas Älteren können derweil auf einer Großspielfläche Schachfiguren bewegen oder die Minigolfanlage testen.

Um die 1500 bis 2000 tropische Falter tummeln sich, fliegen und flattern frei durch eine riesige, 5000 Quadratmeter große und fast tropisch schwüle Halle. Europas größte **Schmetterlingsfarm** mit einem 16 Meter hohen Bambusdickicht, Baum-Strelitzien, Ananas- und Vanillepflanzen sowie Bananenstauden und hat noch andere Attraktionen zu bieten: eine Vogelspinnenschau, ein Insektenmuseum und ein Insektenkino, Riesenschildkröten, spannende Veranstaltungen sowie Otto und Anna, das sprechende Ara-Paar. Hoffentlich dürfen die beiden gestressten Großpapageien zur Erholung auch mal ausgelassen umherfliegen wie die bunten Flattermänner, ihre Voliere ist jedenfalls fluguntauglich. **Wildlife Usedom** ist ein interessanter Rundgang durch die Landschaften und die Artenvielfalt der Tiere auf den fünf Kontinenten, dokumentiert durch zahlreiche Tierpräparate und viele lebende Tiere. Es gibt auch einen Indoor-Spielplatz und einen Streichelzoo.

Trassenheide

Vorwahl: 038371.

Postleitzahl: 17449.

Kurverwaltung (Haus des Gastes), Strandstr. 36, Tel. 20928, www.seebad-trassenheide.de, Mai–Sept. Mo–Fr 10–18, Do 10–19, Sa/So 10–15 Uhr, Okt.–April Mo–Mi, F r9–16.30, Do 9–19 Uhr.

Zwei Bahnlinien und zwei Bahnhöfe: Bahnhof Trassenheide an der Strecke Wolgast–Świnoujście (Swinemünde), Bahnhof Trassenmoor an der Strecke Zinnowitz–Peenemünde.

Friesenhof (€€), Bahnhofstr. 48, Tel. 261-0, www.friesenhof.org. Reetgedecktes Reit- und Freizeithotel mit angeschlossener Reitanlage. Schwimmbad, Sauna, Fitnessraum, einige barrierefreie Zimmer, Restaurant, Spielplatz.

Akzenthotel Kaliebe (€€), Zeltplatzstr. 5, Tel. 520, www.kaliebe.de. Im Dünenwald, gehört zu den beliebtesten Hotels Deutschlands. Auch finnische Blockhäuser und FeWos, preisgekrönte Gastronomie mit Fisch- und Wildgerichten. Fahrradverleih.

Reiterhof Bannemin, Trassenheider Str. 1, Tel. 038377/41178, www.reiterhof-bannemin.de. Große Anlage an der B111. Reitunterrricht, Strandausritte, im Sommer Pferdetheater.

Naturcampingplatz Ostseeblick, Zeltplatzstr. 20, Tel. 20949. Im Kiefernwald hinter der Düne.

Die Welt steht Kopf, Wiesenweg 2c, Tel. 26344, www.weltstehtkopf.de, April–Okt. tgl. 10–18 und Nov.–März 10–16 Uhr.

Kinderland Trassenheide, Wiesenweg 1, Tel. 0160/8305408, www.kinderland-usedom.de, tgl. ab 10 Uhr, bei schlechtem Wetter vorher anrufen.

Schmetterlingsfarm, Wiesenweg 5, Tel. 28218, www.schmetterlingsfarm.de, März–Okt. tgl. 9.30–19 Uhr, im Winter tgl. 10–16.30 Uhr, letzter Einlass 1 Std. vor Schließung.

Wildlife Usedom, Wiesenweg 2, Tel. 55761, www.wildlife-usedom.de, Ende April–Anfang Nov. tgl. 9.30–18.30 Uhr.

Seebad Zinnowitz

Zinnowitz ist mit seinen rund 3700 Einwohnern das größte Ostseebad im nördlichen Teil von Usedom und von Laub- und Kiefernwald umgeben. Der Stolz des Bades ist die über 300 Meter lange Seebrücke, an deren Ende man entweder in den Ausflugsdampfer steigen oder sich mit einer Tauchgondel auf den Meeresgrund befördern lassen kann. Viele schmucke Gebäude erinnern an die Hochzeit der Bäderarchitektur. Der älteste Teil des alten Fischer- und Bauerndorfes liegt am Achterwasser. Sehr vielseitig ist das Kulturangebot des Bades, besonders bekannt und beliebt sind die jährlichen Vineta-Festspiele auf der Ostseebühne.

■ Geschichte

Tzys, was slawisch wohl soviel wie Korn oder Schilfrohr bedeutet, hieß der unscheinbare Ort noch 1309. So steht es in der ersten urkundlichen Erwähnung. Er war damals in Besitz des Frauenklosters Krummin im Nordwesten Usedoms. Das Kloster wurde 1563 säkularisiert. Während des Dreißigjährigen Krieges wurden Klosteranlage und Dorf, nun deutsch Zitz genannt, zerstört. 1749 ließ der preußische König Friedrich II. acht Kolonisten aus Mecklenburg hier ansiedeln, die neue königliche Domäne bekam den Namen Zinnowitz. Das Domänenpächterhaus hat die Zeiten überdauert, es steht am Neuendorfer Weg, im alten Ortsteil am Achterwasser. Nach der preußischen Niederlage bei Jena und Auerstedt gegen die Franzosen musste das verarmte Preußen etliche seiner Domänen veräußern, und der Swinemünder Reeder Friedrich Wilhelm Krause erwarb 1811 Zinnowitz für nur 7000 Taler. Krauses Erben verkaufen ihren Besitz schon knapp zehn Jahre später, lukrativ parzelliert, an Kolonisten weiter. Nach Swinemünde und Heringsdorf erhielt 1851 auch Zinnowitz den ›Badekonsens‹, also das Recht, ein Seebad zu eröffnen. Kurz darauf entstanden die ersten Badehütten, einfache Pensionshäuser und ein Haus für warme Bäder. Das Warmbad ist heute baulicher Bestandteil des Strandhotels Preußenhof. Durch die Anbindung an das Bahnnetz 1863 erfolgte der touristische Aufschwung des Seebades.

In mehreren Bauphasen zwischen 1860 und 1910 entstanden immer repräsentativere Wohnhäuser und Hotels. Etwa ab der Jahrhundertwende baute man drei-

Sommertreiben in Zinnowitz

▲ Karte S. 95

geschossig und in nobler Bäderarchitektur. 1905 hatte Zinnowitz um die 1300 Einwohner, zählte aber bereits 8479 Badegäste! Zu ihnen gehörten damals auch berühmte Künstler wie etwa die viel gelesene Schriftstellerin Hedwig Courths-Mahler (›Die wilde Ursula‹, ›Durch Liebe erlöst‹), die mehrere Sommer in Zinnowitz logierte. Bereits nach dem Ersten Weltkrieg gründeten antisemitisch gesinnte Einwohner den ›Zweckverband zur Freihaltung des Ostseebades für deutschblütige Kurgäste‹, um das Seebad ›für immer judenfrei‹ zu halten. Ab 1932 führte Zinnowitz den Beinamen ›Deutsches Seebad‹. Die Sommerfrischler wurden da schon mit Hakenkreuzfahnen am Bahnhof und am Ostseestrand empfangen, am Ende der Kurkonzerte erklang das judenfeindliche Lied ›Fern bleib der Itz von Zinnowitz‹. Doch das nationalsozialistisch dominierte Seebad musste 1938 aus übergeordneten Gründen für die Öffentlichkeit geschlossen werden: Zinnowitz wurde der Heeresversuchsanstalt Peenemünde unterstellt und wie der gesamte Inselnorden zum militärischen Sperrgebiet erklärt. Bis 1945 blieb das Bad touristenfrei.

Nach dem Zweiten Weltkrieg erklärte der gewerkschaftliche Feriendienst der DDR Zinnowitz zum ›ersten und größten

Auch im Herbst reizvoll: ein Spaziergang am Strand

Seebad der Werktätigen‹ des neu gegründeten Staates. Im Rahmen der ›Aktion Rose‹ verstaatlichte man kurzerhand große Teile der Hotels und Pensionen. Die Sowjetisch-Deutsche Aktiengesellschaft Wismut (SDAG) prägte fortan das sommerliche Leben in Zinnowitz: Sie schickte die Mitarbeiter des Uranbergbaubetriebs ›Wismut AG‹ im Erzgebirge zur Erholung von ihrer gefährlichen Arbeit an die Ostsee. Zeitweise verbrachten in Zinnowitz bis zu 70 000 Menschen ihren Sommerurlaub. Aber auch viele Künstler mit ›Weltniveau‹ gastieren hier zur DDR-Zeit, etwa das Ensemble der Mailänder Scala oder das Russische Staatsballett. In dieser Zeit wurde die heutige Ostseebühne mit etwa 2000 Sitzplätzen gebaut, im Sommer Spielort der weit über die Grenzen Usedoms hinaus bekannten Vineta-Festspiele. Pünktlich zum 60-jährigen Jubiläum der ›Großen Sozialistischen Oktoberrevolution‹ 1977 entstand der Urlauberkoloss ›Roter Oktober‹ mit fast 1000 Betten. Dieses noch heute größte Hotel der Insel heißt jetzt ›Baltic Hotel‹. Auf einige Relikte aus ›Wismut-Zeiten‹ trifft man noch heute, doch seit dem Wendejahr 1989 hat sich der Ort grundlegend erneuert: Zinnowitz ist seitdem das schönste und vor allem auch attraktivste Seebad im Norden Usedoms.

▲ Karte S. 95

Sehenswürdigkeiten

Stattliche 315 Meter schiebt sich seit 1993 die **Vineta-Brücke** ins offene Meer hinaus. Der neue Schiffsanleger mit der beliebten, futuristisch anmutenden **Tauchgondel** am Brückenkopf ist das touristische Highlight des Seebades. Bei klaren Sichtverhältnissen schweift der Blick bis zur kleinen Insel Greifswalder Oie hinüber. Einige wollen von der Brücke aus sogar schon die Kreidefelsen auf Rügen ausgemacht haben. Nahe dem Brückenzugang kreuzen sich die sehr geschäftige Neue Strandstraße, die Dünenstraße und die Zinnowitzer **Strandpromenade**. Sie wurde vor einigen Jahren verbreitert und mit viel gepflegtem Grün, einem Rosenrondell und einem weißen Musikpavillon verschönt. An der Flaniermeile stehen die prächtigsten Gebäude der Stadt, allesamt von der vornehmen und noblen Bäderarchitektur aus der Gründerzeit geprägt. Sie wurden alle nach der Wende aufwändig saniert. Ganz zentral am großen Vorplatz zur Brücke thront geradezu das **Strandhotel Preußenhof**, das ursprünglich ›Kurhaus Strandhöhe‹ und zu DDR-Zeiten ›Glück Auf‹ hieß. Es entstand um 1890, als Zinnowitz zu einem der beliebtesten Ostseebäder aufstieg. Sehr markant sind der elegante Eckturm und die Runderker des viergeschossigen Hauses, das neben Luxusappartements auch ein gemütliches Café mit wilhelminisch-nostalgischem

Flair beherbergt. Nicht minder piekfein sind etliche weitere, teilweise palastartige Gebäude in der Dünenstraße. So das **Palace Hotel**, das frühere ›Schwabes Hotel‹, in dem die berühmte Schriftstellerin Hedwig Courths-Mahler (1867–1950) angeblich sieben ihrer annähernd 200 rührigen Romane verfasst haben soll. Gerne verweist man auch auf andere Prominente, die hier abstiegen: der Politiker Walther Rathenau, der Schriftsteller Hans Fallada, der Raketenbauer Wernher von Braun und in neuerer Zeit Stars wie Roman Polański und Pierce Brosnan. Die Architektur ist ein Stilmix aus Neugotik und Jugendstil. Eine pyramidenförmige Lichtkuppel mit Meeresblick schmückt seit der Renovierung das fast schlossähnliche Fünf-Sterne-Hotel.

Etwas kleiner geraten, dafür aber umso pittoresker und anmutiger sind das **Haus Schwalbennest** mit seiner schönen Fachwerkfassade und das **Haus am Meer** mit Aussichtsturm und hölzernen Dekorelementen. Dagegen ist das 1977 erbaute **Hotel Baltic** architektonisch einfallslos, hoch und klotzig. Das ehemalige kolossale Feriendomizil ›Roter Oktober‹ wurde zum modernen Sport- und Wellnesshotel umgestaltet und gehört mit seinen 332 Zimmern zu den größten Ferienanlagen an der deutschen Ostseeküste. Es ist über einen Bademantelgang mit der **Bernsteintherme** verbunden.

Ein selbst als Ruine durchaus noch beeindruckendes bauliches Zeugnis aus der frühen DDR-Zeit ist das **Kulturhaus** im Monumentalstil. Es wurde zwischen 1954 und 1956 in der Dr.-Wachsmann-Straße neben dem Kurpark errichtet. Es besaß einen Speisesaal mit 400 Plätzen, ein Tanzcafé und eine Bibliothek. Nach bereits begonnenen Renovierungsarbeiten 1987 sollte das Gebäude 1991 zum ›Tag des Bergmanns‹ wieder eröffnet werden. Die Wende kam dazwischen, und seitdem gammelt das Haus vor sich hin.

Nur einen Katzensprung entfernt steht die neugotische **Kirche** von 1895. Die originale Innenausstattung blieb erhalten: Glasmalereien im Altarraum, die Holzkanzel mit interessanten Intarsienarbeiten, das Rippengewölbe des Chores, die Decke, die nach dem Vorbild eines Schiffes gestaltet ist.

Die Seebrücke mit der Tauchgondel

Zinnowitz

Vorwahl: 038377.
Postleitzahl: 17459.
Kurverwaltung: Neue Strandstr. 30 (im Haus des Gastes), Tel. 4920, www.zinnowitz.de, im Sommer Mo–Fr 9–20, Sa/So 10–18 Uhr, sonst Mo–Fr 9–16 und Sa 10–12 Uhr.

Usedomer Bäderbahn (UBB), an der Usedomer Hauptstrecke zwischen Świnoujście (Swinemünde) und Wolgast. Im Sommer halbstündlich, sonst im Stundentakt.

Strandhotel Preussenhof (€€–€€€), Dünenstr. 10, Tel. 390, www.schoener-inseln.de. Traditionsreiches Gebäude aus der vorletzten Jahrhundertwende, zum eleganten Appartementhotel 1998 umgestaltet. MuseumsCafé und Restaurant.
Usedom Palace (€€€), Dünenstr. 8, Tel. 3960, www.usedom-palace.de. Fünf-Sterne-Prachtbau im Stil der Bäderarchitektur, Schwimmbad, Sauna, Beautyfarm, Fitness, Restaurant, Bibliothek.
Familienferienstätte Casa Familia (€€), Dünenstr. 45, Tel. 770, www.casafamilia.de. An der Bernsteintherme, 80 Meter zum Strand, familienfreundlich, barrierefrei, Saunalandschaft, Spielräume- und plätze, Kinder- und Freizeitclub Casa Fez.
Refugium (€€), Dünenstr. 34, Tel. 371206, www.usedomrefugium.de. Kleine, ruhige Anlage mit Flair, Appartements in Strandnähe, Galerie für zeitgenössische Kunst, Vinothek, Geschäft für Kunsthandwerk, Parkplatz, Internet.

Campingplatz Pommernland, Dr.-Wachsmann-Str. 40, Tel. 40348, www.camping-zinnowitz.de. 7,5 ha am westlichen Ortsrand, naturbelassenes Gelände hinter den Dünen, kaum 200 m zum Strand, Blockhäuser, barrierefreie FeWos, Wintercamping, Fahrradverleih.

MS Libelle, Strandpromenade, Tel. 40694, tgl. 12–22 Uhr. Einem Kahn nachempfundenes Gebäude in den Dünen, Ostseeblick, gute Fischgerichte.
Zum Smutje, Vinetastr. 5, Tel. 41548, tgl. ab mittags geöffnet. Fangfrischer Fisch, sehr empfehlenswert.
Fischkiste, Neue Strandstraße/Ecke Dannweg, Tel. 37567. Nomen est omen: fangfrischer Fisch zum Verkauf und im angeschlossenen Imbiss zum Verzehr.

MuseumsCafé, Dünenstr. 10 (im Hotel Preußenhof), Tel. 39450, tgl. 7.30–22 Uhr. Im Flair der 1920er Jahre, herrlich gemütlich, Torten aus eigener Konditorei, auch Mittagstisch. Blick zur Seebrücke.
Café Wien, Dünenstr. 20 (im Hotel Asgard), Tel. 4670, tgl. 13–18 Uhr. Wunderbarer Meeresblick vom 4. Stock.

Hühnerstall, Möskenweg 24, www.diskothek-huehnerstall.de, Mi–So ab 21 Uhr. Eine der Top-Discos auf Usedom, zwei Bars.
Tanzbar Miami, Neue Strandstr. 25, Tel. 40758, www.tanzbar-miami.de, Fr/Sa ab 22 Uhr. Tanz- und Flirtbar mit großem Cocktail-Angebot und Gute-Stimmung-Garantie.

Heimatmuseum im Bahnhof, Sommermonate Mo–Fr 10–17, Sa/So 14–17 Uhr, Ausstellung: Vom Fischerdorf zum Ostseebad. Regelmäßig Vorträge.
Zinnowitzer Kirche, Kirchstraße, www.kirche-zinnowitz.de, Gottesdienst So 9.30 Uhr, Juni–Sept. Mo–Fr 10–12 u. 16–18 Uhr. Konzerte im Rahmen des Usedomer Kultursommers.
Usedomer Kunsthaus, Wilhelm-Potenberg-Str. 1, Tel. 42234, Di–Fr 14–18 und Sa 10–12 Uhr. In der Villa Meyer aus der Gründerzeit, Skulptur-, Malerei- und Grafikausstellungen.

▶ Karte S. 95

Ostseebühne/Vineta-Festspiele und das Gelbe Theater **Die Blechbüchse**, Seestr. 8, Tel. 40936, www.vorpommersche-landesbuehne.de. Das Gelbe Theater befindet sich in der ehemaligen Strandkorbhalle, die Blechbüchse bietet Revue, Kabarett, Schauspiel, Kindertheater, Konzerte und Lesungen.
Eisen & Glas Art Galerie, Ahlbecker Straße 30a, Tel. 375086, www.eisen-glas.de, tgl. 10–19 Uhr, im Winter 10–17 Uhr. Außergewöhnliches Museum mit einmaligen Exponaten der Bügelgeschichte, Glasobjekten aus mehreren Epochen und einer Kleiderbügelausstellung.
Rosenhof, Neuendorfer Weg 3b, Tel. 37530, www.rosenhof-usedom.de, Mai–Okt. tgl. 10–18 Uhr. 15 000 qm Garten mit Stamm-, Kletter-, Beet- und Strauchrosen, 4000 Rosen, 3000 Dahlien, viele kleine Gärten, Rundgang. Wunderschön!

Ostermarkt, u.a. Osterfeuer am Strand; Karfreitag bis Ostermontag.
Vineta-Festspiele, Ende Juni–Ende Aug.
Jazz- und Bluestage, Swing, Blues, Boogie Woogie; ein Wochenende im Aug./Sept.
Seebrückenfest, Ende Sept.
Eisbaden, 30. 12. um 14 Uhr an der Seebrücke.

Mehrere **UsedomRad-Stationen**, z.B. am Bahnhof, Hafen, an den Vineta Hotels, am Fahrradservice Kruggel in der Neuen Strandstr. 9.

Ausflugsdampfer verkehren in der Hauptsaison zu den Kaiserbädern, nach Świnoujście (Swinemünde) und nach Międzyzdroje (Misdroy), www.adler-schiffe.de. Abfahrt: Vineta-Seebrücke.
Ückeritzer Personenschiffahrt, am Hafen am Achterwasser, Tel. 0171/6514769, www.ms-astor.de, April–Ende Okt. Schiffsfahrten auf dem Achterwasser, auf dem Peenestrom, auf dem Greifswalder Bodden, außerdem zum Fischrestaurant nach Rankwitz und nach Lassan.
Segel- und Surfschule, Am Achterwasser, Tel. 36018, www.sail-away-usedom.de, Mai–Sept. tgl. 9–18 Uhr. Bootsvermietung, geführte Kajaktouren.

Bernsteintherme Zinnowitz, Dünenstr. 1, Tel. 35500, www.bernsteintherme.de, tgl. 10–22 Uhr. Meerwasserhallenbad, Thermalbad mit Außenbecken, Strandsauna, Hamam, Rasul, Massagen.

Ca. 3 km langer Sandstrand mit FKK-Bereichen an den Rändern, Strandkorbverleih, auch Abschnitte für Hunde und Pferde.

Tauchgondel, tgl. Juni–Aug. 10–21 Uhr, Mai, Sept., Okt. 10–18 Uhr, Nov.–April Mi–So 10–16 Uhr, www.zinnowitz-tauchgondel.de. Am Ende der Seebrücke. Rund 40-minütiger Tauchgang 3,50 m unter die Wasseroberfläche, große Panoramascheiben zum Ausguck nach Quallen, Fischen und Muscheln. Manchmal ist aber im trüben Wasser auch rein gar nichts zu sehen. Infos über den Lebensraum Ostsee und 3D-Film über die Unterwasserwelt.

Refugium Kunst am Meer, Dünenstr. 34, Tel. 371206, www.usedomrefugium.de, im Sommer Mo–Sa 14–20, So 13–18 Uhr, sonst eingeschränkte Öffnungszeiten. Zeitgenössische Malerei und Skulptur, Vinothek. Appartements.
Biomarkt & Bistro Unter den Linden, Hafenstr. 1, www.bio-usedom.de; Mo–Fr 9–19, Sa 9–16 Uhr. Spezialitäten au der Ostseeregion, Bioprodukte aus Usedom.
Strandbuchhandlung, Neue Strandstr. 29, Tel. 42276, www.strandbuchhandlung.de, Mo–Sa ab 10, So ab 11 Uhr

Halbinsel Wolgaster Ort

Leicht gewellt zeigt sich die weite Ackerfläche zwischen dem Peenestrom und der Krumminer Wiek. Wiek bezeichnet eine Binnenbucht, im Gegensatz zu einem Bodden, der eine Verbindung zum Meer besitzt.

Dieser schöne Landstrich ist die Halbinsel Wolgaster Ort. Mit stolzen 26 Metern sind die Gazberge zwischen Mölschow und Krummin die höchsten Erhebungen der Usedomer Halbinsel.

Auf dem Wolgaster Ort liegen die Dörfer Krummin, Neeberg, Sauzin und Ziemitz. Am besten lässt sich dieser ruhige Winkel mit dem Fahrrad erkunden. Unterwegs gibt es mehrere nette Einkehrmöglichkeiten.

Radtour von Mölschow auf die Halbinsel Wolgaster Ort

Von Zinnowitz fahren wir zunächst mit der Usedomer Bäderbahn (UBB) Richtung Wolgast bis zum Bahnhof Bannemin–Mölschow. Die Räder nehmen wir im Zug mit. Am Bahnhof wenden wir uns nach Süden und überqueren nach einem Kilometer die B 111. Hier zweigt die Chaussee nach Krummin ab. Bald befinden wir uns unter einem fantastischen grünen Baldachin. Die fast zwei Kilometer lange **Allee** mit ihren annähernd 300 mehr als 100 Jahre alten Linden ist sicherlich die schönste Usedoms und vielleicht sogar Vorpommerns. Sie steht seit 1990 unter Naturschutz.

Krummin, 1230 erstmals urkundlich erwähnt, besitzt, etwas versteckt zwischen Schilfgürteln, einen kleinen Naturhafen mit Bootshaus und Schiffscafé. Dort öffnet sich ein herrlicher Ausblick auf die Krumminer Wiek. Im vormals wendischen Fischerdorf wurde 1302 ein Zisterzienserinnenkloster gegründet. 1563, zu Zeiten der Reformation, musste es aufgegeben werden. Die gotische Backsteinkirche **St. Michael** war Teil des Klosters, entstand aber bereits ab 1250. Sie steht, etwas erhöht, in der Dorfmitte. Der heutige Turm und die Seitenbauten stammen aus der Mitte des 19. Jahrhunderts. Im Innern ist ein qualitätvolles Kruzifix aus dem 15. Jahrhundert über dem Altar erhalten. Die Buchholz-Orgel ist von 1863; die Glasfenster, Arbeiten des Stralsunder Künstlers Hermann Lindner, sind neueren Datums. Sie entstanden 1993 während der Totalsanierung der Kirche. Alte Grabplatten mit interessanten Steinmetzarbeiten sind um die Kirche herum aufgereiht. Im einstigen Pfarrhaus wohnte von 1827 bis 1844 Pastor Johann Wilhelm Meinhold. Er schrieb den in ganz Usedom und darüber hinaus berühmten und nun wieder aufgelegten Roman ›Die Bernsteinhexe‹ (→ S. 107).

Ein asphaltierter Fahrweg verläuft von Krummin in südwestlicher Richtung zu dem ehemaligen wendischen Runddorf **Neeberg**. Die schmucke Ortschaft liegt idyllisch am Krumminer Wiek und besitzt einen kleinen Hafen. Mehrere reetgedeckte Häuser und Gutskaten säumen die Dorfstraße, eine Einkehr empfiehlt sich im netten ›Fischstübchen‹, Kunst- und Gartenfreunde steuern die ›Galerie im Hühnerstall‹ mit einem sehenswerten Feng-Shui-Garten an.

Ein Radweg verbindet Neeberg mit **Sauzin** (2 km). Etwa 1,5 Kilometer sind es von dort nach Süden zum malerisch am Peenestrom gelegenen **Ziemitz** mit Reiterhof, kleinem Badeplatz, Anlegestelle und grandiosem Ausblick auf die weite Wasserfläche.

Zurück nach Sauzin geht es dann in nördlicher Richtung nach Wolgast (4 km). Unterwegs blicken wir auf die hoch aufragenden Kräne und die Montagehalle der Wolgaster Peenewerft sowie schließlich auf die Stadtsilhouette und das ›Blaue Wunder‹, die moderne Klappbrücke Wolgasts. Bei Mahlzow am Bahnhof Wolgaster Fähre nehmen wir die Usedomer Bäderbahn zurück nach Zinnowitz.

Gesamtstrecke: 18 Kilometer.

▶ Karte: vordere Umschlagklappe

Krummin und Umgebung

Naschkatze, Dorfstr. 25, 17440 Krummin, Tel. 03836/602213, www.zur-naschkatze.de, in den Sommermonaten tgl. 11–20 Uhr. Kleine Gerichte, Kuchen, Kaffee. Wunderschönes Plätzchen im Garten mit Obstbäumen, 2 FeWos.

Zur Pferdetränke, Dorfstr. 31, 17440 Krummin, Tel. 03836/231023, www.zur-pferdetraenke-krummin.de. Regionale Spezialitäten, Brot aus dem hauseigenen Steinofen, leckerer Pflaumenkuchen, Hofladen, sehr angenehme Atmosphäre auf der Hofterrasse. Streichelzoo, beliebter Radlertreff.

Fischstübchen, Dorfstr. 17, 17440 Krummin-Neeberg, Tel. 03836/603322, www.fischstuebchen.de, tgl. ab 12 Uhr. Frischer Fisch in maritimem Ambiente, Sommerterrasse und Garten, FeWo.

Galerie im Hühnerstall, Dorfstr. 9, 17440 Krummin-Neeberg, Tel. 03836/200658, www.neeberg-galerie-fengshui.de, Mai–Okt. tgl. 10–18 Uhr. Wechselnde Ausstellungen mit Bildern von Margret Schreiber-Gorny. Verkauf von Gebrauchskeramik, Ölgemälden, Kleinplastiken. Sommergalerie und wunderschöner Feng-Shui-Garten. FeWo.

Reiterhof Ziemitz, Koppelweg 18, 17440 Krummin-Ziemitz, Tel. 03836/233510, www.hof-jaddatz.de. Reitplatz, nette Holzbungalows, FeWos.

St. Michael, Krummin, www.kirchenkreis-greifswald.de, tgl. 10–20 Uhr. Führung mit Andacht und Orgelmusik durch Knopfdruck. Der Schalter befindet sich an der Kanzel.

Halbinsel Gnitz

Wenige Kilometer südlich von Zinnowitz erstreckt sich die Halbinsel Gnitz, eine der frühesten Siedlungsregionen Usedoms. Die ersten Menschen lebten hier schon zwischen 5000 und 3500 vor Christus. Noch bis ins 13. Jahrhundert war der Gnitz durch einen schmalen Wassergraben von der Insel Usedom getrennt – und somit also selbst eine richtige Insel. Von diesem Graben ist noch der Große Stumminsee geblieben. Der lang gezogene Wasserarm, der vom Krumminer Wiek bis fast zur Zufahrtsstraße auf den Gnitz reicht, ist heute allerdings fast schon verlandet. Drei Gewässer rahmen die Halbinsel ein: Neben der Krumminer Wiek der Peenestrom und das Achterwasser. Besonders schön ist das Naturschutzgebiet an der südlichen Spitze des Gnitz rings um den Weißen Berg herum.

Am Hafen von Ziemitz

Usedom

Idylle in Neuendorf

Auf der Halbinsel liegen nur drei Minidörfer: Neuendorf, Lütow und Netzelkow. Von 1240 bis 1945 befand sich das gesamte Gebiet im Besitz der Familie von Lepel, pommerschen Großgrundbesitzern.

Das Naturidyll gehört zu den stillsten und gleichzeitig landschaftlich reizvollsten Winkeln auf Usedom. Die Halbinsel und das mit ihr über einen Damm verbundene Eiland Görmitz beeindrucken außerdem durch ihre zum Teil sehr seltene Flora und Fauna (→ S. 29).

Eher seltsam muten die Förderpumpen in der Ebene bei Neuendorf an, aber auf Usedom wird tatsächlich Öl gefördert!

Radtour zur Halbinsel Gnitz

Ausgangspunkt der Tour ist der Bahnhof Zinnowitz. Auf der Alten Strandstraße fahren wir in südlicher Richtung bis zur B 111. Wir überqueren die Straße und biegen linker Hand in den Neuendorfer Weg ein, der direkt zur Halbinsel Gnitz führt. Nach rund zwei Kilometern erreichen wir ein schönes Mischwaldgebiet, das **Eichholz**. Wo das wildreiche Eichholz endet, sagt man, beginnt der Gnitz.

Ein Fahrradweg zweigt bald links ab und verläuft durch sanft hügelige Felder in Richtung **Neuendorf**. Der größte Ort auf dem Gnitz war der Hauptsitz der Familie von Lepel. Ihr etwa 1820 erbautes zweigeschossiges **Gutshaus** im Fachwerkstil, gesäumt von alten Laubbäumen, wurde 2005 aufwändig saniert und beherbergt heute komfortable Ferienwohnungen. Zu DDR-Zeiten diente es als Kindergarten und Friseurladen. Ein Bio-Restaurant ist gegenüber in das ehemalige Vorsteherhaus der Gutsanlage eingezogen. Von den nahen Hügeln hat man einen wunderbaren Panoramablick über die Halbinsel und das Achterwasser. Ulkige, auf- und nieder nickende Pumpen, von den Einheimischen ›Pferdeköpfe‹ oder ›Wackelmänner‹ genannt, stehen etwas verloren in der Landschaft. Sieben dieser Ölförderpumpen sind noch heute in Betrieb. In den 1960er Jahren, als man das ›schwarze Gold‹ auf dem Gnitz entdeckte, rotierten Tag und Nacht bis zu 30 Pumpen und förderten um die 220 000 Tonnen Erdöl jährlich für die rohstoffarme DDR. Heute werden aus 2000 Metern Tiefe noch etwa 4000 Tonnen pro Jahr geholt.

Rund zwei Kilometer östlich von Neuendorf liegt die **Insel Görmitz** im Achterwasser. Das knapp 100 Hektar große Eiland ist nur für Radler und Spaziergänger über einen mit Birken und Büschen bewachsenen Damm zugänglich. Entsprechend ruhig geht es hier zu. Ein größerer Teil der flachen, von Wiesen und Baumgruppen geprägten Insel ist Vogelschutzgebiet; hier nisten unter anderem auch Seeadler.

▲ Karte: vordere Umschlagklappe

Von Neuendorf in südöstlicher Richtung führt die Landstraße nach **Netzelkow** (1,5 km), Geburtsort von Johann Wilhelm Meinhold, Pfarrer und Dichter der ›Bernsteinhexe‹. Hier steht die einzige Kirche des Gnitz. Die Backsteinkirche **St. Marien** ist ein turmloser Rechteckbau aus dem 15. Jahrhundert. Das gotische, weitgehend schmucklose Gotteshaus besitzt einige interessante Kunstwerke: Der Taufstein ist aus dem 14. Jahrhundert, die Glasmalereien im Chor stammen von 1879, das Ölgemälde zeigt die ›Beweinung Christi‹ und ist eine Kopie des van Dyckschen Werkes. Auf einer Eichentafel an der Wand rechts vom Eingang sind sämtliche Besitzer des Gnitz von 1367 bis 1908 aufgeführt: ›Die Lepele auf dem Gnitze, so zu Neuendorf erbgesessen‹. Prächtig ausgeführt ist der hölzerne, bunt bemalte **Sarkophag** des Christian Carl von Lepel (1668–1747) in der angebauten Grablege der adligen Familie. Lebensgroß liegt der Oberstleutnant der preußischen Kavallerie als geharnischte Figur mit Trophäenbündel auf seinem Grabmal. Das Geläut des freistehenden Glockenstuhls neben der Kirche stammt aus dem 15. Jahrhundert. Stattliche Eichen umgeben den mit Feldsteinen ummauerten Friedhof. Im kleinen Hafen ist ein stillgelegter alter Dampfer mit der Schifferkneipe ›Achterwasser‹ fest vertäut.

Von Neuendorf nach Süden führt ein neuer Radweg nach **Lütow** (2 km). Über einen Feldweg gelangen wir zur berühmten Attraktion des schön am Achterwasser gelegenen Ortes, zum jungsteinzeitlichen **Großsteingrab**. Die megalithische Grabanlage unter einer dicken, 350 Jahre alten Eiche ist etwa 4000 Jahre alt. Die sechs mächtigen Decksteine hat man allerdings 1826 leichtsinnigerweise abgenommen, 1911 gesprengt und dann für das Fundament des Netzelkower Pfarrhauses zweckentfremdet. Die Grabbeigaben wie Geräte aus Feuerstein, Waffen und Bernsteinschmuck konnten sichergestellt werden. Sie sind im Stettiner Museum für Stadtgeschichte ausgestellt. Die Hauptstraße endet am **Hafen** von Lütow. Am **Galeriegarten-Café** stellen wir die Räder ab. Nun geht es zu Fuß weiter.

Gesamtstrecke: 21 Kilometer.

Wanderung zur Südspitze des Gnitz

Vom Galeriegarten-Café führt ein Wanderpfad in das **Naturschutzgebiet Südspitze Gnitz**. Er gehört sicherlich zu den schönsten Spazierwegen, die die Insel Usedom zu bieten hat. Die Landzunge im Achterwasser ist vor allem von Magerrasenwiesen geprägt, die von Schafen beweidet werden, und von einer typischen Heidevegetation. Hier wachsen Stieleichen, vom Wind oft bizarr geformte Kiefern, Berberitze (Sauerdorn), Sanddorn, Wacholderbüsche und schier in Unmengen Brombeeren.

An der äußersten Südspitze befindet sich ein Sandhaken, **Möwenort** genannt. Dem Wanderer wird die Namensgebung an dieser Stelle hör- und sichtbar schnell verständlich. Hier erweitert sich der meist schmale Wanderweg in eine grandiose Wiesenlandschaft. Die traumhaft schöne Schwemmsandebene entstand durch die Brandungsströmung. Hier kann man an buchtenähnlichen, von Schilf befreiten Sandsträndchen des Achterwassers bestens baden.

Der Pfad schlängelt sich danach weiter zum 32 Meter hohen **Weißen Berg**. Er besteht hauptsächlich aus fast weiß glänzendem Sand – daher sein Name. Durch Wind und Wellen entwickelte sich ein einzigartiges Binnenkliff. An manchen Stellen fällt es sehr steil in die Krumminer Wiek ab. Im Berg haben die seltenen Uferschwalben eine Kolonie mit zahlreichen Bruthöhlen gegründet. Vom Kamm des Weißen Bergs schweift der Blick weit über die Bucht der Krumminer Wiek, über den Peenestrom und bis zu den Kirchturmspitzen der Festlandorte Wehrland und Lassan. Beim **Naturcampingplatz** können wir die asphaltierte Straße zurück zum Ausgangspunkt in Lütow nehmen.

Rundwanderweg: 6 Kilometer.

Am Möwenort

Halbinsel Gnitz

Gutshaus Neuendorf (€€), Dorfstr. 1, Tel. 038377/39930, www.gutshaus-neuendorf-usedom.de. Zehn attraktive, zum Teil barrierefreie FeWos im denkmalgerecht sanierten Gutshaus. Gegenüber Gutsschänke mit Bioprodukten.

Ferienresort (€–€€), Zum Möwenort 23, Tel. 038377/352758, www.moewenort-usedom.de. 12 Bungalows und FeWos am Achterwasser, eigener Bootssteg, Caravanstellplätze.

Restaurantschiff Yachtlieger Achterwasser, Hafen Netzelkow, Tel. 038377/40575, tgl. ab 12 Uhr (ganzjährig). Kleine Fischgerichte und Imbissangebot, schöner Blick auf die Insel Görmitz.

Galeriegarten-Café, Lütow, Tel. 038377/40190, im Sommer tgl. 11–20 Uhr, im Winter nur am Wochenende. Ein herrliches, liebevoll gestaltetes Plätzchen! Kaffee, Haus gebackener Kuchen, Imbiss. Bilderausstellung, Verkauf von Keramik. Sommerterrasse.

Villa Kunterbunt, Zinnowitzerstr. 6, Neuendorf, Tel. 038377/43018, www.hofladen-usedom.de. Idyllischer Bauernhof mit Hofladen und Tieren, Bio-Landwirtschaft, FeWo.

Naturcampingplatz Lütow, Zeltplatzstr. 20, Tel. 038377/40581, www.natur-camping-usedom.de, Ostern–Okt. Großes, weitgehend naturbelassenes Terrain mit Blockhütten und FeWos. Zahlreiche Veranstaltungen wie Wildkräuterwanderungen und Aquarellmalerei, Wassersportzentrum mit Bootsverleih, Surf- und Segelkursen. Gaststätte, Lebensmittelladen, UsedomRad-Station.

▲ Karte: vordere Umschlagklappe

Die Mitte: die Bernsteinbäder

Vorne die Ostsee, hinten das Achterwasser: An der schmalsten Stelle Usedoms beträgt die Distanz zwischen salzigem Meeres- und süßem Binnenseewasser gerade mal 300 Meter. Auf dieser Landenge, die die nördliche mit der südlichen Inselhälfte verbindet, liegen die kleinen Seebäder Zempin, Koserow, Loddin/Kölpinsee mit Stubbenfelde sowie Ückeritz. Ihre Entstehung verdanken sie dem Fischreichtum des Achterwassers. Erst im 19. Jahrhundert wandte man sich der See zu. Dann entwickelten sich die Küstenfischerei und kurz danach der Bädertourismus. Nun haben sich diese Ortschaften vor einigen Jahren einen wohlklingenden, werbewirksamen Namen gegeben: Bernsteinbäder. Schließlich lassen sich hier beim Strandspaziergang ja tatsächlich Stücke oder zumindest Stückchen des fossilen Schatzes der Ostsee – dem Bernstein – finden. In diesen Bädern sind die traditionellen Strukturen als Fischer- und auch Bauerndörfer noch durchaus anzutreffen. Die schlanke Mitte der Insel hat zudem einige der attraktivsten Plätze Usedoms zu bieten – den Streckelsberg, die Koserower Salzhütten und das Gedenkatelier des Malers Otto Niemeyer-Holstein.

Seebad Zempin

Der alte Dorfkern von Zempin liegt dem Achterwasser zugewandt. Nahezu 50 reetgedeckte und weiß getünchte Häuser säumen die Straßen der noch nicht einmal 1000 Einwohner zählenden Ortschaft. Die Sehenswürdigkeiten des 1571 erstmals erwähnten Dorfes sind recht rar. Am kleinen **Anglerhafen** wiegen sich beschaulich einige Fischerboote auf dem Achterwasser, Reusen hängen zum Trocknen, und eine 350 Jahre alte Eiche reckt imposant ihre Äste in die Höhe. In der Fischerstraße beherbergt die ehemalige Zempiner Grundschule ein kleines **Museum**, ›Uns olle Schaul‹ mit Namen. ›Fischerei in Zempin‹ heißt die ständige Ausstellung, zu sehen sind unter anderem über 30 Bootsmodelle des Zempiner Fischers Konrad Tiefert. Außerdem hat man hier den historischen Kolonialwarenladen von Karl Schchlein mit Mobiliar von 1928 rekonstruiert. Der Verkaufsraum befand sich bis zu seiner Schließung 1996 in der Strandstraße 6. Der **Deich** (mit Radweg), der von Zempin bis Koserow verläuft, soll eine verheerende Flutkatastrophe wie 1872 vereiteln. Damals teilte das Sturmhochwasser die Insel bei Zempin in zwei Teile.

Vom Achterwasser bis zur Ostsee sind es nur knapp 300 Meter. In 15 Gehminuten steht man auf dem 30 Meter breiten **Sandstrand**, gewiss das größte Kapital des kleinsten Seebads von

Das Zempiner Museum

Usedom. Erst 1996 bekam Zempin die staatliche Anerkennung als Seebad. Am westlichen Ende des Hauptzugangs zum Strand stehen vier Salz- und Heringspackhütten in den Dünen. Reste dreier V1-Abschussrampen der Heeresversuchsanstalt Peenemünde sind in der Nähe des Campingplatzes zu finden. Der wohl berühmteste Bürger des Ortes war der Maler, Grafiker und Schriftsteller Hugo Scheele (1881–1960), der von 1921 bis zu seinem Tode zusammen mit seiner Frau in Zempin wohnte und arbeitete, in der Villa Baltica in der Waldstraße. Reproduktionen seiner Werke mit Usedomer Motiven sind auf einigen Tafeln des **Orts- und Naturlehrpfads** zu sehen. Der neun Kilometer lange Spazierweg informiert über die Geschichte und Natur des Seebads und der Region.

Zempin

Vorwahl: 038377.
Postleitzahl: 17459.
Fremdenverkehrsamt, Fischerstr. 1, Tel. 42162, www.seebad-zempin.de. Im Sommer Mo–Fr 7.30–18, Sa/So 9–12 Uhr, sonst Mo–Fr 8–12 u. 13–16, Di 8–18 Uhr.

Station der Usedomer Bäderbahn (UBB).

Hotel Wikinger (€€), Seestr. 6, Tel.750, www.hotel-wikinger.de. Sanierter DDR-Zweckbau von 1979, mit 68 Zimmern und drei Appartements das größte Haus am Ort. Restaurant, Wellnessbereich.
Inselhof Vineta (€€), Am Achterwasser, Tel. 35200, www.inselhof.de. Sehr geräumige Zimmer, großer Wellnessbereich. Restaurant mit herrlicher Sommerterrasse am Achterwasser.
Tau´n Fischer un sin Fru, Waldstr. 11, Tel. 40054, tgl. ab 11 Uhr. An der B 111, Hausmannskost und Fischgerichte aus eigenem Fang. Maritime Atmosphäre, Sommerterrasse.

Camping Am Dünengelände, Campingweg 1, Tel. 41363, www.camping-zempin.de, März–Okt. Strandnähe, im Küstenwald mit vielen schattenspendenden Bäumen. FeWos, Restaurant, Kinderspielplatz.

Uns olle Schaul, Fischerstr. 11, 1. Mai–Ende Sept. Mi u. Sa 15–18 Uhr.

Dem Achterwasser zugewandt: Zempin

▲ Karte: vordere Umschlagklappe

Seebad Koserow

Ein feinkörniger Ostseestrand, eine Seebrücke, ein – für pommersche Verhältnisse – hoher Berg, eine spektakuläre Steilküste, eine schöne Backsteinkirche, Wald und Wiesen, das Museum mit Begegnungsstätte des Malers Otto Niemeyer-Holstein am Achterwasser bei Lüttenort und das Flair eines ruhigen Seebads mit reizenden Ecken, die zuweilen noch an das alten Fischerdorf erinnern – das macht den Charme Koserows aus. Die natürliche Umgebung des Ortes mit seinen rund 1700 Einwohnern ist tatsächlich einmalig, der Badeort zählt sicherlich zu den interessantesten Ortschaften Usedoms.

Geschichte

Eine Urkunde von 1347 nennt den Ort erstmals schriftlich, als Cuzerowe. Der Name leitet sich aus dem Slawischen ab und soll ›Ort der Amsel‹ bedeuten oder auch ›Ort der Ziege‹, was etwas mehr Sinn ergibt. Denn die Einwohner lebten sowohl vom Fischfang als auch von der Landwirtschaft, jahrhundertelang allerdings stets mehr schlecht als recht. Bis zur Mitte des 19. Jahrhunderts gehörte Koserow zu den ärmsten Gemeinden auf Usedom. Sturmfluten setzen dem kleinen Fischer- und Bauernnest an der Schmalseite zwischen Meer und Achterwasser obendrein immer wieder heftig zu.
Mitte des 19. Jahrhunderts verbesserte sich die wirtschaftliche Lage des Ortes schlagartig: der Badetourismus erweckte auch Koserow aus dem Dornröschenschlaf, 1853 eröffnete schließlich eine Seebadeanstalt. Doch schon 1857 zerstörte eine Sturmflut die hölzerne Anstalt und mit ihr die Hoffnungen der Einwohner. Weitere schwere Sturmfluten rollten in den nächsten Jahrzehnten mehrmals über Ort und Land. Bis in die 1890er Jahre existierten nur vereinzelt Gasthöfe und Pensionen, spätestens aber mit dem Anschluss an das Eisenbahnnetz 1911 schaffte auch Koserow den touristischen Durchbruch. Es entstanden, vor allem im Bereich der heutigen Haupt- und Meinholdstraße, die ersten Strandvillen, Hotels und Pensionen. Die Gästezahlen stiegen sprunghaft an.
Zu DDR-Zeiten garantierte der gewerkschaftlich organisierte Tourismus Jahr für Jahr eine hohe Urlauberquote, mehrere Betriebsferienheime, Bungalowsiedlungen und Kinderferienlager wurden eröffnet. Wurde 1952 mit fast 12 000 Gästen schon ein neuer Besucherrekord verbucht, so kamen im Wendejahr 1989 bereits fast 50 000 Urlauber nach Koserow. Nach der Wende dauerte es wie überall auf Usedom etliche Jahre, bis die Privatisierungen und notwendige Umstrukturierungen über die Bühne gegangen waren. Aber schon 1993 erhielt Koserow die staatliche Anerkennung als Seebad, und im gleichen Jahr wurde die 261 Meter lange neue Seebrücke errichtet. Ihren 1925 gebauter Vorgänger hatten Wind, Eis und Wellen im kalten Kriegswinter 1942 zerstört.

Die Bernsteinhexe aus Koserow

Aus des Streckelsbergs tiefstem Schacht,
von Gnomen und Zwergen bewacht
hat meine Kunst es zu Tage gebracht –
Meeresgold.
Hugo Scheele: Der Bernsteinhexe Lied

Im Jahre 1843 gab der vormalige Koserower Pfarrer Johann Wilhelm Meinhold ein Büchlein heraus, das er etwas umständlich ›Maria Schweid er, die Bernsteinhexe. Der interessanteste aller bisherigen Hexenprozesse nach einer defekten Handschrift ihres Vaters, des Pfarrers Abraham Schweidler in Coserow‹ betitelte. Der traurige Roman mit Happy End wurde in Pommern ein Bestseller. Meinhold behauptete, das alte Manuskript aus dem

Usedom

Dreißigjährigen Krieg, geschrieben vom damaligen Gemeindepfarrer Abraham Schweidler im für diese Zeit typischen Chronikstil, vor Jahren im Chorgestühl seiner Kirche gefunden zu haben. Da hatte der fromme Mann aber mächtig geflunkert, doch mit durchaus menschenfreundlicher Absicht. Die Handlung ist zwar frei erfunden, die Erzählung stellt aber realistisch die schlimmen Verhältnisse dieser Zeit dar, mit Verwüstung, Schrecken, Elend, Hunger und Hexenwahn. Sie schildert das Schicksal der Pfarrerstochter Maria Schweidler, die am Strand unterhalb des Streckelsbergs eines schönes Tages auf eine Bernsteinader stößt und nun das ›Gold der Ostsee‹ verkauft, um den hungernden Menschen im Dorf zu helfen. Der unerklärliche Geldsegen bringt das Mädchen jedoch schnell in den Ruf, eine Hexe zu sein. Sie wird schließlich zum Tode auf dem Scheiterhaufen in Pudagla verurteilt. Doch glücklicherweise befreit sie ein Graf namens Rüdiger von Nienkerk – Ritter Rüdiger von Neuenkirchen vom Schloss Mellenthin – und macht sie zu seiner Frau. Soweit die rührende Geschichte. Nicht wenige Zeitgenossen Meinholds nahmen ihm die Fantasiegeschichte jedoch übel und überhäuften ihn mit Schmäh und Schande. Seit 2006 ist die Aufführung der ›Bernsteinhexe‹ im Rahmen von ›Klassik am Meer‹ ein fester Bestandteil des Koserower Kirchenprogramms.

Kaum bekannt ist, dass der berühmteste Autor Usedoms noch weitere Bücher verfasst hat, etwa die ›Miniaturgemälde von Rügen und Usedom‹ (1830) sowie den ersten Insel-Reiseführer ›Humoristische Reisebilder von Usedom‹ (1831). Ebenfalls ist kaum bekannt, dass der irische Schriftsteller Oscar Wilde (1854–1900) von Meinholds Werk so begeistert war, dass er nach der Lektüre beschloss, auch Schriftsteller zu werden.

▲ Karte: vordere Umschlagklappe

Der Flügelaltar stammt aus dem Mittelalter

■ Der Streckelsberg

Der Sandkoloss hinter dem Koserower Strand ist zwar nicht der höchste Berg Usedoms, aber zweifellos der beliebteste und bekannteste. Tausende Besucher erklimmen jährlich den mit stattlichen 56 Metern höchsten Punkt der Usedomer Steilküste. Bei klaren Sichtverhältnissen blickt man von ganz oben bis zu den Nachbarinseln Wollin im Osten und Rügen im Westen. Schaut man geradewegs in die See hinaus, kann man bei stärkerer Brandung etwa vier Kilometer vor der flachen Küste sogar das sagenumwobene Vinetariff erkennen. Dicke Granitblöcke liegen da am Meeresgrund und zerrissen in der Vergangenheit immer wieder die Netze der Koserower Fischer. Da lag es wohl nicht fern, dass phantasiebegabte Eilandbewohner hier die steinernen Überreste der superreichen Stadt Vineta entdecken wollten, die vor 1000 Jahren vom Meer verschlungen wurde. Es handelt sich tatsächlich aber nur um skandinavische Findlinge, die die Eiszeitgletscher einst hierher rollten. Einen Schlupfwinkel in den Höhlen des Berges soll im 14. Jahrhundert der berühmt-berüchtigte Freibeuterkapitän Klaus Störtebeker gehabt haben.

Ursprünglich war der Streckelsberg sogar noch viel höher als heute. Allein in den vergangenen 300 Jahren wurde auf der Seeseite ein rund 250 Meter breiter Streifen der bewaldeten Kliffranddüne abgetragen. Wind und Meer knabbern weiter heftig an dem beeindruckenden Sandhügel mit seinem wildromantischen Kliff. In den 1990er Jahren hat man daher eine neue Küstenschutzanlage errichtet, die die Abtragung zumindest einschränkt. Zum gleichen Zweck wurden Buhnen bis zu 80 Metern ins Meer hinaus in die flache Uferzone gerammt. Seit 1961 steht die Anhöhe unter Naturschutz, um die alten Buchenbestände und die vom Aussterben bedrohten seltenen Orchideenarten zu schützen. Ein Wander- und Radweg verläuft an der oberen Kliffkante entlang.

■ Die Salzhütten

Die reetgedeckten Salzhütten sind das Wahrzeichen des Seebads und bilden in einer Dünenkuhle nahe der Seebrücke und dem Fischerhafen ein eigenes Minidorf. Sie wurden 1820 auf Anordnung des preußischen Staates zur Förderung der Strandfischerei angelegt. In einigen Jahren zuvor sollen die Heringsfänge teilweise so gewaltig gewesen sein, dass man mangels Absatz mit dem preiswerten Brotfisch der Ostseefischer die Äcker düngte. Nun salzte man die Heringe, um sie haltbar zu machen. In den Hütten lagerten die Fischer das steuervergünstigte Salz, gleichzeitig wurden die Heringe für den Transport verpackt. Daher nannte man die Salzhütten auch ›Heringspackhütten‹. Im Jahre 1830 füllte man sage und schreibe 1752 Fässer mit gesalzenem Fisch. Das Einlegen von Hering in Salzlake war damals eine wichtige, wenn auch karge Verdienstquelle für die arme Bevölkerung. Spätestens Ende des 19. Jahrhunderts verlor die Heringssalzerei auf Usedom an Bedeutung: die Konservendose war erfunden. Nun wandelte man die Hütten in Lager für die Netze und in Arbeitsschuppen für die Fischer um. Um 1900 gab es nur noch 15 Hütten, heute sind es immerhin noch acht. Jetzt dienen sie zeitgemäß weitgehend touristischen Zwecken – als Museum, Souvenirladen, Fischimbiss oder elegantes Fischrestaurant.

■ Die Kirche

Das Koserower Gotteshaus ist die einzige mittelalterliche Kirche an der Außenküste der Insel. Das schöne Backsteingebäude entstand schon um 1230 und ist höchst pittoresk von einer Feldsteinmauer und mächtigen, wohl uralten Kastanien umgeben. Von 1821 bis 1827 war die Kirche Wirkungsstätte des Pfarrers und Dichters Johann Wilhelm Meinhold. Ihr wertvollstes Ausstattungsstück ist der letzte vollständig erhaltene mittelalterliche **Flügelaltar** Usedom. ›Vineta-Kreuz‹ nennt der Volksmund das überlebensgroße, kunstvoll geschnitzte **Kruzifix** über der Taufe, das Koserower Fischer aus der Ostsee gezogen haben. Den Bezug zur legendären slawisch-heidnischen Stadt Vineta gibt es aber nicht, das Christentum war ja zur vorletzten Jahrtausendwende noch nicht an der Ostseeküste angekommen. Tatsächlich ist es eine schwedische Arbeit aus dem 15. Jahrhundert.

Im Sommer ist die Kirche Schauplatz von hochkarätig besetzten Theateraufführungen, Konzerten und Lesungen im Rahmen von ›Klassik am Meer‹. Dann wird die Kirche zum Ort großer Kunst.

Der Maler Otto Niemeyer-Holstein

Der Strand ist meine große Geliebte
Otto Niemeyer-Holstein (1982)

Am schilfigen Ufer des Achterwassers zwischen Zempin und Koserow, dort wo die Insel Usedom am schmalsten ist, ankert Otto Niemeyer-Holstein (1896–1984) im Jahr 1933 und bleibt – sein Leben lang. Er erwirbt einige Schritte weiter eine 400 Quadratmeter große baum- und strauchlose Brache. Als Inseldomizil dient ihm, dem ›Käpt´n‹, ein ausrangierter, radloser S-Bahnwaggon, den er sich von seinem ›Stüermann‹ Anneliese und seinem Sohn Günter zunächst nur abenteuerliche Weise aus Berlin hierher transportieren lässt. Um den legendären Waggon herum baut sich der kauzige Künstler, von den Einheimischen kopfschüttelnd und zugleich liebevoll ›De Isenbahner im Kaffernkral‹ genannt, einen Mikrokosmos: ein Gartenparadies mit verschlungenen Pfaden, kleinen Wasserflächen, Gewächshaus, Skulpturen und Plastiken sowie einem Ensemble von verwinkelten Räumlichkeiten. Darunter ist das ›Tabu‹, sein Atelier; hier will der Künstler nicht gestört werden. Das kleine Grundstück ist mit einem Rohrzaun (›Kaffernkral‹) umgeben. ›Lüttenort‹ nennt er sein kreatives und bald auch pittoreskes Refugium, nach seinem Segelboot namens ›Lütten‹, mit dem die Familie hier ankam. Auf dem alten Kutter ›Orion‹ am Achterwasserhafen hat der Maler mit vier großen, weißen Lettern 50 Jahre Leben in Lüttenort auf den Punkt gebracht: ›WZRG‹ – Wunschlos, Zeitlos, Restlos Glücklich‹.

Erst nach dem Ersten Weltkrieg, aus dem er als Soldat verwundet und traumatisiert zurückkehrt, beginnt der gebürtige Kieler Otto Niemeyer – ›Holstein‹ fügt er später seinem Nachnamen hinzu – mehr ›aus Langeweile‹ als aus Lust mit dem Malen. Durch die Freundschaft mit den Malern Otto Manigk und Herbert Wegehaupt gelangt er Anfang der 1930er Jahre erstmals auf die pommersche Insel. Sie gründen später die ›Usedomer Malschule‹. Das Meer und der Strand werden zu seiner Inspiration, sie bilden die Hauptmotive seines künstlerischen Schaffens. Das Zusammenspiel von Licht, Wasser, Wind und Wolken bringt er meisterhaft auf die Leinwand. ›Aus dem wird wat, der klaut sich seine Farben und Formen aus dem Meer. Und das sind keine schlechten‹, soll der impressionistische Meister Max Liebermann schon 1926 bewundernd über Niemeyer-Holsteins Kunst geurteilt haben. ›Expressiver Realismus‹ wird man seine Malkunst bald nennen.

Während der Nazizeit werden seine Bilder aus den Museen verbannt. Niemand kauft seine Werke, die er mit ›ONH‹ signiert. Zu DDR-Zeiten erhält er immerhin den Nationalpreis für Kunst II. Klasse und wird zum Professor ernannt. Helden der Arbeit malt er trotzdem nicht, das Meer bleibt sein Sujet. Der Käpt´n stirbt 1984 in seinem Lüttenort, nur wenige Monate später auch sein ›Stüermann‹. Schon ein Jahr später wird Lüttenort zur Stätte der Begegnung, so wie es ONH testamentarisch veranlasst hatte. Der neben dem Atelier errichtete gläserne Neubau mit seiner modernen Ausstellungshalle stammt aus dem Jahr 2001. Sonst ist alles geblieben, wie er es verlassen hat. Auch die Plastiken namhafter Bildhauer stehen noch im inzwischen denkmalgeschützten Garten, darunter die üppige ›Große Marina‹ seines Freundes Gustav Seitz. Im Atelier liegen seine Malutensilien kreuz und quer verstreut auf seinem Arbeitstisch, so, als wenn der Käpt´n gleich wieder vorbeikommen wolle, um weiter zu malen. Doch der liegt auf dem Friedhof im nahen Benz.

Die Grabstelle Niemeyer-Holsteins in Benz

Koserow

Vorwahl: 038375.
Postleitzahl: 17459.
Kurverwaltung Koserow, Hauptstr. 31, Tel. 20415, www.seebad-koserow.de. Juli/Aug. Mo–Fr 9–18, Sa/So 9–12 Uhr, Mai, Juni, Sept. Mo–Fr 9–18, Sa 9–12 Uhr, April u. Okt. Mo–Fr 9–16, Sa 9–12 Uhr, Nov.–März Mo–Fr 9–12.30 u. 13–16 Uhr.

Busverbindung mit der Linie 282 nach Usedom Stadt.

Forsthaus Damerow (€€), Tel. 560, www.forsthaus-damerow.de. Nahe Lüttenort, im Wald zwischen Koserow und Zempin. Malerisch gelegene, reetgedeckte Anlage mit zwei Hotels, Bungalowsiedlung. Drei Restaurants, Wellnessbereich, Aktivangebote.
Waldschloss Parow (€–€€), Förster-Schrödter-Str. 39, Tel. 20248, www.waldschloss-parow.de. Schlossähnliche Bädervilla von 1905, große Ferienanlage mit Bungalows, am Fuße des Streckelsbergs, ca. 100 Meter zum Strand.

Koserower Salzhütte, direkt an der Seebrücke, Tel. 20680, www.koserower-salzhuette.de, Di–So 12–21 Uhr. Kleines, formidables Fischrestaurant in einer der historischen Salzhütten, eigene Räucherei.
Kelch´s Fischrestaurant, Karlstr. 17, Tel. 20458, www.kelchs.de, Ostern–Ende Okt. Mi–Mo 11.30–14.30 u. 17.30–21.30 Uhr. Familienbetrieb seit 1896, historisch-maritimes Ambiente, eines der besten Fischrestaurants auf Usedom. Sommerterrasse. An der Wand in der Gaststube hängt das berühmte Vinetabild des Malers Hugo Scheele von 1924.
Isola Bella, an der Seebrücke, Tel. 22197, www.isolabella.de. Italienisches Restaurant und Eiscafé, große Sonnenterrasse mit wunderbarem Meeresblick.

Café Moritz, Hauptstr. 46b, Tel. 93826, www.cafe-moritz.de, in den Sommermonaten tgl. ab 8 Uhr. Kaffee, leckerer Kuchen, Eis, Frühstück, Snacks. Terrasse und Balkon.

Am Sandfeld, Am Sandfeld 5, Tel. 20759, www.amsandfeld.de, April–Ende Sept. Nahe Streckelsberg, ca. 700 Meter zum Strand und 1,4 Kilometer zum Achterwasser, W-LAN, Fahrradverleih.

Museum Atelier Otto Niemeyer-Holstein, Lüttenort/Koserow, Tel. 20213, www.atelier-otto-niemeyer-holstein.de. Galerie und Garten Mitte April–Mitte Okt. tgl. 10–18, im Winter Mi, Do, Sa/So 10–16 Uhr. Führung Di 16 Uhr, Wohnhaus und Atelier nur mit Führung tgl. 11, 12, 14 u. 15 Uhr, im Winter 11, 12, 14 Uhr. Malkurse im Juli/August jew. Di und Do.
Uns Fischers Arbeitshütt, Tel. 20415, Mai–Sept. Di–Sa 11–15 Uhr. Museale Salzhütte mit originalen historischen Fischergerätschaften sowie einem historischem Trauzimmer. Heiratswillige können sich bei der Kurverwaltung anmelden. Das Minimuseum ist so klein, dass man nur von außen hineinschauen kann.
Koserower Kirche, Fischerstraße, Pfingsten–Sept. tgl. 16–18 Uhr.

Klassik am Meer, Kunst und Kultur auf höchstem Niveau, in der Koserower Kirche, www.klassik-am-meer.de; Juni–Sept.
Seebrückenfest, Ende Juni/Anfang Juli.
Countryfest, Sa im Aug.

Sandstrand mit sehr flach abfallendem Ufer, Steilküste am Streckelsberg, (seit 1956) FKK-Strand Richtung Zempin.

In der Sommersaison verkehren **Ausflugsdampfer** von der Koserower See-

▲ Karte: vordere Umschlagklappe

brücke zu den Kaiserbädern und weiter nach Świnoujście (Swinemünde) und Międzyzdroje (Misdroy) sowie nach Rügen, www.adler-schiffe.de.

Souvenirlädchen in einer der historischen Salzhütten. Bernsteinschmuck, Sanddornprodukte, Holzspielzeug.

Bunte Stube Vinetapark, an der Hauptstraße. Ähnliches Angebot.

Seebad Loddin-Kölpinsee

Als ›Loddino‹ wird der Ort 1270 in einer bischöflichen Urkunde erstmals erwähnt. Mit ›Dorf an der Lachsbucht‹ könnte man den slawisch geprägten Namen übersetzen. Denn damals wurden aus dem Achterwasser Herrenfische wie Störe, Welse, Karpfen und eben auch Lachse gefischt. Einen Teil davon mussten die Fischer Vorschrift gemäß dem Nonnenkloster in Krummin und dem Wolgaster Hof abliefern. Im alten Ortskern, durch den sich die lange Strandstraße zieht, stehen hübsche reetgedeckte Katen, einige Scheunen und Gehöfte in der Dorfstraße verweisen auf die lange landwirtschaftliche Tradition der Ortschaft. Bis heute herrscht auf den umliegenden, weiten und sanft gewellten Feldern und Äckern eine rege bäuerliche Betriebsamkeit. Eine überraschende Besonderheit hat der Mühlenberg am Achterwasser zu bieten: Hier liegt der nördlichste Weinberg Deutschlands! Seit 2002 reifen im Loddiner Weinanbaugebiet 99 Rebstöcke, überwiegend von der Sorte Cabernet Sauvignon.

›Kikis‹ Bootsverleih bei Loddin

An die beliebte DDR-Fernsehsendung ›Außenseiter – Spitzenreiter‹ erinnert am kleinen Hafen an der Achterwasser-Bucht eine etwas abstrakt geratene Metallskulptur an den damaligen legendären FKK-Reporter, der sommers fast zwei Jahrzehnte lang direkt vom Nudistenstrand im Adamskostüm berichtete. Vom Parkplatz am Fischrestaurant ›Waterblick‹ führt ein schöner Spazierweg zum **Naturschutzgebiet Loddiner Höft**, eine ins Achterwasser ragende Halbinsel mit imposanter Steilküste an der bewaldeten Spitze der Landzunge. Vom 16 Meter hoch gelegenen Wanderweg hat man einen traumhaften Blick über das Achterwasser auf die Halbinseln Lieper Winkel und Gnitz sowie bis zum vorpommerschen Festland. Auf dem schon zur Mittelsteinzeit (8000–3000 v.Chr.) besiedelten Loddiner Höft gedeihen unter anderem Karthäuser-Nelken, Kornraden, der Leindotter und die Saat-Wunderblume.

Die Strandstraße verbindet Loddin mit dem jüngeren Ortsteil **Kölpinsee**. Das Ostseebad wurde erst 1895 gegründet und als ›Kolonie Kölpinsee‹ 1910 amtlich als Ortsteil von Loddin ins Dorfregister eingetragen. Mit dem Hotel ›Wald und See‹ begann 1896 die Entwicklung zum beliebten Urlaubsort mit äußerst attraktiver Lage – am Meer, am Kölpinsee, in Achterwassernähe sowie unmittelbar am Wald. Schon 1897 eröffnete das Hotel und schnell beliebte Ausflugslokal ›Seerose‹ in malerischer Hanglage am Strand. Dort thront es, nach der Wende grundsaniert und modernisiert, noch heute. Die reizvolle und gleichzeitig erholsame Szenerie lockte in den 1920er und 1930er Jahren auch die deutsche Filmprominenz an, etwa Willy Fritsch und Lilian Harvey, das Traumpaar des damaligen deutschen Films, die Berliner Kodderschnauze Grethe Weiser, den Frauenschwarm Hans Söhnker oder Anny Ondra, die spätere Ehefrau des Boxers Max Schmeling. Und die weltberühmte Diva mit der unnachahmlichen Kontra-Alt-Stimme, Zarah Leander, soll auch hier gewesen sein. Diese und andere Berühmtheiten wählten die ruhige Variante eines Usedom-Urlaubs, weit genug entfernt vom Trubel der Kaiserbäder und Swinemündes. Den ruhigen, beschaulichen Charakter hat sich der Ort bis heute bewahrt.

Rund zwei Kilometer lang ist der feinkörnige Sandstrand zwischen dem Streckelsberg bei Koserow und dem Loddiner Ortsteil **Stubbenfelde**. In Richtung Ückeritz wachsen die Dünen zur bewaldeten Steilküste des 42 Meter hohen Teufelsbergs. Vom Strand führt eine Treppe hoch.

Kleine Wanderung um den Kölpinsee

Ein Rad- und Fußweg führt um den schilfumsäumten See herum. Ausgangspunkt ist der schöne **Kurplatz** am nördlichen Ende der Strandstraße. Hier liegen einige Fischerbuden mit Räucherofen. Von dort geht es zunächst schnurgerade am See entlang. Der 28 Hektar große Kölpinsee ist nur durch eine Vordüne und einen Schutzdeich vom Ostseestrand getrennt; einst war er eine Ostseebucht. Ab Sommer 2015 geht man hier auf dem mit Pfählen geständerten Dünenweg, der ersten Usedomer Promenade mit zwei Seeblicken: links die Ostsee, rechts der Kölpinsee. Sein Reichtum an Edelfischen macht ihn bei Anglern beliebt. Die Ufer und die Orchideenwiese sind ein Biotop für viele Wasservögel. Am **Campingplatz Stubbenfelde** biegt man rechts ab in Richtung B 111. Über die Wald- und dann die Wiesenstraße geht es zurück.

Strecke: 3,5 Kilometer.

Loddin-Kölpinsee

Vorwahl: 038375.

Postleitzahl: 17459.

Touristeninformation (im Haus des Gastes), Strandstr. 23, Tel. 22780, www.seebad-loddin, Juli/Aug. Mo–Fr 9–18, Sa/So 9–12 Uhr, Mai, Juni, Sept. Mo–Fr 9–18, Sa 9–12 Uhr, Okt.–April Mo, Mi, Do, Fr 9–16, Do 9–18 Uhr.

Strandhotel Seerose (€€–€€€), Strandstraße 1, Tel. 540, www.strandhotel-seerose.de. Großes Vier-Sterne-Superior-Hotel mit 109 Zimmern, herrliche Hanglage am Strand. Schwimmbad, Saunalandschaft, Restaurant, Café, Bar, Sommerterrasse.

Alte Scheune Loddin (€€), Dorfstr. 30, Tel. 999225, www.alte-scheune-loddin.de. 7 FeWos in einer reetgedeckten ehemaligen Scheune. Große Liegewiese am Achterwasser.

Waterblick, Am Mühlenberg 5, Loddin, Tel. 20294, www.waterblick.de. In der Saison tgl. ab 11.30 Uhr. Traditionelles Fischrestaurant, zählt zu den besten der Insel. Hauseigener Weinberg mit 99 Rebstöcken. Hausladen mit pommerschen Spezialitäten.

Bricklebit, Am Achterwasser 10, Tel. 20280, www.bricklebrit.info, tgl. 11.30–14.30 Uhr u. 17–22 Uhr, Nov.–April Mo/Di Ruhetage. Fischlokal, wunderbare Aussicht auf das Achterwasser.

Heimatmuseum Kölpinsee, im Bahnhofsgebäude, Tel. 24777. Geschichte des Ortes, kleine Bernsteinausstellung.

Kiki´s Bootsverleih, Dorfstr. 23, Loddin, Tel.0170/3402030, www.achterwasser.de,

▶ Karte: vordere Umschlagklappe

in der Saison tgl. ab 10 Uhr. Idyllische Lage an einer kleinen, schilfumsäumten Bucht am Achterwasser. Kaffee, Kuchen, Bier, kleine Gerichte.

Campingplatz Stubbenfelde, Waldstr. 12, Tel. 20606, www.stubbenfelde.de. Nette Lage in einem Buchenwäldchen, Strandzugang.

Seebad Ückeritz

Ückeritz, das südlichste der Bernsteinbäder, ist ein Seebad und von herrlichem Buchen- und Mischwald umgeben. Im 1270 erstmals urkundlich erwähnten Ückeritz lebten über die Jahrhunderte ausschließlich Fischer und Bauern. Im 18. Jahrhundert boomte hier zeitweilig auch der Grenzschmuggel und brachte nützliche Nebeneinkünfte. Die preußische Regierung belegte Waren wie Kaffee, Zucker, Seife und Wolle ab 1720 mit extrem hohen Einfuhrsteuern, und so zog es den einen oder anderen hinüber ans gegenüberliegende, schwedische Ufer des Achterwassers, wo diese Produkte weitaus billiger zu haben waren. Um das zu unterbinden, patrouillierten in dieser Zeit regelmäßig die berüchtigten ›Kaffeeschnüffler‹ durch die grenznahen Dörfer.

Die Geschichte des Seebads Ückeritz begann 1892. In dieser Zeit wurden die ersten Logierhäuser gebaut, Mitte der 1920er Jahre besaß die neue Siedlung um die 50 Villen. Im Sommer 1939 zählte man immerhin rund 5500 Feriengäste. Am Steilufer entstand zur DDR-Zeit ein Erholungskomplex der Nationalen Volksarmee (NVA), 1995 wurde das Gebäude als Rehabilitationsklinik ›Ostseeblick‹ neu eröffnet.

Heute zeigt sich Ückeritz mit seinen zahlreichen reetgedeckten Fischerkaten und Bauernhäusern frisch herausgeputzt. Viele Gebäude an der Hauptstraße haben gepflegte Vorgärten und eine Ferienwohnung zum Vermieten. Die Ortschaft mit knapp 1000 Einwohnern liegt am Achterwasser. Der kleine **Hafen** ist von einem dichten Schilfgürtel eingerahmt. Ückeritz ist seiner ursprünglichen, der Ostsee abgewandten Lage treu geblieben. Ende des 19. Jahrhunderts entstand zwar ein neuer Ortsteil, der den Anschluss an das auch in der Inselmitte aufblühende Tourismusgeschäft suchte. Aber auch das sogenannte **Villenviertel** an der langen Waldstraße liegt noch einige hundert Meter vom Meeresstrand entfernt. In dieser Waldsiedlung entwickelte sich Ückeritz' Ruf als Künstlerkolonie. Tatsächlich ließen sich hier mehrere Maler von Rang nieder. Zu ihnen gehören Herbert Wegehaupt (1905–1959), Otto Manigk (1902–1972), Karin Schacht (1900–1987), Manfred Kandt (1922–1992) und Susanne Kandt-Horn (1914–1996). Die Malerin Vera Kopetz

Im Campingplatz von Ückeritz

Usedom

und – in der Nachfolger ihrer Väter – Matthias Wegehaupt sowie Oskar Manigk leben heute hier.

Südöstlich der Reha-Klinik ergeben sich von der **Naturpromenade** an der Ückeritzer Kliffküste schöne Ausblicke auf den Strand und die Pommersche Bucht. Die Uferpromenade ist von einem stark touristischen, doch recht ansprechenden Sommer-Budenzauber geprägt. Es gibt außerdem einige Restaurants mit herrlichen Außenterrassen zur Seeseite hin. Direkt hinter der Stranddüne erstreckt sich über 4,5 Kilometer der **Naturcampingplatz** von Ückeritz. Er gehörte bis zur Wende zu den größten Zeltplätzen Europas. Die geteerte Straße ›Auf dem Campingplatz‹ geht in den Radwanderweg über, der durch das Waldgebiet des Langen Bergs nach Bansin führt. Ein schöner Waldpfad zweigt von dieser Straße zum **Wockninsee** und zum **Kletterwald von Neu Pudagla** ab. Das **Forstamtsgebäude** mit dem charakteristischen Hirschgeweih am Giebel ist aus dem Jahre 1849. In der ehemaligen Scheune ist das **Waldkabinett** eingerichtet, eine kleine Ausstellung informiert dort über die Zusammenhänge der heimischen Flora und Fauna: Wissenswertes und Kurioses aus dem Wald, Sammlung ›400 Millionen Jahre Wald‹, dazu eine Pilzausstellung und ein dendrologisches Kalendarium.

Den **Usedomer Gesteinsgarten** dahinter legten Greifswalder Geologen 2001 an. Die Sammlung gehört zu den bedeutendsten in Europa und umfasst rund 140 Findlinge. Die meisten bestehen aus hartem Gneis oder Granit. Bei einem dicken Nexösandstein sind die Transportschrammen besonders deutlich. Der älteste Zugereiste auf dem beschilderten Rundweg ist etwa zwei Milliarden Jahre alt, der schwerste wiegt gut sieben Tonnen. Nur einen Steinwurf entfernt liegt der **Hafen von Stagnieß**. Er stammt aus dem Jahr 1882 und erlebte seine Hochzeit als Flößerhafen in den 1920er Jahren. Heute legen hier im Sommer Ausflugsdampfer für Fahrten auf dem Achterwasser ab. Idyllisch zwischen Hafen, Achterwasser und Wald hat man den besonders bei Wassersportlern und Anglern beliebten **Naturcampingplatz** platziert.

Ückeritz

Vorwahl: 038375.

Postleitzahl: 17459.

Haus des Gastes (Kurverwaltung Ückeritz), Bäderstr. 5, Tel. 2520, www.ueckeritz.de, Juli/Aug. Mo–Sa 9–18, So 9–12 Uhr, Mai, Juni, Sept. Mo–Fr 9–18 Uhr, Okt.–April Mo–Fr 9–16 Uhr.

Feriensiedlung Hinter der Düne (€–€€), Am Strand 29, Tel. 0151/15268383, www.info-usedom.com. Ferienhäuser und Bungalows von einfachem bis gehobenem Standard. Direkt an der Stranddüne.

Café und Pension Knatter (€€), Hauptstr. 36, Tel. 22966, tgl. ab 11 Uhr. Vorzügliche Lage direkt am Bootshafen, Terrasse mit Blick aufs Achterwasser und mit den Füßen schon fast im Wasser. Gute Fischgerichte, beliebter Surfertreff.

Deutsches Haus, Nebenstr. 1, Tel. 20940, www.deutsches-haus-ueckeritz.de, Mi–Mo 12–14.30 u. 17.30–23 Uhr. Traditionslokal mit schmackhafter pommerscher Küche, Fisch- und Wildgerichte. An der Bundesstraße und nahe Bootshafen. Ferienzimmer.

Strandcafé Utkiek, Am Strand, Tel. 20408. Herrlich auf der Stranddüne gelegen, Terrasse mit Meeresblick, Kuchen, regionale Küche.

Gesteinsgarten und Waldkabinett, Forstamt Neu Pudagla, Tel. 29110, www.forst

▶ Karte: vordere Umschlagklappe

amt-neupudagla.m-vp.de. Mit kleinem Restaurant. Ab 2015 barrierefrei.

Hafenfest, 3. Sa im Juli.
Kartoffelfest, 2. Sa im Sept. zum Auftakt der Usedomer Tüftentage.

Naturcampingplatz Ückeritz, Am Strand, Tel. 20923, www.campingplatz-ueckeritz.de, Ostern–Ende Okt. Nur einen Dünensprung vom Strand entfernt, erstreckt sich über 4,5 km in Richtung Bansin bis zum Langen Berg. Lebensmittelgeschäfte, Imbissbuden, Restaurants.
Naturcamping Hafen Stagnieß, Hafenstraße, Tel. 20423, www.camping-surfen-usedom.de, April–Okt. Schöne Lage, 200 Stellplätze für Caravans, Wohnmobile, Wohnwagen und Zelte.

Zweirad, Strandpromenade, Tel. 0172/5616598. Rad- und Go-Kart-Verleih.

Kletterwald Neu Pudagla, nahe Forstamt Neu Pudagla, www.kletterwald-usedom.de, April bis Anfang Nov., im Sommer tgl. 9.30–19 Uhr. Kinder ab 5 Jahre, höchster und schwierigster Parcours ab 14 Jahre. Zur Abwechslung vom Badestrand mal wie Indiana Jones über wackelige Brücken balancieren oder sich wie Tarzan von Baum zu Baum schwingen.

FKK-Bereiche in Richtung Bansin (am Campingplatz) und Kölpinsee.

Ückeritzer Personenschifffahrt, Waldstr. 26, www.ms-astor.de, April–Okt. tgl. zweistündige Ausflugsfahrten auf dem Achterwasser.

Windsport Usedom, Hauptstr. 36, Tel. 20641, www.windsport-usedom.de. Segel-, Surf- und Kiteschule, Café.

Rundwanderung auf dem Naturlehrpfad Wockninsee

Ausgangspunkt des Rundgangs im Naturschutzgebiet Wockninsee ist der Eingang zum Naturcampingplatz von Ückeritz. Der Waldlehrpfad beginnt rund 200 Meter südlich davon, auf dem Gelände des Campingplatzes. Er ist mit einem grünen Dreieck gut ausgeschildert. Der Pfad führt zunächst zu einem Aussichtsturm mit Blick auf den See, später über den Aalgraben und am Bahngelände entlang und schließlich rechter Hand wieder zurück zum Ausgangspunkt. Für die Wanderung muss man rund 1,5 Stunden veranschlagen. Die Tour ist auch mit dem Rad möglich.

Der fast 50 Hektar große Wockninsee ist ein typischer Strandsee. Er liegt in einer alten Sturmflutrinne zwischen der Ostsee und dem Achterwasser, war einst mit dem Meer verbunden und befindet sich im Verlandungsprozess. Die Wassertiefe des nährstoffarmen und kalkreichen Sees ist sehr niedrig, sie beträgt nur noch ein bis zwei Meter. Das bis zu 15 Meter tiefe Seebecken ist mit mächtigen Schlammschichten gefüllt, an den Ufern haben sich Übergangsmoore gebildet. Sie sind von Erlenbruch und Zwischenmoorwäldern geprägt. Es gibt Moorbirken, Grauseggen und Sumpfveilchen. Am Aussichtsturm treffen wir auf einen letzten Rest eines sogenannten Hudewaldes mit bizarr gewachsenen Bäumen, erklärbar durch den Verbiss des Weideviehs in früheren Jahrhunderten. Es handelt sich um Altbuchen und Stieleichen, darunter ist ein etwa 400 Jahre alter Methusalem. Im Naturschutzgebiet brüten neben Singvögeln auch Enten, Graugänse und Kraniche. Vielleicht entdecken Sie ja auch eine Sumpfschildkröte. Sie soll hier sehr wahrscheinlich vorkommen, konnte aber noch nicht nachgewiesen werden.

Die Kaiserbäder und Świnoujście

In den 1990er Jahren schmückten sich die ›Drei Schwestern‹ Bansin, Heringsdorf und Ahlbeck mit dem werbeträchtigen Gemeinschaftsnamen ›Kaiserbäder‹. Denn die kaiserliche Familie und vornehmlich Kaiser Willem Zwo hatten sich sommers hin und wieder an der Usedomer Südküste blicken lassen und gern der Öffentlichkeit gezeigt. In der Regel ankerte der Monarch allerdings in der Usedomer Hafenstadt Swinemünde (Świnoujście). Mit dem deutschen Kaiser kam auch die Berliner Hautevolée an die Pommersche Bucht: Bankiers und die Hochfinanz, Adlige, Gelehrte und Künstler wie Fontane, Tucholsky, Gorki, Tolstoi oder die Gebrüder Thomas und Heinrich Mann. Usedom galt als schick. Das lockte bald auch ein breiteres Publikum an, die Insel wurde zur ›Badewanne Berlins‹. Prächtige Bäderarchitektur aus der Blütezeit des Bäderwesens, imposante Seebrücken, breite und höchst feinkörnige Strände, zwischen Bansin und Świnoujście die längste Promenade Europas, aber auch zahlreiche kulturelle Sehenswürdigkeiten und ganzjährig interessante Veranstaltungen beeindrucken und erklären die Beliebtheit der Kaiserbäder auf der ›Sonneninsel.‹ Das gilt mittlerweile auch für das aufstrebende Seebad Świnoujście, bis 1945 inoffizielle Hauptstadt Usedoms: früher fuhren die Usedomer zum Einkaufen und Bummeln ›in die Stadt‹ und meinten damit den Tagesausflug nach Swinemünde.

Seebad Bansin

Bansin ist das kleinste und jüngste Seebad unter den ›Drei Schwestern‹. Im Vergleich zu den beiden anderen Kaiserbädern im Süden der Insel ist Bansin ein fast überraschend ruhiger Badeort: Er zählt gerade mal rund 2400 Einwohner, und auch im Sommer herrscht sowohl am Strand als auch in der Ortschaft selbst eine eher familiäre Atmosphäre. Die zeigt sich bis heute sehr übersichtlich. »Die Straßen des Ortes, in dem mein Vater lebte, bilden ein Kreuz. Die längere Seestraße läuft von Süden nach Norden, die kürzere Bergstraße von Westen nach Osten«, schrieb der Bansiner Schriftsteller Hans Werner Richter vor einigen Jahrzehnten in seiner ›Bansiner Topographie‹. Daran hat sich bis heute

Typische Dünenlandschaft bei den Kaiserbädern

▲ Karte: vordere Umschlagklappe

Auch im Herbst lockt der Strand

nichts geändert, das Kreuz ist weiterhin noch »mit ein paar Straßen behangen.« Die nach Westen hin leicht ansteigende Bergstraße ist vielleicht die schönste und auffälligste Straße mit markanter Bäderarchitektur auf Usedom überhaupt. Zumindest auf den ersten Blick hat Bansin das Bild des historischen, kaiserlichen Seebades eine Spur authentischer konserviert als seine berühmten, moderner geprägten ›Schwestern‹, mit denen es schon fast zusammen gewachsen ist.

Geschichte

Das alte Bansin liegt am Gothensee und nicht am Meer – jedenfalls Bansin-Dorf, und das schon seit 1256. In der ersten urkundlichen Erwähnung heißt der Ort Banzino und gehört zum Kloster Pudagla. Die wenigen Einwohner waren damals Süßwasserfischer, einige auch Bauern. Das karge Land zwischen dem Gothensee und dem Baltischen Meer bestand mehr oder weniger aus Sanddünen und war weitgehend unfruchtbar. Genutzt wurde der Sandstreifen daher höchstens als Viehtränke, Lehmgrube oder als Schafweide, ansonsten war das sandige Terrain für die Bansiner wertlos. Der gewiefte Geschäftsmann Hugo Delbrück aber witterte einen großen Dea mit der Wüstenei, und so erwarb die Delbrücksche ›Aktiengesellschaft Seebad Heringsdorf‹ in weiser Spekulantenvoraussicht Ende des 19. Jahrhunderts große Teile des Bansiner Küstengeländes spottbillig und verkaufte sie kurz darauf an die – wegen ihrer Einfalt aufgeschreckten – Bansiner mit lukrativem Aufschlag wieder zurück. In kürzester Zeit wurden Pensionen und Hotels hochgezogen, 1897 schließlich erfolgte die Gründung des Seebads Bansin. Der Badetourismus entwickelte sich in rasantem Tempo: Schon im Gründungsjahr verzeichnete man 380 Gäste, zehn Jahre später bereits über 5000. Durch den Anschluss an die Inselbahn 1911 erfuhr das junge Seebad einen weiteren Boom. Die ideologische Ausrichtung war nun streng ›deutsch-christlich‹, jüdische Gäste waren unerwünscht.

Der Erste Weltkrieg und die bald folgende Inflation versetzten der Aufwärtsentwicklung des Seebads einen heftigen Rückschlag. Doch während der Weimarer Republik kam die Sommerfrische schnell wieder in Mode. Längst passé waren jetzt allerdings die Zeiten der früheren Badeepoche, als die Gäste »mit Leibdienern und Leibkoch, mit Zofen und Kammerzofe, mit Leibkutscher und Kammerdiener, mit riesigen hängeschlossbeschwerten Reisekörben, mit Reitpferden und Stalljungen anreisten.« Sie nannten sich, fährt Hans Werner Richter fort, »Hoheit, Graf, Herzog, Durchlaucht, Exzellenz, Baron [...].«

Schon 1923 erhielt Bansin die ›Freibadeerlaubnis‹, eine Revolution im Badewesen am Ostseestrand. Damen- und Herrenbad wurden jetzt abgerissen, ebenso das Familienbad, Männer und Frauen sprangen nun bunt durcheinander in die Fluten. Die Badegäste waren in den 1920er Jahren kaum noch Exzellenzen

Schmucke Villen bestimmen den Charakter der Strandpromenade in Bansin

oder Hoheiten wie vor dem Krieg, jetzt gaben Geheimräte, Professoren, Doktoren und Kommerzienräte den Ton an. »1930 zogen die ersten Nationalsozialisten durch die Seestraße, SA-Männer in Uniform«, notiert Richter, »drei an der Zahl. Sie sangen: ´Rotfront und Redaktion erschossen´, weil ihnen das Wort Reaktion nichts sagte. Diejenigen, die jetzt kamen, nannten sich nun Major, General, Hauptmann oder Hauptsturmführer [...]. Sie eilten im August-September 1939 panikartig davon, ein jeder zu seinem Corps, zu seiner Division, oder sonst wohin, und kamen nicht mehr zurück.« Nach dem Krieg dauerte es einige Jahre, bis der Badebetrieb wieder aufgenommen werden konnte. Der Ort war mit Umsiedlern gefüllt. Ab den 1950er Jahren reisten dann Arbeitsbrigaden an, und fortan organisierte der gewerkschaftliche Feriendienst der DDR den ›Urlaub der Werktätigen‹. Zuvor hatte man die Besitzer der Hotels und Pensionen enteignet. Ab 1990 wurden die adretten Villen der Bäderarchitektur nach und nach sorgsam und aufwändig saniert, herausgeputzt und modernisiert.

▲ Karte S. 121

Sehenswürdigkeiten

Ein besonderer Vorzug Bansins ist seine herrliche Lage zwischen dem Schloonsee und einem ausgedehnten Buchen- und Mischwald, der weit über den Langen Berg bis nach Ückeritz reicht. Die 15 Meter breite **Promenade** ist zum Meer hin von einer Buchsbaumhecke abgeschirmt. Vier nachgebildete historische **Badekarren** am Konzertpavillon erinnern an die Anfänge des Usedomer Badelebens. Daneben steht am Hauptzugang zum Strand eine **Normaluhr** von 1930, die man 2000 mit einer Wetterstation für kurzfristige Prognosen ausgestattet hat. Einige Schritte entfernt ragt die **Seebrücke** fast 300 Meter in die Ostsee. **Ausflugsdampfer** legen an der Brückenspitze fast das ganze Jahr über zu anderen Usedomer Seebädern und nach Międzyzdroje (Misdroy) ab.

In östlicher Richtung führt die Promenade, vorbei an eindrucksvollen **Holzvillen** im nordischen Stil, weiter nach Heringsdorf, Ahlbeck und bis nach Świnoujście (Swinemünde). Zwischen diesen sehr stattlichen Strandvillen, die Namen wie ›Villa Vineta‹, ›Villa Ut Kiek‹ oder › Villa Ernst‹ tragen, lugt stets der **Schloonsee** hervor, der Bansiner Haussee. In westlicher Richtung verläuft die Promenade an Fischerhütten und Fischbuden vorbei, bis sie abrupt an den mächtigen Hang des **Langen Berges** stößt, der immerhin eine Höhe von 54 Metern erreicht. Die Stauchendmoräne aus der letzten Eiszeit besitzt einen überaus beeindruckenden, alten Buchenwald und eine sehr steile Kliffkante, von der aus man einen grandiosen Blick auf den Ostseestrand hat. Ein **Wanderweg** schlängelt sich über den Berg nach Ückeritz. Wo einst ein hölzerner Aussichtsturm stand, liegt die Traditionsgaststätte **Forsthaus Langenberg**, kaum 150 Meter von der Steilküste entfernt. Und tief unten rauscht die

Ostsee, sie »läuft flach von der Küste weg zu größeren Tiefen hin, ist milde salzhaltig und sieht in der Sonne blau, bei Gewitter grün, bei Sturm weiß und in der Nacht schwarz aus.« So urteilte Hans Werner Richter.

Hans-Werner-Richter-Haus

Im Jahre 2000 wurde das alte Bansiner Spritzenhaus der Feuerwehr auf Initiative von Pfarrer Martin Bartels aus Benz zum Hans-Werner-Richter-Haus umgebaut. Ein Teil von Richters Nachlass ist hier zu sehen. Regelmäßig werden Dokumentarfilme über den Bansiner Schriftsteller gezeigt, regelmäßig finden Lesungen statt. In der Galerie im ersten Stock hängen mehrere Kunstwerke seiner Freunde, Mitstreiter der legendären ›Gruppe 47‹. Darunter befinden sich viele Grafiken des Literaturnobelpreisträgers Günter Grass und ein Ölbild von Wolfgang Hildesheimer. Im Parterre links hat man das Münchener Arbeitszimmer des ›Meisters des kreativen Müßiggangs‹ nachgebildet, mit Bücherwand, Schreibtisch und alter Schreibmaschine Marke ›Olympia‹. Ebenfalls im Parterre befinden sich die Gemeindebibliothek und eine kleine Gedenkstätte für die in Ahlbeck geborene Erika Asmus. Berühmt wurde die Publizistin und Schriftstellerin als Carola Stern (1925–2006). Sie schrieb unter anderem über ihre bewegte Biographie vom BdM-Mädel über SED-Parteischule zur CIA-Agentin und Lektorin. Carola Stern wurde auf dem Friedhof im Usedomer Dorf Benz beigesetzt.

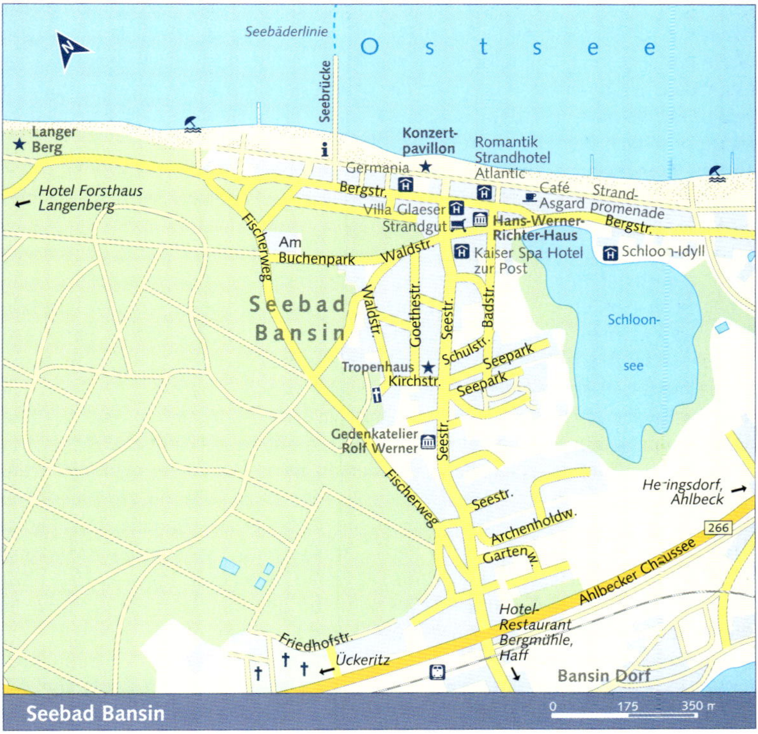

Seebad Bansin

Rolf Werner und Hans Werner Richter

Um die 100 ausgewählte Werke des Leipziger Malers und Grafikers **Rolf Werner** (1916–1989) hängen in einem kleinen Raum neben dem Atelier des Meisters. Ausgewählt hat sie dessen Witwe Sigrid Werner, die tagtäglich, obwohl nun auch schon über Mitte 80, die Besucher auf liebenswerteste Weise durch einige Räume ihres hübschen reetgedeckten Hauses in der Seestraße führt. Hier arbeitete der Künstler ab 1953 unermüdlich fast 40 Jahre lang. Insgesamt entstanden in dieser Zeit 1598 Werke, fast ausschließlich Ölgemälde. Werner malte alles, es überwiegen aber Usedom-Ansichten, Szenen am Meer, am Achterwasser, die Ahlbecker Seebrücke, aber auch Stillleben, Aktzeichnungen, Selbstporträts, englische und jugoslawische Landschaften, Reiseimpressionen, stets gemalt aus der Erinnerung, ohne Malblock, ohne Notizen, ohne Skizzen. Manche expressionistisch, andere eher impressionistisch, auch Naive Malerei ist dabei, ›poetischer Realismus‹ nennen das einige Experten. Kein einziges seiner Bilder hat Werner zeitlebens verkauft. Nicht dass es keine Nachfrage gegeben hätte, sondern aus der Überzeugung, dass alles zusammen bleiben müsse. Das war möglich, weil seine Frau als Zahnärztin arbeitete und ihm finanziell den Rücken freihielt.

Rolf Werner verbrachte seine Kindheit in der sächsischen Handelsmetropole Leipzig, absolvierte dort eine Lehre als Retuscheur und studierte danach an der Akademie für Graphische Künste und Buchgewerbe. Im Krieg diente er in der Luftwaffe und kam bald in englische Gefangenschaft. Er begann nach dem Krieg als freier Künstler zu arbeiten und zog 1953 nach Bansin. Hier lernte er am Strand seine Frau kennen, mit dem Usedomer Maler Otto Niemeyer-Holstein war er freundschaftlich verbunden. In seinem Atelier liegen wie unberührt seit seinem Tod im Wendejahr 1989 Pinsel, Farbtuben, ein Gemälde lehnt auf der Staffelei, zu sehen sind ein weißes Haus, Bäume ringsumher, Skizzenstriche. Das ist letzte, unvollendet gebliebene Werk Werners.

Hans Werner Richter (1908–1993) ist gebürtiger Bansiner, genau genommen Neu-Sallenthiner. »Als ich geboren wurde«, schreibt er in seinem autobiographischen Buch ›Spuren im Sand‹, »machte der Kaiser noch seine Nordlandfahrten, trugen die Männer des Dorfes, in dem ich den ersten Schrei ausstieß, den Es-ist-erreicht-Schnurrbart. Der Ort war ein aufblühendes Seebad [...] Damals stand meine Mutter noch an einem Waschzuber und wusch Tag für Tag die feine Leinenwäsche der adligen Gäste. Mein Vater war Bademeister und rettete in jedem Sommer ein oder zwei leichtsinnige Personen, meist weiblichen Geschlechts, vor dem Tod des Ertrinkens. Jahrelang erschien es mir so, als könne man nur ertrinkend ums Leben kommen.« Hans Werner Richter absolvierte mit 16 Jahren eine Buchhändlerlehre in Swinemünde, verließ mit 19 Jahren die elterliche ›Villa Paula‹ in der Seestraße 68 und zog nach Berlin, arbeitete dort in einer Buchhandlung und entdeckte seine Liebe zur Literatur. Er trat in die KPD an, ging 1935 ins Exil nach Paris, wurde 1940 von den Nazis verhaftet und musste in der Wehrmacht Dienst verrichten. 1943 geriet er in amerikanische Kriegsgefangenschaft.

Zusammen mit seiner Frau Toni zog Richter 1946 nach München. Ein Jahr später war er Initiator der Literatenvereinigung ›Gruppe 47‹, die 20 Jahre lang das literarische Gesicht der jungen Bundesrepublik prägte. Mitglieder der Gruppe waren viele berühmte Autoren wie Günter Grass, Heinrich Böll, Siegfried Lenz und der Literaturkritiker Marcel Reich-Ranicki. »Wir glaubten, langfristig werde die Mentalität eines Volkes von seiner Literatur geprägt«, fasste Richter das Ziel der Gruppe zusammen. Erst mit der politischen Wende konnte Richter seine Usedomer Heimat wieder regelmäßig besuchen. Er starb 1993 in München, auf eigenen Wunsch wurde seine Urne auf dem Bansiner Friedhof beigesetzt. Zu den bekanntesten Werken Hans Werner Richters zählen ›Geschichten aus Bansin‹, ›Sie fielen aus Gottes Hand‹, ›Deutschland – deine Pommern‹ und ›Die Stunde der falschen Triumphe‹.

Im Hans-Werner-Richter-Haus in Bansin

Sieben-Seen-Blick

Rund 20 bis 30 Gehminuten vom Bahnhof Bansin entfernt erklimmt man bei Neu Sallenthin den 40 Meter hohen Sieben-Seen-Berg. Oben steht ein hölzerner ›Kiekturm‹, von dem man einen überwältigenden Rundumblick auf die die leicht bucklige, wiesen- und waldreiche Usedomer Schweiz hat. Unten liegen wie blaue Kleckse der Gothensee, der Kleine und Große Krebssee, der Schmollensee, der Kachliner See, der Wolgastsee, das Achterwasser und als Zugabe die Ostsee. Auf dem Berg gibt es einen Parkplatz, so dass auch gehbehinderte Menschen den Panoramablick genießen können.

Zur Einkehr empfehlen sich das nahe **Hotel-Restaurant Bergmühle** und das romantisch im Buchenwald zwischen dem Großen Krebssee und dem Schmollensee gelegene **Café Fangel**. Dorthin führt vom Sieben-Seen-Berg ein asphaltierter Fahrweg hinunter.

Wanderung zum Mümmelkensee

Der Mümmelkensee inmitten des gut sechs Hektar großen Naturschutz-Areals ist ein stiller Moorsee, der am Ende der letzten Eiszeit aus einem Toteisblock entstand. Die Wasserfläche ist ungefähr 3300 Quadratmeter groß, das Moor bis zu 15 Meter mächtig. Es wurde nie kultiviert, entwässert oder zur Torfgewinnung genutzt. Den Namen hat der See von den Mummeln, den gelben Seerosen. Sie blühen im Sommer, plattdeutsch heißen sie Mümmelken. Im Schutzgebiet sind sehr seltene Pflanzen wie Lebermoose, der Sonnentau oder der Sumpfporst heimisch. Zwergtaucher, Kraniche und der Eisvogel haben hier Brutreviere.

Ausgangspunkt der Wanderung ist der Bahnhof Bansin. Hier queren wir die B 111, folgen zunächst der Seestraße und nehmen kurz danach den Fischerweg. Jetzt orientieren wir uns an der Markierung ›grüner Diagonalstrich‹ für den Naturlehrpfad Mümmelkensee, die Markierung ›Eichenblatt‹ steht für den Naturlehrpfad Ostseeküste. Der Waldweg verläuft zur **Wolfskuhle**. Dort wurde um 1750 der letzte Usedomer Wolf erlegt. Wir passieren einen herrlichen **Buchenhochwald**, dann geht es fast schluchtartig hinab zu einem Rastplatz in der Senke. Hier liegt der See. Von der bald folgenden Schutzhütte auf einer hangartigen Anhöhe und einem Beobachtungsturm am Moorrand hat man den schönsten Blick auf den Moorsee. Der Lehrpfad endet am Radweg über den Langen Berg. Wir halten uns rechts und laufen zur drei Kilometer entfernten Strandpromenade von Bansin. Unterwegs passieren wir das ›Höhenrestaurant Langenberg‹ inmitten eines wunderschönen 100-jährigen Buchenwaldes an der Abbruchkante der Steilküste.

Länge: 6,2 Kilometer.

Seebad Bansin

Vorwahl: 038378.

Postleitzahl: 17429.

Touristen-Information (Haus des Gastes), An der Seebrücke, Tel. 47050, www.dreikaiserbaeder.de, Juni–Sept. Mo–Fr 9–18, Sa/So 10–15 Uhr, sonst Mo–Fr 9–16, Sa/So 10–12 Uhr. Veranstaltungs- und Ausstellungsraum.

Station der Usedomer Bäderbahn (UBB).

Haltestellen der Europa-Linie 290/291 und der Ostsee-Busse 285 nach Ahlbeck/Reetzow sowie 286 nach Ückeritz/Kamminke.

Kaiser Spa Hotel zur Post (€€€), Seestr. 5, Tel. 560, www.hzp-usedom.de. Urlaub de Luxe mit Saunalandschaft und Außenpool. First-Class-Restaurant. Bäderarchitektur in Vollkommenheit.

▶ Karte S. 121

Romantik Strandhotel Atlantic (€€€), Strandpromenade 18, Tel. 47020, www.seetel.de. Eine Augenweide der Bäderarchitektur, kleines Luxushotel mit edlem Wellness-Bereich, Schwimmbad, mediterran inspiriertes Gourmet-Restaurant, Café mit Sommerterrasse.
Germania Hotel (€€–€€€), Strandpromenade 25, Tel. 239-0, www.germania-bansin.de. Bäderarchitektur mit interessanter Giebelbemalung, 21 komfortable DZ, Restaurant mit mediterraner Küche, Strandnähe.
Villa Glaeser (€€), Seestr. 3, Tel. 33590, www.villa-glaeser.de. Schöne, komfortable DZ und FeWos in alter, sanierter Strandvilla.
Hotel-Restaurant Bergmühle (€€), Benzer Chaussee 5, OT Neu Sallenthin, Tel. 499040, www.bergmuehle.de. Inmitten der reizvollen Sieben-Seen-Landschaft.
Forsthaus Langenberg (€€), Strandpromenade 46, Tel. 4989-0, www.forsthaus-langenberg.de. Höchstgelegenes Hotel und Restaurant Usedoms, herrliche Aussicht auf die Pommersche Bucht, Gartenterrasse, Holzblockhäuser.
Schloon-Idyll (€€–€€€), Bergstr. 60a, Tel. 33840, www.schloon-idyll.de. Familiengeführte Pension in schöner Lage direkt am Schloonsee. Restaurant, Café, große Sommerterrasse.
Fischkopp, Seestr. 66, Tel. 80623, www.fischkopp-bansin.de. Traditionelles, pommersches Fischrestaurant der Familie Kopp. Hier steht auch der eher seltene Ostseeschnäpel auf der Karte.

Café Asgard, Strandpromenade 15, Tel. 29488, tgl. ab 12 Uhr, im Winterhalbjahr ab 14 Uhr und Mo Ruhetag. Seit 1898, damit ältestes Usedom-Café. Nostalgisches, gemütliches Flair. Tolles Torten- und Blechkuchenangebot, Sommerterrasse mit Seeblick. Literarisch verewigt in Heinz G. Konsaliks Roman ›Sommerliebe‹. Der Name ist von dem Göttergeschlecht der Asen aus der nordischen Mythologie abgeleitet.
Forsthaus Fangel, mitten im Wald von Neu Sallenthin, Mai–Okt. tgl. 14–18 Uhr. Legendäres Café, Familienbetrieb seit 1937. Hier gibt es den leckersten Kuchen auf der Insel. Sommerterrasse.
Atlantic Pub (im gleichnamigen Hotel), Strandpromenade 18, Tel. 60655. Eine der beliebtesten Bars auf Usedom, maritim dekoriert, hier kann man auch bestens essen. Bowlingbahn.

Hans-Werner-Richter-Haus, Waldstraße 1a, Tel. 47801, Juli/Aug. Di–Fr 10–18, Sa/So 12–18 Uhr, Sept.–Juni Di–Fr 10–16, Sa/So 12–16 Uhr.
Rolf Werner-Gedenkatelier, Seestraße 60, Tel. 29228, Führungen tgl. um 11 Uhr, Di, Do, Sa/So auch um 14.30 Uhr, in der Saison außerdem 18 Uhr.
Tropenhaus Bansin, Goethestraße 10, Tel. 2540, www.tropenhaus-bansin.de, Apr.–Okt. 10–18, Nov.–März 10–16 Uhr. ›Tropisches‹ Usedom: Rund 150 exotische Tiere in 50 verschiedenen Arten können hier bestaunt werden, darunter Schlangen, Leguane, Affen, Papageien. Streichelzoo.

Seebrückenfest, 2. Wochenende im Juli.
Hans-Werner-Richter-Literaturtage, 4 Tage im Nov.

Feiner Sandstrand, FKK-Bereich an der Steilküste des Langen Bergs.

Ab der Seebrücke verkehren Fahrgastschiffe nach Ahlbeck, Zinnowitz und ins polnische Świnoujście (Swinemünde), www.adler-schiffe.de.

Die Welt der Edelsteine & Mineralien, Seestr. 15b, Tel. 0171/3131750. Kleines, feines Lädchen in der Einkaufsmeile.
Strandgut, Seestr. 3, Tel. 33367. Maritime Souvenirs und Dekoration, Spielzeugladen.

Seebad Heringsdorf

Seit 2006 trägt die Gemeinde den Namen Ostseebad Heringsdorf. Verwaltungstechnisch ist sie eine Fusion der ›Drei Kaiserlichen‹: Bansin, Ahlbeck und Heringsdorf. Zusammen zählen sie mit einigen weiteren Ortsteilen rund 9000 Einwohner, das Seebad Heringsdorf allein zählt knapp 4000 Einwohner.

Heringsdorf ist heute zweifellos das mondänste, schickste und wohl auch teuerste Seebad auf Usedom. Das war es auch schon früher. Die gründliche Generalüberholung der noblen Villen, Hotels und Pensionen nach der Wende hat das Seebad wieder zu einem Schmuckstück der wilhelminischen Bäderarchitektur gemacht. An der gesamten Ostseeküste lässt sich sicherlich kein Pendant finden. Die Architektur, der bis zu 70 Meter breite feinkörnige Sandstrand, die moderne, mehr als einen halben Kilometer lange Seebrücke mit dem Ableger für die Ausflugsdampfer am Brückenkopf, die ausgedehnten Parkanlagen, die kilometerlange Promenade und das qualitativ anspruchsvolle kulturelle Angebot machen den besonderen Reiz des Bades aus. Der Ortsname, so hört und liest man oft, der dem vermeintlich ›ordinären‹ Brotfisch der Ostseefischer gewidmet ist, passe nicht so recht zum vornehm-eleganten Flair des Seebades. Dem lässt sich entgegenhalten, dass der Ort ursprünglich ein kleines Fischernest war, das dem Hering seine Existenz verdankte. Die Namensgebung hat eine nette Episode: 1820 besuchte der preußische König Friedrich Wilhelm III. die erst zwei Jahre zuvor gegründete namenlose Fischerkolonie. Auf seiner Gebietsinspektion begleiteten ihn die kleinen Prinzen Friedrich Wilhelm, nachmaliger König Friedrich Wilhelm IV., und Wilhelm. Dem, umringt von Heringsfischern, Heringskisten und gesalzenen Heringen, kam spontan der dringend gesuchte Ortsname über die Lippen – ›Heringsdorf‹. Da hatte der spätere Kaiser Wilhelm I. doch mal eine gute Idee.

Auch so lässt sich Heringsdorf erkunden

▲ Karte S. 129

Geschichte

›Nizza des Ostens‹ nannte man Heringsdorf im späten 19. Jahrhundert, als sich der Geldadel und die Aristokratie zum obligatorischen Sehen und Gesehen werden an der Pommerschen Bucht trafen. Dieser protzige Beiname mag übertrieben wirken, passte aber wohl. Für die beschaulichen Anfänge als Seebad sorgte Oberforstmeister Georg Bernhard von Bülow (1768–1854). Der Mann aus dem mecklenburgischen Uradelsgeschlecht – ein Ahn Vicco von Bülows, besser bekannt als Loriot – war ein persönlicher Freund des deutschen Kaisers Wilhelm I., sein Sohn Bernhard von 1900 bis 1909 deutscher Reichskanzler. Der adlige Forstmeister ließ auf dem 34 Meter hohen Kulmberg 1825 das erste Logierhaus in Heringsdorf errichten. Es ist heute als ›Weißes Schloss‹ bekannt. Zwei weitere schicke Logierhäuser folgten, außerdem eine Badeanstalt und ein Gesellschaftshaus. Von Bülow wird daher oft als ›Gründer von Heringsdorf‹ bezeichnet. Bis zur offiziellen Anerkennung als Seebad sollten aber noch einige Jahrzehnte ins Land ziehen. Diesen Titel erhielt Heringsdorf erst 1879. Das halbe Jahrhundert zuvor stand Heringsdorf im Schatten des übermächtigen Seebads Swinemünde.

Die Entwicklung zum mondänen Ostseebad hat das heutige Kaiserbad vor allem der Berliner Bankiersfamilie Delbrück zu verdanken. Dr. Hugo Delbrück gründete 1872 die Aktiengesellschaft Seebad Heringsdorf und schuf damit das finanzielle Polster für teure Investitionen. Der clevere Geschäftsmann hatte einige Jahre zuvor zusammen mit seinem Bruder Adelbert für Peanuts Heringsdorfer Grund und Boden erworben. Darauf entstanden schnell zahlreiche prunkvolle Neubauten, darunter das noble Hotel ›Kaiserhof Atlantic‹ mit 300 Gästebetten, ihm gegenüber die spektakuläre Kaiser-Wilhelm-Seebrücke sowie das Strandkasino, das auch als Kurhaus diente. 1927 konnte man in 400 Meter Tiefe die Jodsole-Quelle anzapfen und bekam daher den Namenszusatz ›Soleheilbad‹ sowie internationales Renommee. Das Luxuskurbad war in diesen Jahren noch weit entfernt vom Massentourismus. Neben der Berliner und Stettiner High Society gaben sich mehr und mehr auch berühmte Künstler hier am Ostseestrand die Klinke in die Hand: Johann Strauß, Heinrich Mann, Kurt Tucholsky, Lyonel Feininger, Theodor Fontane, Maxim Gorki und viele mehr. Im Gegensatz zu Bansin und Zinnowitz galt Heringsdorf als Refugium der jüdischen Oberschicht. Der Schriftsteller Victor Klemperer notierte: »Das benachbarte kinderwimmelnde Ahlbeck war ausgesprochen kleinbürgerlich; in Heringsdorf mit seinen eleganten Villen und Hotels, seinem gepflegten Kurplatz, seiner gepflegten Kurmusik traf sich Berlin W. Und zwar eine ganz bestimmte Schicht des Berliner Westens: die jüdische. Heringsdorf war damals – und blieb es bis zum Krieg – eine Art freigewählten und freien Gettos.«

Den Zweiten Weltkrieg überstand Heringsdorf unbeschadet, widerstandslos ging das Seebad 1945 an die Rote Armee. Nach 1950 übernahm der gewerkschaftliche Feriendienst der DDR die touristischen Einrichtungen, bis zu 60 000 Menschen jährlich verbrachten damals in Heringsdorf ihren Urlaub. Nach der Wiedervereinigung erfolgte über viele Jahre die komplette Sanierung und Restaurierung der historischen Bausubstanz. Hier ist tatsächlich eine blühende architektonische Landschaft (wieder-) erstanden.

Sehenswürdigkeiten

Natürlich ist auch in Heringsdorf nicht alles Gold, was glänzt. Seit 1995 schmückt sich das Seebad wieder mit einer **Seebrücke**, die schöne alte war 1958 durch Brandstiftung zerstört worden. Die neue, 508 Meter lange Brücke orientiert sich kaum noch am alten Vorgänger, eher an der Postmoderne. Als Flaniermeile

In der Maxim-Gorki-Gedenkstätte

eignet sie sich trotzdem bestens, zudem ist ein Großteil der Brücke überdacht und schützt vor Regen. Nützlich sind die Ladenpassagen, schön die exklusiven Ferienwohnungen auf dem Steg. Am Brückenkopf legen die Dampfer an und ab, und der Pavillon in Form einer Pyramide ist ein Restaurant mit herrlichem Seeblick.

Vor der Seebrücke ist eine runde Piazza mit Kugelbrunnen angelegt, die Geschäfte, Cafés und dem **Muschelmuseum** umgeben. An der Westseite der Brücke steht seit 2014 der **größte Strandkorb der Welt** mit Platz für 100 Personen. Und einige Schritte entfernt, nahe der **Konzertmuschel**, ist das ehemalige Kulturhaus im tempelartigen stalinistisch-klassizistischen Stil unübersehbar. Es beherbergte viele Jahre lang die nun pleite gegangene Spielbank (jetzt Antiquariat). Noch einen Steinwurf weiter hat man 1997 das **Forum Usedom** feierlich eröffnet, mit der Touristen-Information, dem **Kaiserbädersaal** und dem Maritim Hotel Kaiserhof – in Anlehnung an das grandiose Hotel ›Kaiserhof Atlantic‹, das man zu DDR-Zeiten wegen Baufälligkeit abriss und Anfang der 1980er Jahren durch einen schrecklichen zehnstöckigen Hotelhochhauskomplex in Plattenbauweise ersetzte. Die beiden Kolosse dienen heute als Kurhotel und Rehaklinik. Östlich davon schließen sich die Delbrückstraße und die **Strandpromenade** an, Zentren der prächtigen Heringsdorfer Strandvillen in Bäderarchitektur.

Die **Heringsdorfer Kirche**, die ›Kirche im Wald‹, entstand 1848 nach Plänen des Schinkelschülers Ludwig Persius. Der rote neugotische Backsteinbau war die erste Kirche in den Seebädern. Einen erheblichen Batzen Baugeldes spendierte damals Preußens König Friedrich Wilhelm IV. Die zwei Seitenschiffe und der Arkadengang stammen aus dem Jahr 1914.

▲ Karte S. 129

Das **Museum für Literatur- und Regionalgeschichte** sowie die **Maxim-Gorki-Gedenkstätte** sind in einer 1906 erbauten Bankiersvilla eingerichtet, der Villa Irmgard. Das strandnahe Gebäude im neoklassizistischen Stil steht in der Maxim-Gorki-Straße. Hier wohnte der russische Schriftsteller 1922 mehrere Monate – auf Drängen von Lenin, der Dichter sollte in der gesunden Seeluft seine Tuberkuloseerkrankung auskurieren. Das ist die offizielle Darstellung, sehr wahrscheinlich aber wollte Lenin den kritischen Geist einfach aus dem Lande haben. Die drei Zimmer der Gorki-Wohnung sind originalgetreu erhalten: das Arbeitszimmer in der Veranda, das Arabische Zimmer und das elegante Tolstoi-Zimmer. In der oberen Etage finden regelmäßig Lesungen, Kammerkonzerte und kleinere Theateraufführungen statt. Im Gästebuch des Hauses verewigte sich Gorki mit den Worten: ›Und dennoch und trotz alledem werden die Menschen eines Tages wie Brüder leben.‹

■ Spaziergang zu den Heringsdorfer Bädervillen

Das Seebad Heringsdorf besitzt sicherlich die spektakulärsten Villen der Bäderarchitektur. Viele dieser zauberhaften Gebäude befinden sich, aneinandergereiht wie zu einem Schönheitswettbewerb, in der vornehmen Delbrückstraße nahe der Strandpromenade und auf dem Kulm, der mit rund 35 Metern höchsten Erhebung des Städtchens. Von ganz oben hat man einen fantastischen Blick auf die Seebrücke und das Meer. Die Villen lassen sich in einem rund eineinhalbstündigen Spaziergang entdecken. Günstiger Ausgangspunkt ist die Touristeninformation in der Kulmstraße.

Die **Villa Fontane** (Kulmstraße 25) ist nach dem märkischen Dichter Theodor Fontane (1819–1898) benannt. »Das

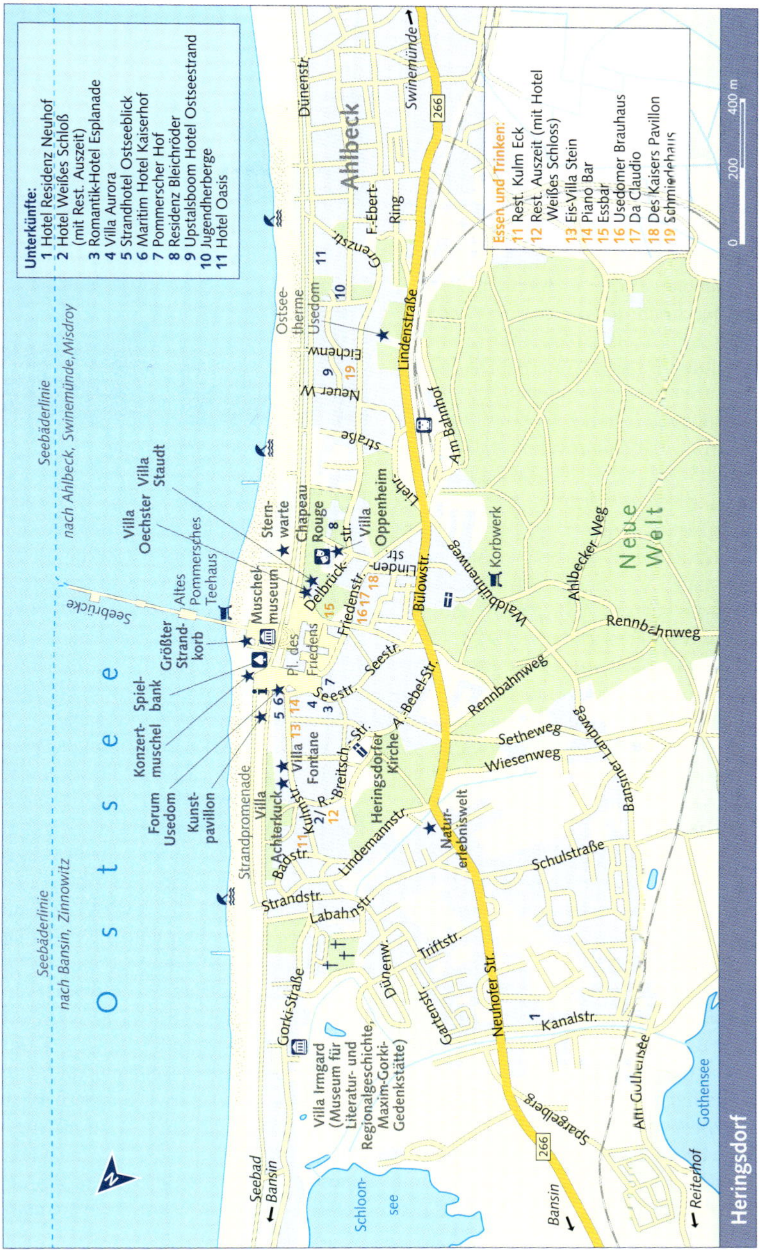
Unterkünfte:
1 Hotel Residenz Neuhof
2 Hotel Weißes Schloß (mit Rest. Auszeit)
3 Romantik-Hotel Esplanade
4 Villa Aurora
5 Strandhotel Ostseeblick
6 Maritim Hotel Kaiserhof
7 Pommerscher Hof
8 Residenz Bleichröder
9 Upstalsboom Hotel Ostseestrand
10 Jugendherberge
11 Hotel Oasis
Essen und Trinken:
11 Rest. Kulm Eck
12 Rest. Auszeit (mit Hotel Weißes Schloss)
13 Eis-Villa Stein
14 Piano Bar
15 Essbar
16 Usedomer Brauhaus
17 Da Claudio
18 Des Kaisers Pavillon
19 Schmiedehaus
O s t s e e
Seebäderlinie nach Bansin, Zinnowitz
Seebäderlinie nach Ahlbeck, Swinemünde, Misdroy
Seebrücke
Ahlbeck
Heringsdorf
Neue Welt
Villa Irmgard (Museum für Literatur- und Regionalgeschichte, Maxim-Gorki-Gedenkstätte)
Forum Usedom
Kunstpavillon
Konzertmuschel
Spielbank
Größter Strandkorb
Altes Pommersches Teehaus
Muschelmuseum
Villa Oechster
Villa Staudt
Sternwarte
Chapeau Rouge
Villa Oppenheim
Villa Achterkuck
Villa Fontane
Heringsdorfer Kirche
Naturerlebniswelt
Ostsee-therme Usedom
Korbwerk
Strandpromenade
Pl. des Friedens
Schloonsee
Gothensee
Seebad Bansin
Bansin
Reiterhof
Swinemünde
Dünenstr.
F.-Ebert-Ring
Grenzstr.
Lindenstraße
Eichenw.
Neuer W.
Am Bahnhof
Liehrstraße
Delbrückstr.
Lindenstr.
Bülowstr.
Friedenstr.
Seestr.
A.-Bebel-Str.
R.-Breitsch.-Str.
Kulmstr.
Badstr.
Lindemannstr.
Strandstr.
Labahnstr.
Triftstr.
Dünenw.
Gartenstr.
Gorki-Straße
Neuhofer Str.
Kanalstr.
Spargelberg
Am Gothensee
Bansiner Landweg
Schulstraße
Wiesenweg
Setheweg
Rennbahnweg
Waldbühnenweg
Ahlbecker Weg
266
0 200 400 m

Wetter ist schlecht, gestern Wind, heute Regen, und doch muss ich sagen, es ist entzückend«, schrieb Fontane im Spätsommer 1863 an seine Frau Emilie in Berlin, als er im Haus des Badearztes Dr. von Wallenstedt eine Woche logierte. Die Villa mit Meeresblick wurde im damals modischen Tiroler Stil 1846 erbaut und gehört damit zu den ältesten Gebäuden des Kaiserbades. »Das Haus ist allerliebst. Der Blick durch die Bäume hindurch auf das graue Meer poetisch und für Herz und Sinne unendlich wohltuend«, lobte Fontane. Die Villa ist als Ferienhaus zu mieten.

Die **Villa Achterkerke** daneben (Kulmstraße 24) ließ Forstmeister Georg Bernhard von Bülow bereits 1845 als repräsentatives Gästehaus errichten. Die einmalige Hanglage der Villa erlaubt einen weiten Blick auf die Pommersche Bucht. Das ehemalige Sommerhaus im Stil des Historismus mit schön verziertem Holzgiebel und korinthischen Säulenkapitellen aus Terrakotta besitzt eine Treppe zum Strand hinunter. Es wurde 1999 umfangreich saniert und dient heute wieder als Gästehaus mit vier Ferienwohnungen, deren Erlös der Stiftung ›Chancengleichheit und soziale Kompetenz für Kinder der Insel Usedom‹ zugute kommt.

Das **Weiße Schloss** schräg gegenüber (Rudolf-Breitscheid-Straße 3) thront ehrwürdig auf dem Kulm. Das klassizistische Gebäude aus dem Jahr 1825 war das erste Gästequartier in Heringsdorf. Bauherr war wie bei der Villa Achterkerke Georg Bernhard von Bülow, die Pläne stammen vom Berliner Stararchitekten Karl Friedrich Schinkel. Mit dem Weißen Schloss begann der Badebetrieb in Heringsdorf. Der wohl berühmteste Gast des Hauses war 1866 die Kronprinzessin Viktoria (›Vicky‹) mit ihren Söhnen Heinrich und Wilhelm, dem späteren deutschen Kaiser Wilhelm II. In den 1920er Jahren traten

Wilhelm I. vor der Villa Staudt

hier bekannte Künstler auf, unter ihnen Kurt Tucholsky mit dem Ensemble des Kabaretts ›Chat Noir‹. Im letzten Krieg war im ›Schloss‹ ein Kinderheim untergebracht, zu DDR-Zeiten diente das einstöckige Haus als Kreisparteischule der SED. Heute ist es ein Hotel mit Restaurant. Von der Sommerterrasse eröffnet sich ein grandioser Meeresblick.

Die **Villa Staudt** (Delbrückstraße 6) wurde 1880 neobarock erbaut. Besitzer war Konsul Wilhelm Staudt, nach seinem Tod empfing die Witwe Staudt zwischen 1909 und 1912 mehrmals Seine Majestät Kaiser Wilhelm II. zu gemütlichen Teestündchen. Dann flatterte die kaiserliche Standarte auf dem Walmdach und eine neugierige Menschenmenge bevölkerte die Strandpromenade. Der Monarch verband das Heringsdorfer Tête-à-Tête mit seinen jährlichen Nordlandreisen, wenn er mit seiner Yacht in Swinemünde ankerte. 1938 erwarb Hitlers Leibarzt Theodor Morell die mehrstöckige Villa mit Türmchen, Erker, Balkonen und Veranda. Das Haus diente am Ende des Krieges als Lazarett und nach 1945 als Erholungsheim ›Wilhelm Pieck‹ für Mitarbeiter der

▲ Karte S. 129

staatlichen DDR-Fluggesellschaft. Heute kann man hier Ferienwohnungen mieten. Die Bronzebüste im Garten zeigt das Altersportrait des ersten Hohenzollern-Kaisers. Büste inklusive Sockel sind exakt 270 Zentimeter hoch, entsprechend der 27-jährigen Regierungszeit Wilhelms I. (1861–1888).

Seit der Renovierung 1999 erstrahlt die **Villa Oechsler** (Delbrückstraße 5) wieder in preußischem Gelb. Das schmucke Gebäude steht, etwas erhöht, direkt neben der Villa Staudt. Erbaut wurde das neoklassizistische Gebäude 1883, Auftraggeber war der Berliner Kommerzienrat Hermann Berthold. Schau- und Rückfassade sind jeweils mit einem eleganten Portikus versehen und darüber mit Dreiecksgiebeln geschmückt. ›Badende Grazien‹ zeigt das Glasmosaik im Tympanon des Giebels an der Frontseite. Es stammt von dem venezianischen Künstler Antonio Salviati (1816–1890). Von ihm stammen auch die Glasmosaiken der Berliner Siegessäule. Die Villa hatte in der Folgezeit zahlreiche Besitzer, unter anderem die Namensgeberin Elise Oechsler, Fabrikantengattin aus Nürnberg. Nach dem Zweiten Weltkrieg zog die Kommandantur der Sowjetischen Besatzungsstreitkräfte hier ein. Die Villa beherbergte später die Gemeindebibliothek, heute ein exklusives Modegeschäft.

Die Villa Oechsler

Die **Villa Oppenheim** (Delbrückstraße 11) war die Sommerresidenz des steinreichen Bankiers Benoit Oppenheim sen. Sie entstand 1883. Schneeweiß, breite Freitreppe, vier korinthische Säulen, neoklassizistisch: Das Haus nach dem Vorbild der Renaissance-Architektur Palladios ist kaum zu übersehen, auch wenn es nicht direkt an der Strandpromenade steht. Das Kleinod der Bäderarchitektur diente zwischen 1908 und 1911 dem deutsch-amerikanischen Maler Lyonel Feininger als Feriendomizil und als Motiv für seine Aquarelle. In der Nazizeit war hier das Verwaltungsbüro des Bundes Deutscher Mädel (BDM) untergebracht. Nach dem Zweiten Weltkrieg nutzte Erich Mielke, Chef der Staatssicherheit der DDR (Stasi), die Villa für sich selbst und als repräsentatives Gästehaus. Heute beherbergt das umfangreich sanierte Gebäude mehrere Ferienwohnungen.

Nicht minder nobel erscheint die **Residenz Bleichröder** daneben (Delbrückstraße 14). 1908 mit neobarocker Fassade, mit Attika, Gauben und Mansardendach erbaut, war sie der Sommersitz des Berliner Bankiers Hans von Bleichröder. Die jüdische Familie wurde 1938 von den Nazis enteignet. Fortan urlaubte Hermann Göring, Oberbefehlshaber der Luftwaffe, in diesem schlossähnlichen Gebäude, das auch Villa Diana genannt wurde: die Göttin der Jagd steht in Bronze gegossen zu Füßen des stattlichen Hauses. Zu DDR-Zeiten gehörte die Villa dem Freien Deutschen Gewerkschaftsbund (FDGB), heute ist sie ein Hotel.

Im Park mit seinen alten Buchen und einem Rosengarten steht noch ein historischer Springbrunnen.

Usedom

EXTRA

Der Strandkorb – Sessel mit Meeresblick

Schon 1830 konnten betuchtere Badegäste im Ostseebad Boltenhagen von früh bis spät die frische Seeluft genießen, nicht weit entfernt vom Spülsaum der Ostseewellen und doch geschützt vor Sonne, Wind, Sandflug und Regen – in Hütten aus Stroh oder Lehmfachwerk. ›Luftschnapper‹ nannte man diese spartanisch mit Strandstühlen und einfachen Bänken eingerichteten Strandlauben am Meeresstrand. Solche Bade- oder Korbhütten, in denen ›die Frauen bei einer Nadelarbeit saßen und die Männer sich dem Nichtstun hingaben‹, fanden sich auch in Kühlungsborn, auf Hiddensee, in den holländischen Seebädern und anderswo an Nord- und Ostsee. Die letzten dieser primitiven Luftschnapper sollen erst um 1930 endgültig in sich zusammen gefallen sein.

Bequem war das allemal nicht. Erst ein Korbmachermeister aus Rostock namens Wilhelm Bartelmann revolutionierte und individualisierte den Drang, ganz nahe am Wellenschlag der Ostsee zu sitzen. An einem windigen Frühlingstag 1882 erschien die von Rheuma geplagte ältere Dame Elfriede von Maltzahn in der bescheidenen Werkstatt des Meisters, um eine eigenwillige Bestellung aufzugeben: einen Strandstuhl, mit dem sie sich am Warnemünder Strand wind- und sonnengeschützt bei bester Luft und gleichzeitig schönster Aussicht aufhalten konnte. Bartelmann bastelte daraufhin einen von dickem, grauem Markisenstoff überzogenen und überdachten Einsitzer aus Weiden und Rohr, der ein wenig einem aufrecht stehenden Wäschekorb ähnelte. Der Prototyp des Strandkorbs war erfunden. Ein Jahr später baute der findige Korbmacher auch schon kommunikativere Zweisitzer. Seine geschäftstüchtige Frau Elise wurde zur ersten Strandkorbvermieterin an der Ostsee. Doch es dauerte einige Jahre, bis der Sessel mit Meeres- und Horizontblick die Strände der Ostseebäder eroberte. Damals galt ein gebräuntes Antlitz noch als unschicklich und ›plebeijisch‹. Also saß man zunächst züchtig und hoch geknöpft bekleidet in den harten, ungepolsterten Sitzkörben, die Urgewalt des Meeres vor Augen, das Salz der Ostsee auf den Lippen, den Schrei der Möwen im Ohr. Das gefiel, und um 1900 gab es in Warnemünde bereits 550 Strandkörbe. Die ersten geflochtenen Ostseemodelle auf Usedom entstanden 1925 in der von Carl-Martin Harder gegründeten Strandkorbfabrik in Heringsdorf. Bis heute verließen rund 250 000 Flechtwerke die Fabrik, viele davon wurden in die ganze Welt verschickt. Zu DDR-Zeiten begann man aus Mangel an Rohr die Körbe aus Plaste herzustellen, ›leicht, farb- und lichtecht‹.

Längst ist der Strandkorb zum Klassiker des Badelebens geworden, inzwischen oft ausgestattet mit einem Rundumwohlfühl-Brimborium, mit Massagekissen, Rücken- und Sitzheizung oder auch Minikühlschrank. Der Strandkorb ist ein deutsches Phänomen, ein Kultobjekt der deutschen Gemütlichkeit – an anderen Stränden Europas gibt es ihn nicht. Manche sehen im Strandkorb, zumal wenn er mit hochgezogenen Strandburgen ummauert ist, ein Küsten-Äquivalent zum ebenfalls urdeutschen Schrebergarten. Da kann es leicht passieren, dass man sich den Ostseestrand ohne dieses kantige Strandmöbel gar nicht vorzustellen vermag. Vielleicht daher beschreibt Thomas Mann in seinen ›Buddenbrooks‹ eine Strandszene, die 1824 angelegt ist, mit ›Strandkörben, die näher am Wasser standen.‹ Da war der Strandkorb aber noch gar nicht erfunden. Sei´s drum, der beliebte Sitzkorb ist sowieso längst zeitlos. Der größte Strandkorb der Welt steht natürlich in Heringsdorf, gleich neben der Seebrücke.

Heringsdorf

Vorwahl: 038378.
Postleitzahl: 17424.
Touristen-Information/Kurverwaltung, Kulmstr. 33, Tel. 2451, www.drei-kaiser baeder.de, Juni–Sept. Mo–Fr 9–18, Sa/So 10–15 Uhr, sonst Mo–Fr 9–16, Sa/So 10–12 Uhr.

Stationen des Ostsee-Busses und der Europa-Linie 290/291.

Station der Usedomer Bäderbahn (UBB) im schmucken, 1894 eingeweihten Backsteinbahnhof.

Strandhotel Ostseeblick (€€€), Kulmstr. 28, Tel. 54298, www.strandhotel-ostseeblick.de. Luxushotel mit Weitblick. Großzügiger Wellness-Bereich, Restaurant ›Bernstein‹ mit hervorragender Küche des Chefkochs Arjan Mensies.
Maritim Hotel Kaiserhof (€€€), Strandpromenade, Tel. 65-0, www.maritim-usedom.de. Modernes Haus mit 143 Zimmern, beste Lage, herausragender Wellness-Bereich auf 3 Etagen, Sommergarten mit Außenpool, Palmengarten.
Hotel Oasis (€€€), Puschkinstr. 10, Tel. 2650, www.villa-oasis.de. Fünf-Sterne-Privathotel in herrlicher Jugendstilvilla von 1896. Einmalige Symbiose von herrschaftlichem Komfort und individueller Eleganz. Eingebettet in eine großzügige Parkanlage. Strand vor der Haustür. Gourmet-Restaurants Rossini und Thai-Garden.
Romantik-Hotel Esplanade ((€€–€€€), Seestr. 5, Tel. 700, www.seetel.de Erstklassiges Hotel im Ortskern, Gourmetrestaurant unter Leitung des Sternekochs Tom Wickboldt.
Upstalsboom Hotel Ostseestrand (€€€), Eichenweg 4–5, Tel. 630, www.allergotel.de. An der Strandpromenade, viele Allergikerzimmer, Wellness-Oase (1000 qm) mit Saunen und Beauty-Anwendungen.
Weißes Schloss (€€), Rudolf-Breitscheid-Str. 3, Tel. 31984, www.urlaub-auf-usedom. Freundliches, ruhiges Haus mit viel Geschichte. Erstes Logierhaus in Heringsdorf, auf dem Kulm. Gutes Restaurant ›AusZeit‹, Sommerterrasse mit herrlichem Blick bis nach Bansin.
Pommerscher Hof (€€€), Seestr. 41, Tel. 610, www.seetel.de. Drei-Sterne-Haus in zentraler Lage, Wintergarten-Restaurant, direkter Zugang zur benachbarten **Ostseeresidenz** mit der orientalischen Wellnesslandschaft Shehrazade.
Hotel Residenz Neuhof (€€), Kanalstr. 1, Tel. 80820, www.residenz-neuhof.de. Familienfreundlich, Babysitterservice, Kinderanimation, großes Spielzimmer, Restaurant, Sauna, nahe Grothensee.
Villa Aurora (€€), Seestr. 3–4, Tel. 640, www.villa-aurora-heringsdorf.de. Appartements unterschiedlicher Größe in der 1882 erbauten Seebädervilla.
Jugendherberge, Puschkinstr. 7–9, Tel. 22325, www.jh-heringsdorf.de. Direkt an der Strandpromenade, eine der schönsten Jugendherbergen Deutschlands.
Kulm Eck, Kulmstr. 17, Tel. 22560, www.kulm-eck.de, Di–So ab 18 Uhr. Hochgelobtes, unscheinbar gelegenes Feinschmeckerlokal auf dem Kulm. Chefkoch Brian Seifert kreiert frisch und mit Wildkräutern zubereitete Gerichte von regional bis exotisch, auch Mehrgänge-Menüs.
Des Kaisers Pavillon, Brunnenstr. 1, Tel. 22745, tgl. 12–15 u. 18–22 Uhr. Historisches Lokal im Bistrostil von 1911.
Usedomer Brauhaus, Platz des Friedens, Tel. 61420. Rustikale Einrichtung, selbst gebraute, naturbelassene Biere, einfache herzhafte Gerichte und Flammkuchen.
Schmiedehaus, Delbrückstr. 29, Tel. 32400, www.gasthof-schmiedehaus.de, tgl. 16–22 Uhr. Pommersche und internationale Küche, sehr freundliche Atmosphäre, nette Sommerterrasse. Beliebt auch bei Einheimischen.
Da Claudio, Friedenstr. 16, Tel. 801876, www.da-claudio-usedom.de. Authentischer ›Italiener‹ ohne Pizza.

Essbar, Delbrückstr. 1–4, Tel. 0172/ 4475160, www.bio-essbar.de. Ernährungsbewusste Gastronomie mit frischer, saisonaler Küche. Bio-Erzeugnisse, auch vegetarische und vegane Gerichte. Kleine Sommerterrasse.

Fischräucherei Brüder Schwarz, am Fischerstrand (Promenade), Tel. 22214. Hier gibt es die besten Fischbrötchen von Heringsdorf, im Sommer Schlangestehen in der Badehose.

Eis-Villa Stein, Kulmstr. 4, tgl. von April–Okt. Eis aus eigener Herstellung, leckere Süßspeisen und Kuchen, große Gartenterrasse. Zählt zu den besten Eisdielen der Insel.

Tanzbar La Playa, Delbrückstr. 1 (an der Seebrücke), www.tanzbarlaplaya.de, Juni–Okt. Mo–Sa ab 22 Uhr, sonst Mi ab 23, Fr/Sa ab 22 Uhr. In der Hauptsaison Tanzparties bis in die Puppen, Hits aus den 80ern und 90ern.

Piano Bar (im Maritim Hotel Kaiserhof). Cocktails und erlesene Spirituosen bei Live-Musik.

Café & Bar Treibholz, Delbrückstr. 1-4 (im EKZ), Tel. 0173/2652553, im Sommer tgl. ab 17 Uhr. Maritimes Ambiente, schöne Seeterrasse.

Museum Villa Irmgard, Maxim-Gorki-Str. 13, Tel. 22361, Mai–Sept. Di–So 12–18, Okt.–April 12–16 Uhr.

Naturerlebniswelt Heringsdorf, Neuhofer Straße 75, Tel. 498674, www.naturerlebniswelt.de, tgl. 10–19 Uhr, Nov.–Feb. bis 17 Uhr. Spannende Ausstellungen zu 500 Millionen Jahre Erdgeschichte mit dem Schwerpunkt Edelsteine. Amethystenhöhle, Fossilienwand mit Versteinerungen, Kino.

Volkssternwarte Manfred von Ardenne, Delbrückstr. 29 (Düne am Theaterzelt), Tel. 471650, www.sternwarte-usedom.de. Führungen, Vorträge nach Aushang vor Ort.

Kunstpavillon, Auf der Promenade am Rosengarten, Tel. 22877, www.usedomer-kunstverein.de, Mi–So 15–18 Uhr. Wechselausstellungen mit Werken vorwiegend einheimischer Künstler.

Muschelmuseum, An der Seebrücke, Tel. 32579, in der Saison tgl. 9–21 Uhr, sonst tgl. 10–18 Uhr. Zu sehen sind 3000 Exponate aus dem Meer: Muscheln, Korallen, Schnecken, Seesterne, Seespinnen, Rochen.

Chapeau Rouge, Theaterzelt in Strandnähe, gespielt wird von Juni bis Sept., das Repertoire reicht von Klassikern bis zu Lustspielen. Im Winter wird das Gelände zur Eisbahn.

Usedom Baltic Fashion, im April, Juli und Okt., www.baltic-fashion-award.de.

Grand Schlemm, Gourmet-Strandwanderung; ein Sa im Mai.

Heringsdorfer Kaisertage, historischer Jahrmarkt; Juli/Aug.

Fahrrad Wolf, Brunnenstr. 7, Tel. 22324, www.radshop-wolf.de, tgl. Mai–Okt. Verleih von Rädern aller Art, auch Elektro-Rädern.

Bis zu 60 Meter breiter Sandstrand, Strandkorbverleih. FKK-Bereich in Richtung Ahlbeck.

Mit den Adler-Schiffen in der Saison tgl. nach Bansin, Ahlbeck, Międzyzdroje (Misdroy) und Świnoujście (Swinemünde), Sonderfahrten, www.adler-schiffe.de.

Reiterhof Sallenthin, Alt Sallenthin 1, Tel. 50-0, www.reitenaufusedom.com. Geführte Ausritte in die Natur und an den Strand, Kutsch- und Planwagenfahrten, Reiterferien für Kinder.

► Karte S. 129

Altes Pommersches Theehaus, Seebrücke Heringsdorf, Tel. 33202. Riesiges Angebot an klassischen sowie pommerschen Teesorten.

Korbwerk, Waldbühnenweg 2, Tel. 46505-0, www.korbwerk.de, in der Saison Mo–Fr 10–18, Sa 10–15 Uhr. Deutschlands älteste noch existierende Strandkorbmanufaktur, Strandkörbe in allen Preisklassen. Jeden Do um 10 Uhr Werksführung.

Nofretete, Seestr. 7, Tel. 47230, Mo–Fr 10–18, Sa 10–13 Uhr. Antik und Mode, schöne Boutique mit exklusiven Kollektionen der besonderen Art.

Gorki-Buchhandlung, Friedenstr. 14, Tel. 22561.

Seebad Ahlbeck

Ganz so mondän wie bei den unmittelbaren Nachbarn Heringsdorf und Swinemünde ging es in Ahlbeck nie zu. Schon um 1900 diente das Seebad in erster Linie als Sommerfrische für mittelständische Familien mit Kindern. Ab 1898 nannte sich Ahlbeck offiziell ›Familienbad‹. Erst zehn Jahre später kam der Titel ›Seebad‹ hinzu. Der Schriftsteller Victor Klemperer (1881–1960) bezeichnete den Ort kurz vor dem Ersten Weltkrieg als das ›kinderwimmelnde Ahlbeck‹. Die Ahlbecker sahen diesen Umstand nicht als Nachteil an, vielmehr betonten sie damals und auch später die besondere Familienfreundlichkeit des Bades. Ein exklusives ›Luxusbad‹ wie Heringsdorf oder ein ›Weltbad‹ wie Swinemünde wollte man nie sein, und Familienbad ist Ahlbeck bis heute geblieben. Das größte der drei Kaiserbäder besitzt wie seine beiden Schwestern ebenso wunderschöne Strandvillen und gründerzeitliche Gebäude in schmucker Bäderarchitektur, etliche noble Hotels, aber eben auch viele kleinere familiäre Pensionen und Ferienwohnungen.

Schier endlos erstreckt sich der Strand bei Ahlbeck

Geschichte und Gegenwart

Ein Aal schwimmt im Wappen von Ahlbeck. Mit dem Aal und einem Bach, der früher plattdeutsch Beek genannt wurde, fing alles an: Der aalreiche Bach gab der Siedlung ihren Namen. Von ihm ist heute nur ein unterirdisch verlaufender Abfluss in die Ostsee übrig geblieben, der in früheren Zeiten an manchen Stellen bis zu 70 Meter breit gewesen sein soll. Er führte vom Thurbruch durch den Gothensee und mündete ins Baltische Meer. Im 18. Jahrhundert trennte dieser Beek den Ort in zwei Teile: Das westlich vom Bach gelegene Territorium gehörte Gutsherren und wurde daher ›Ahlbeck adlig‹ genannt, das östlich vom Bach gelegene Gebiet war ab 1720 preußisch und hieß deshalb ›Ahlbeck königlich‹. 1882 vereinigten sich schließlich die beiden Ortsteile zur Gemeinde Ahlbeck. Die langjährige Schnittstelle lag an der heutigen Talstraße.

Schon 30 Jahre zuvor, also 1852, waren die ersten Touristen nach Ahlbeck gekommen. Das erste Hotel eröffnete 1875, 1894 wurde an der Eisenbahnverbindung Ducherow–Swinemünde der Bahnhof Ahlbeck eingeweiht. Schon vier Jahre später erhielt das Familienbad seine berühmte **Seebrücke** mit dem hölzernen Gaststätten-Pavillon über den Ostseewellen und seinen vier grünbehelmten Türmchen. Er ist längst zum viel fotografierten Wahrzeichen Usedoms geworden. Spätestens ab 1900 ging es Schlag auf Schlag. Hotels und Pensionen wurden in rasantem Tempo hochgezogen, 1913 zählte

An der Promenade, im Hintergrund die Seebrücke

das mittlerweile staatlich anerkannte Seebad bereits um die 20000 Badegäste. Die meisten Urlauber kamen aus der Reichshauptstadt. Damals, 1913, durften sich auch die ersten Arbeiterkinder an der Ostsee erholen, Kaiser Wilhelm persönlich und Ehefrau stifteten für die Kleinen aus den stickigen, dunklen Berliner Hinterhöfen das ›Kaiser-Wilhelm-Kinderheim‹. Heute dient die hübsche, ovale Waldanlage mit Hauptgebäude, Speisesaal und rohrgedecktem Pavillon der Sportjugend Berlin als Jugendferienstätte. Zwischenzeitlich nutzten die Wehrmacht, die Sowjetarmee und schließlich Junge Pioniere das Feriendorf am östlichen Ende der Strandpromenade von Ahlbeck.

Ahlbeck blieb im Zweiten Weltkrieg unzerstört, wurde nach 1945 aber zur Grenzstadt. Nur wenige Schritte hinter der Stadtgrenze lag nun die Staatsgrenze zu Polen. Zu DDR-Zeiten florierte in Ahlbeck wie auch andernorts an der Usedomer Küste der staatlich organisierte Bädertourismus. Die Wende 1989 verwandelte peu à peu die heruntergekommenen historischen Gebäude der Bäderarchitektur wieder in prächtige Schmuckstücke, vor allem entlang der Strandpromenade.

Am **Vorplatz** der Seebrücke mit seinen Geschäften, Cafés und Fischbrötchenbuden herrscht im Sommer meist ein trubeliges Tohuwabohu. Mitten auf dem Platz thront seit 1911 die ehrwürdige 5,5 Meter hohe **Jugendstiluhr**, die ein Berliner Kurgast der Gemeinde schenkte. An ihrer Spitze wird sie von einer Wetterfahne in Form einer Kogge gekrönt.

Der **Konzertplatz** daneben entstand schon um 1900. Im hölzernen **Konzertpavillon** ertönen alljährlich in den Sommermonaten die beliebten Kurkonzerte im Rahmen des ›Usedomer Musikfestivals‹. Im ehemaligen Warmbad von 1896 an der Kurparkstraße befindet sich das **Rathaus**. Wenige Schritte entfernt steht die Ahlbecker **Kirche**, die 1895 im neugotischen Stil entstand. Ihre Decke ist einem Schiff nachempfunden, eine liebevolle Hommage an die Geschichte des Fischerortes. Sehenswert sind die schönen Glasmalereien an den Chorfenstern.

Seit Ende 2007 ist die Grenze zu Polen offen. Nun lässt sich auf der zwölf Kilometer langen, grenzüberschreitenden **Promenade** von einem Land ins andere radeln, joggen oder spazieren gehen – immer in Meeresnähe. Zwischen Ahlbeck und der Grenze rauscht auf der einen Seite die Ostsee und hinter der Düne ein dichter Mischwald. An der Stelle der ehemaligen Grenzanlage verbindet jetzt eine **Begegnungsplattform** am Strand die beiden Ländergrenzen. Eine 3,5 Meter hohe Edelstahlklammer mit den beiden Staatswappen symbolisiert dort als geöffnetes Tor das Zusammenwachsen der Nachbarländer. Hier beginnt Polen, und wenige Biegungen weiter auf der längsten Promenade Europas stehen schon die ersten Häuser von **Świnoujście** (Swinemünde).

EXTRA

Die Seebrücken

Ursprünglich, am Ende des 19. Jahrhunderts, dienten die Seebrücken vorwiegend als Landungsbrücken für die Anreise der Feriengäste mit Fähre und Schiff. Gute Straßenverbindungen und Bahnanschlüsse gab es damals nur unzureichend, und so waren die Seebäder an der Ostseeküste wenigstens auf dem Seeweg miteinander verbunden. Bald setzte ein lebhafter Ausflugsverkehr ein, Dampfer brachten die Urlauber bald auch zu entfernteren Zielen wie etwa zur Insel Rügen. Auf den stattlichen Stegen aus Holz ließ es sich darüber hinaus prächtig promenieren – knapp über den Ostseewellen und geschützt vor der Meeresgischt. Auf solchen Flaniermeilen hatte man gute Aussicht auf die Küstensilhouette, auf das Strandgeschehen, auf Sonnenuntergänge, dabei stets eine frische Brise um die Nase und war begleitet von maritim-atmosphärischem Möwengeschrei. Seit diesen Tagen ist ein ›ordentliches‹ Ostseebad ohne Seebrücke kaum noch denkbar und in etwa vergleichbar mit einem vornehmen Skiort ohne Skilift.

Den Anfang machte 1885 das mondäne Seebad **Misdroy** auf Wollin. Im heutigen polnischen **Międzyzdroje** schuf man gewissermaßen den Prototyp der frühen Seebrücken: repräsentativer Eingangsbereich aus Holz mit Schmuckgiebel und Türmchen, Glashalle mit Läden. 1906 wurde die Misdroyer Seebrücke erweitert,

Die Seebrücke in Ahlbeck

nun ragte sie 300 Meter in die See hinaus. Stürme und Treibeis führten, wie bei allen Seebrücken dieses frühen Typs, immer wieder zu schweren Schäden. Seine heutige Form und Länge (395 Meter) erhielt der Seesteg 2004, seit 2006 gibt es vom Frühjahr bis zum Herbst einen regen Dampferausflugsverkehr mit den Usedomer Kaiserbädern.

Im Jahre 1893 bekam **Heringsdorf** seinen Prestigebau. Die Kaiser-Wilhelm-Brücke war mit über 400 Metern Länge, großer Haupthalle und märchenhafter Turmkonstruktion ein fantastisches Paradeexemplar der Bäderarchitektur. Brandstiftung vernichtete 1958 dieses Prachtstück. Rund 50 Meter daneben wurde 1995 ein 508 Meter langer Steg aus Stahl und viel Glas eingeweiht, die längste bewirtschaftete Seebrücke Kontinentaleuropas. Charakteristisch für die Anlage ist das Restaurant mit dem Pyramidendach am Brückenkopf, davor ein überdachter Wandelgang und eine Shopping-Mall – nicht unbedingt schön, aber zweckmäßig.

Swinemünde galt um die vorletzte Jahrhundertwende unbestritten als das Top-Seebad an der deutschen Ostseeküste. Ein Hafen für die Ausflugsdampfer war zwar vorhanden, aber durch die Bauten in Misdroy und Heringsdorf fühlte sich das größte deutsche Ostseebad bei der Ehre gepackt. 1898 führte schließlich ein sündhaft teurer Palast auf Holzstelzen vom breiten Swinemünder Strand in die See. Die hölzerne Kaiser-Friedrich-Brücke ersetzte man schon in den 1920er Jahren durch eine stabilere, 128 Meter lange Betonkonstruktion. Dieser Laufsteg stand jedoch nach kaum zwei Jahrzehnten komplett auf dem Trockenen, unter den Füßen der Flaneure gurgelten keine Ostseewellen mehr, sondern wirbelte der feinkörnige Strandsand. Die Baumeister hatten wohl ein ganz natürliches Phänomen außer Acht gelassen: das jährliche Breitenwachstum des Swinemünder Strandes durch den zugeschwemmten Sand von den Stränden anderer Usedomer Bäder. Jetzt plant das als Seebad wieder aufstrebende **Świnoujście** mit einer futuristisch anmutenden Luxus-Großanlage aus Einkaufs- und Wohncenter plus Seebrücke für das Jahr 2018 den Einstieg in eine neue mondäne Zukunft.

Im Jahr 1898 war in **Ahlbeck** die vierte große Seebrücke fertig gestellt. Sie steht bis heute und seit 1986 auch unter Denkmalschutz und ist damit die älteste erhaltene Seebrücke Deutschlands. Vier markante Ecktürme am Brücken-Restaurant geben der 280 Meter langen Brücke ihr unverwechselbares Profil und machten sie zum Wahrzeichen Usedoms. Der neue Schiffsanleger konnte 1993 eingeweiht werden. Zwei Jahre zuvor erlangte der Steg filmische Berühmtheit durch Loriots Film ›Pappa ante Portas‹. Damals erhielt die Brücke ihren heutigen weißen Anstrich, zuvor war sie schmuddelig braun.

In **Zinnowitz** mussten die Feriengäste bis 1908 auf eine Seebrücke warten. Sie wurde im Winter 1941/42 durch starken Eisgang zerstört. Die heutige Vinetabrücke von 1993 ist 315 Meter lang, ihre Attraktion ist seit 2006 eine Tauchgondel, die bis zu einer Tiefe von 4,5 Metern hinab gleitet. Die neue Seebrücke von **Koserow** ist 261 Meter lang, 1993 erfolgte die Einweihung. Auch sie besitzt wie alle anderen Brücken eine Anlegestelle für die Fahrgastsschiffe. Einfach, schmal, beliebt als Flaniermeile und immerhin 285 Meter lang ist die Seebrücke von **Bansin** aus den 1990er Jahren. Von ihr aus genießt man einen wunderschönen Blick auf die prachtvollen Strandvillen des Badeortes, auf die weite Pommersche Bucht, auf die Steilküsten des Streckelsbergs und des nahen Langen Bergs.

Seebad Ahlbeck

Vorwahl: 038378.
Postleitzahl: 17419.
Touristen-Information, Dünenstr. 45, Tel. 499350, www.dreikaiserbaeder.de, Juni–Sept. Mo–Fr 9–18, Sa/So 10–15 Uhr, sonst Mo–Fr 9–16, Sa/So 10–12 Uhr.

Stationen des Ostseebusses und der Europa-Linie 290/291.

Romantik Seehotel Ahlbecker Hof (€€€), Dünenstr. 47, Tel. 620, www.seetel.de. Fünf-Sterne-Luxushotel, 1890 erbaut, das Flaggschiff der Usedomer Bäderarchitektur. Die lange Promi-Gästeliste ist auszugsweise per Schildchen stolz an das Eingangsportal gehängt: Kaiser Franz Josef I. von Österreich logierte hier 1905, auch Königin Silvia von Schweden und so mancher Monarch mehr. Beeindruckend ist das riesige Wellness-Areal, top die Restaurants ›Kaiserblick‹ und ›La Brasserie‹.
Das Ahlbeck Hotel & SPA (€€€), Dünenstr. 48, Tel. 4994800, www.das-ahlbeck.de. Exzellentes Wellness-Areal mit Fitnessbereich, Strandnähe, Restaurant mit Show-Küche.
Hotel Ostende (€€), Dünenstr. 24, Tel. 510, www.hotel-ostende.de. Haus mit modernem Design an der Strandpromenade, Sauna, Fitnessbereich, Restaurant ›Ostende‹, Bar, Weinkeller.
Hotel Kastell (€€–€€€), Dünenstr. 3, Tel. 47010, www.kastell-usedom.de. Kleines, feines Hotel im historistischen Tudorstil, am östlichen Ende der autofreien Ahlbecker Strandpromenade. Wellnessbereich, Sommerterrasse, naher Strandzugang. Restaurant und Café.
Pension Feldmann (€€), Dünenstr. 56, Tel. 28124, www.pension-feldmann.de. Villa im Bäderstil, strandnah.
Villa Luna (€€), Dünenstr. 55, Tel. 80276, www.ferienwohnungen-ahlbeck.de. Schöne Strandvilla an der Promenade, zweckmäßig möbliert.
Hotel Villa Auguste Viktoria (€€), Bismarckstr. 1–2, Tel. 2410, www.auguste-viktoria.de. Um 1900 erbautes Haus im Bäderstil, 150 Meter zum Strand, kleiner Wellness- und Saunabereich. Wunderbar: das **Classic Café Röntgen** im Tiefparterre.

Seebrücke Ahlbeck, Tel. 28320, tgl. ab 11 Uhr. Nostalgisches, fast kultiges Flair in der Gaststätte auf der 1898 erbauten Seebrücke, Außenterrasse mit dem schönsten Seeblick der Stadt, regionale Küche.
Fischers Fritz, Dünenstr. 39, Tel. 80705. Stets frischer Fisch, angenehme Atmosphäre in der hübschen Strandvilla. Kleine Terrasse.
Restaurant Carl´s Kneipe, Seestr. 6b, Tel. 30437. Abseits des Touristenstroms, versteckt auf einem Hofgelände mit Spielplatz. Gute pommersche Fischküche, je nach Saison Zander, Hering, Steinbutt, Aal.
Uwe´s Fischerhütte, Strandpromenade 12, Tel. 28199, www.uwes-fischerhuette.de, tgl. ab 10 Uhr. Die Fischerfamilie Krüger versorgt die Ahlbecker Badegäste in 6. Generation mit fangfrischem Fisch je nach Saison. Vom Fischbrötchen bis zum kulinarischen Leckerbissen, ofenfrische Räucherware. Terrasse, fünf große Schritte weiter steht man auf dem Strand.
Restaurant La Mer, Dünenstr. 19–21, Tel. 520. In der obersten Etage des Strandhotels Ahlbeck mit grandiosem Ostseeblick. Regional-mediterrane Küche, gute Weine.
Fisch Domke, Seestr. 24, Tel. 801750, www.fisch-domke.de. Fischladen mit Lokal, Biergarten. Eine Ahlbecker Institution!
Haithabu, Friedrichstr. 7, Tel. 498610, www.hathabu-usedom.de, tgl. 12–15 und ab 17 Uhr. Speisen im Wikingerstil, Erlebnisgastronomie, ideal für starke Krieger. Zu empfehlen: Thors Fischplatte.
Bäckerei Blunck, Schulzenstr. 21, Tel. 34000. Kleines gemütliches Nostalgie-Café in der Bäckerei von 1898, großes Angebot an Blechkuchen und Torten, Sommerterrasse.

▶ Karte S. 136

Galerie Köpp, Talstraße 13, Tel. 32382, Mai–Okt. Mi–So 17–20 Uhr.

Atelier und Galerie, Dünenstraße/Ecke Vinetastraße, Tel. 47567, in der Saison tgl. 10–20 Uhr. In einem ehemaligen Speisesaal von 1913, hauptsächlich Usedomer Landschaftsmalerei.

Ahlbecker Sommerfest, letztes Wochenende im Juli.

Usedom Rock, deutsche und polnische Bands rocken auf dem Grenzparkplatz; ein Sa im Juli oder August.

April–Okt. tgl. Schiffsverbindungen mit Heringsdorf, Bansin, Świnoujście (Swinemünde) und Międzyzdroje (Misdroy), www.adler-schiffe.de.

Pferdehof H.-J. Will, Gothenweg 14, Tel. 28450, www.pferdehof-will.de. Kutsch- und Kremserfahrten.

Fahrradverleih bluegreen usedom, Goethestr. 30, Tel. 0174/9156891.

Bis zu 50 Meter breiter Sandstrand, FKK-Bereich und Hundestrand in Richtung Świnoujście (Swinemünde).

Ostseetherme, Lindenstr. 60 (UBB-Station Ostseetherme), Tel. 2730, www.ostseetherme-usedom.de, Mai–Okt. Mo–Sa 10–22, 10–20 Uhr, sonst Mo–Sa 10–21, So 10–20 Uhr. Subtropisches Badeparadies mit sechs Becken, angereichert mit Heringsdorfer Jodsole. Saunen, Ruhebereich, Cafeteria.

Bürgelhaus Thüringer, Seestr. 16, Tel. 80670, www.buergelhaus.de. Thüringer Traditionstöpferei, schöne Keramik in blauweißem Design.

Strandbuchhandlung Krüger, Seestr. 19, Tel. 28240. Sehr gut ausgestattet mit Usedom-Literatur.

Usedom

Seebad Świnoujście

Das sind die Nächte von Swinemünde,
wenn man am Strand mit einer schönen Frau sich küsst.
Die blauen Nächte, die man nie vergisst.
Die Wellen singen leis ein Lied für verliebte Leut.
Der Mond, der so viel Liebe sieht,
denkt sich hocherfreut:
Das sind die Nächte von Swinemünde.

Rudi Schuricke
und die Spree-Revellers 1936

Die mit rund 41 000 Einwohnern größte Stadt Usedoms ist die wasserreichste Polens. Sie liegt auf drei Inseln: neben Usedom auch auf den polnischen Inseln Wolin (Wollin) und auf Karsibór (Kaseburg). Auf Wollin erstreckt sich der Industrie-Vorort **Warszów**, hier befinden sich die neu gebaute Hafenanlage von Gazoport, die Reparaturwerft, der Handelshafen, der kleine Fischereihafen, der Bus- und Zugbahnhof sowie der Terminal für die großen Fähren nach Schweden. Auf **Karsibór** gibt es nur eine kleine Ortschaft, aber viel Natur. Der Großteil der Stadt liegt auf dem östlichen Zipfel der Zweiländer-Insel Usedom/Uznam, auch sämtliche touristischen Einrichtungen und die meisten Sehenswürdigkeiten. Es empfiehlt sich, die durchaus weitläufige Stadt mit dem Swinemünde-Express, einer Art touristischer Bimmelbahn, den zahlreichen Pferdedroschken oder mit dem Rad zu erkunden. Das städtische Radnetz mit seinen kräftig rotbraun gefärbten Fahrbahnen ist mittlerweile schon gut ausgebaut.

Die ehemalige preußische Hafenstadt profitiert zusehends vom Beitritt Polens zur Europäischen Union und von der Grenzöffnung 2007 und wird von Jahr zu Jahr attraktiver. Stetig nimmt die Zahl west- und nordeuropäischer, aber vor allem deutscher Touristen zu. In fast allen über 70 Hotels und Pensionen wird Deutsch gesprochen, und die Speisekarten sind in den meisten Restaurants längst zweisprachig. Wer die seit 1945 polnische Stadt vor 15 oder auch 10 Jahren zuletzt besucht hat, wird das heutige, moderne Świnoujście kaum wiedererkennen. Neben dem gut erhaltenen und renovierten historischen Kurviertel ist in kurzer Zeit ein neues Kurviertel mit beachtlicher, mediterran anmutender Architektur aus dem Sandboden gezaubert worden. Große Teile des Zentrums wurden restauriert, ebenso der große, hübsche Kurpark aus dem frühen 19. Jahrhundert. Überhaupt zählt die Stadt mit ihren zahlreichen Parkanlagen und ihren Alleen zu den grünsten in Polen. Und eine neue 150 Meter lange Seebrücke, ein absolutes Muss für jedes Ostseebad von Rang und Namen, soll ab 2018 vom östlichen Teil des Strandes ins Baltische Meer hineinragen – im Rahmen des Großprojektes ›Ostseepark Mole‹, bei dem außerdem zwei Fünf-Sterne-Hotels, ein Aquapark, Appartementhäuser, Restaurants, Geschäfte und ein Konferenzzentrum vorgesehen sind. Die erste Etappe dieses mit sechs Millionen Euro vom Europäischen Fonds für regionale Entwicklung unterstützten Prestigeprojekts wird schon 2015 abgeschlossen sein.

Die frühere Inselmetropole ist seit 2007 – erstmals wieder seit 62 Jahren – bequem vom deutschen Teil Usedoms zu erreichen: Mit der Usedomer Bäderbahn (UBB), dem grenzüberschreitenden Ostseebus der Europa-Linie oder über den längsten Promenadenweg Europas, der von Bansin bis nach Świnoujście führt. Zwei kostenlose Fähren pendeln rund um die Uhr zwischen den Inseln Usedom und Wollin, von Wollin führt eine Brücke nach Karsibór. Egal von welcher Richtung der Stadtbesucher auch kommt – eine Liebe auf den ersten Blick zur Hafenstadt wird es selten sein. Wenig anheimelnde Plattenbauten und extrem breite

Hinreißend: ein Sonnenuntergang am Strand von Świnoujście

▲ Karte S. 143

Świnoujście
Unterkünfte:
1 Hotel Kaisergarten Cesarskie Ogrody
2 Willa Roma
3 Willa Pod Dębami
4 Helios
5 Villa Herkules
6 Swarożyc
7 Hotel Irys
8 Rezydent
9 Baltic Home
10 Hotel Interferie Medical Spa
Essen und Trinken:
11 Bar Mleczny Słonecznik
12 Karczma Polska
Pod Kogutem
13 Café Mount Blanc
14 Bałtycka Rybka
15 Restauracja Promenada
16 Asian Restaurant
17 Ristorante Pinocchio
1= Ujejskiego
2= Energetyków
3= Trentowskiego
4= Cieszowskiego
Ostsee (Morze Bałtyckie)
Świna
Park Zdrojowy
Fort Zachodni (Westfort)
Fort Anioła (Engelsburg)
Fort Gerharda (Ostfort)
Leuchtturm
Mühlenbake
Musikpavillon
Camping Relax
Lutherkirche
Königin-Christus-Kirche
Museum für Hochseefischerei
Stadtfähre Warszów-Świnoujście Centr.
Jachthafen
Autofähre, Usedom, Anklam
Szczecin, Międzyzdroje, ›Unterirdische Stadt‹
Ahlbeck
S. 148
0 300 600 m

Usedom

Die Marina

Verkehrstangenten aus sozialistischer Zeit prägen heute die städtische Randzone. Doch vielleicht schon der zweite Blick versöhnt: durch die noble Bäderarchitektur, durch die zahlreichen Parks, durch die lebendige Hafenszenerie, die stillen Plätzchen an der Swine (Świna) und natürlich durch das Meer und den grandiosen Strand. Świnoujście besitzt einen wunderbar breiten, fast weißen, feinkörnigen Eieruhrensand-Strand, den breitesten nicht nur Usedoms, sondern der gesamten polnischen Ostseeküste. Der Strand ist die natürliche Sehenswürdigkeit der Stadt. Und die sandige Schönheit wird Jahr für Jahr durch den von anderen Küstenregionen Usedoms angeschwemmten Sand um etliche Zentimeter breiter.

Geschichte

In alten Zeiten, so erzählt die Sage, waren Usedom und Wollin eine einzige Insel. Der heutige Swinestrom war damals nur ein schmales Rinnsal. Man brauchte nur einen Schweinskopf in die enge Furt zu legen, um sie zu überschreiten. So entstand der Name Swine für die Furt und den späteren breiten Fluss wie auch der Name für die Stadt, die später an die Mündung des Flusses gebaut wurde. Tatsächlich bestand bereits im 12. Jahrhundert nach urkundlichen Zeugnissen ein Fischerdorf namens Zwine an der Mündung. Die pommerschen Herzöge hatten dort, wo sie zuweilen auf dem Weg von Stettin zu ihrer zweiten Residenz in Wolgast logierten, eine einfache Burg errichtet. Dieser Weg führte sie zu Schiff die Oder abwärts und dann am Usedomer Strand entlang.

Die königlich-preußische Stadtgründung erfolgte 1765. Der preußische König Friedrich II. wusste um die strategische Bedeutung der Swinemündung: Das junge preußische Königreich wollte einen eigenen unabhängigen Ostseehafen, während der Peenestrom, die westliche Ausfahrt aus der Oder, von den Schweden kontrolliert wurde. Friedrich ließ die Swine ab 1740 ausbaggern, um sie schiffbar zu machen, und einen Hafen anlegen. Die Keimzelle Swinemündes diente Preußen auch als Vorhafen für Stettin, der aufstrebenden Metropole Pommerns. Das Städtchen an der Swine war bis in das frühe 19. Jahrhundert eine reine Hafenstadt, ihr schöner Strand galt als vollkommen wertloses Ödland. Das änderte sich schlagartig mit der wirtschaftlichen Krise der Schifffahrt und damit auch des Swinemünder Hafens nach den Napoleonischen Kriegen. Die 1822 gegründete Aktiengesellschaft ›Seebad Swinemünde‹ kümmerte sich fortan um den Aufbau der Stadt zum Seebad, und schon 1824 eröffnete die erste Badesaison. Doch erst mit der Entdeckung der Sole und der Entstehung des Kurviertels im späten 19. Jahrhundert begann das städtische Bade- und Kurwesen zu florieren.

Auf der bisherigen Küstenwüste entstanden bis zum Ersten Weltkrieg rund 300 neue Häuser, viele davon Hotels und Pensionen. 1898 baute man eine Seebrücke,

▲ Karte S. 143

einen hölzernen Palast auf Pfählen. Stürme zwangen schließlich 1922 zum Abbau der repräsentativen Anlage. In den späten 1920er Jahren ersetzte man sie durch eine moderne, 128 Meter lange Seebrücke. Die solide Betonkonstruktion hatte nur den Fehler, dass die Baumeister vergaßen, die jährliche natürliche Zunahme des Strandes zu berücksichtigen. Und so stand die Brücke über dem Wasser nach einigen Jahrzehnten ›im Trockenen‹. Man riss den Pier daher ab. Vom vornehmen Kurhaus aus dem beginnenden 20. Jahrhundert steht heute nur noch eine Einkaufspassage an der Promenade gegenüber der Konzertmuschel.

Genaugenommen ist Świnoujście das vierte Kaiserbad auf Usedom. Schließlich fanden hier zwischen 1892 und 1913 jährlich in der ersten Augustwoche die ›Kaisertage‹ statt. Dann kam Kaiser Wilhelm II. mit seiner Luxusyacht ›Hohenzollern‹ angereist, um seine Flotte zu inspizieren und der Frau Konsulin Staudt in Heringsdorf einen Besuch abzustatten. Regelmäßig weilte der Hochadel in der Stadt, auch fast alle europäischen Kaiser und Könige, Prinzen und Prinzessinnen sowie die russischen Zaren und später auch die Stars der Leinwand. Besonders

Im historischen Kurviertel

Am neuen Kurviertel

Marlene Dietrich schätzte den breiten Strand und die quirlige Stadt an Ostsee und Swine. Adolf Hitler wurde 1939 am Swinemünder Hafenbahnhof frenetisch bejubelt.

Den schwärzesten Tag seiner Geschichte erlebte Swinemünde am 12. März 1945. An diesem Tag wurde die Stadt, mit seinem Hafen wichtige Drehscheibe für die Flüchtlingsströme aus dem Osten des Deutschen Reiches, zum Inferno. Der verheerende Luftangriff der US Air Force kostete bis zu 23 000 Menschen, vorwiegend Zivilisten, das Leben; das Stadtzentrum am Hafen wurde weitgehend zerstört. Im Ergebnis des Potsdamer Abkommens wurde dann aus Swinemünde Świnoujście.

Die Rote Armee marschierte am 5. Mai 1945 in die Hafenstadt ein. Viele der deutschen Einwohner flohen nach Westen. Die Ausweisung und Vertreibung der verbliebenen Deutschen, zynisch ›Repatriierung‹ genannt, dauerte bis 1948. Im Jahre 1950 lebten hier nur noch um die 500 Deutschstämmige hier, von denen die allermeisten als Spezialisten auf dem sowjetischen Marinestützpunkt beschäftigt waren. Ab 1951 durften nur noch jene Deutschen in ihrer alten Heimatstadt bleiben, die ihre polnische Abstammung nachweisen konnten.

Bereits 1948 erfolgte der Aufbau eines Hochseefischereihafens am Swineufer. Größter Arbeitgeber der Stadt wurde das Fischkombinat ›Odra‹. Es zählte in den 1970er Jahren 6000 Beschäftigte und besaß eine Flotte von 50 Schiffen – damals eine Großmacht der Hochseefischerei. Schnell nach der Wende wurde das Kombinat im Zuge der Umstrukturierung der polnischen Wirtschaft liquidiert. Der größte Teil des noblen Kurviertels sowie des Strandes lagen nach Kriegsende im Machtbereich des sowjetischen Militärs, das in der Stadt bis zu 20 000 Mann stationiert hatte. Die Garnison der Baltischen Rotbannerflotte blieb bis 1992 in Swinoujście. Der Zugang zum Strand war für die polnische Bevölkerung bis 1958 massiv eingeschränkt und mit einem hohen Bretterzaun abgesperrt. Nur mit einem sowjetischen Passierschein, dem ›Propusk‹, hatte man Zugang zum Kurviertel und zum Strand. Der für die Usedomer Seebäder ungewöhnliche rund 100 Meter breite Waldstreifen zwischen Strand und Promenade entstand erst nach dem Krieg, als Strand und Dünen aufgrund der Sperrung durch das sowjetische Militär verwahrlosten.

Im Jahr 1960 konnte der Kurbetrieb wieder zaghaft aufgenommen werden. Man zählte in diesem Jahr 374 Gäste. Heute überschreitet die Zahl der jährlichen Übernachtungen weit die Millionengrenze, Tendenz stark steigend. Eine Vielzahl der Touristen kommt mittlerweile aus Deutschland.

■ An Ostsee und Swine

Die kilometerlange **Strandpromenade** mit dutzenden Restaurants, vielen Cafés, Eisdielen, Souvenirständen und den zahlreichen Straßenmusikern ist die quirlige Flaniermeile des Seebades. Hier und an einigen Strandzugängen in den Dünen ist den ganzen Sommer über Party angesagt. Tanzen ist bei unserem östlichen Nachbarn ein regelrechter Volkssport. Getanzt wird überall, wo Musik erklingt. Man sollte sich daher nicht wundern, wenn in so manchem Restaurant oder selbst an Dünenfischbuden wie der

Die Mühlenbake ist das Wahrzeichen von Świnoujście

▲ Karte S. 143

Hafenrundfahrt, Blick auf den Leuchtturm am Ostufer der Swine

›Złota Rybka‹ gleich neben den Tischen die Tanzfläche beginnt. In der Fischbar-Disco ›Złota Rybka‹ (Strandzugang Höhe ul. Nowowiejskiego) wird sogar bis in den November hinein unter freiem Himmel bei Live-Musik das Tanzbein geschwungen!

Zum Schutz der Mündung vor Versandung wurden im ersten Drittel des 19. Jahrhunderts zwei riesige **Wellenbrecher** errichtet, damals Meisterleistungen der Wasserbautechnik. Die östliche Mole ist rund 1400 Meter, die westliche 1020 Meter lang. Auf ihr steht seit 1877 das fotogene Wahrzeichen der Stadt, die weiße, rund zehn Meter hohe **Mühlenbake** (Stawa Młyny). Es ist ein vielbesuchter Platz. Spektakulär ist das beliebte ›Schiffegucken‹, wenn die haushohen Fähren nach oder von Schweden fast zum Greifen nahe an der ›Windmühle‹ vorübergleiten.

Von dem Navigationszeichen mit aufgesetzten Windmühlenflügeln schweift der Blick den Strand entlang bis zu den Kaiserbädern und hinüber zur Insel Wollin, wo der **Leuchtturm** (Latarnia Morska) seit 1857 stattliche 68 Meter in die Höhe ragt. Er war ursprünglich achteckig. Die schweren Witterungsbedingungen an der Küste verursachten erhebliche Ziegelverluste, so dass man 1903 beschloss, den achteckigen Riesen in einen runden zu verwandeln. Der Turm strahlt mit einer Reichweite von 25 Seemeilen ein weißes Licht auf die Ostsee und ein rotes auf das Stettiner Haff. Er ist bis heute der höchste Leuchtturm an der Ostseeküste. Wer die 308 Stufen über die steile Wendeltreppe gegen den Uhrzeigersinn hinauf geschafft hat, genießt dort oben auf der luftigen Aussichtsplattform einen überwältigenden Panoramablick bis zur Kliffküste bei Międzyzdroje (Misdroy) in östlicher Richtung und bis nach Bansin in westlicher Richtung. Man überblickt die weiten Hafenanlagen, schaut auf das Terminal mit den großen Schweden-Fähren und auf den **Handelshafen** mit seinen bombastischen Kränen, der maßgeblich dem Export von Steinkohle dient. Auch auf die neuen gewaltigen Gasspeicher des **Flüssiggasterminals** (→ S. 174) und auf den **Kurpark** (Park

Das Westfort

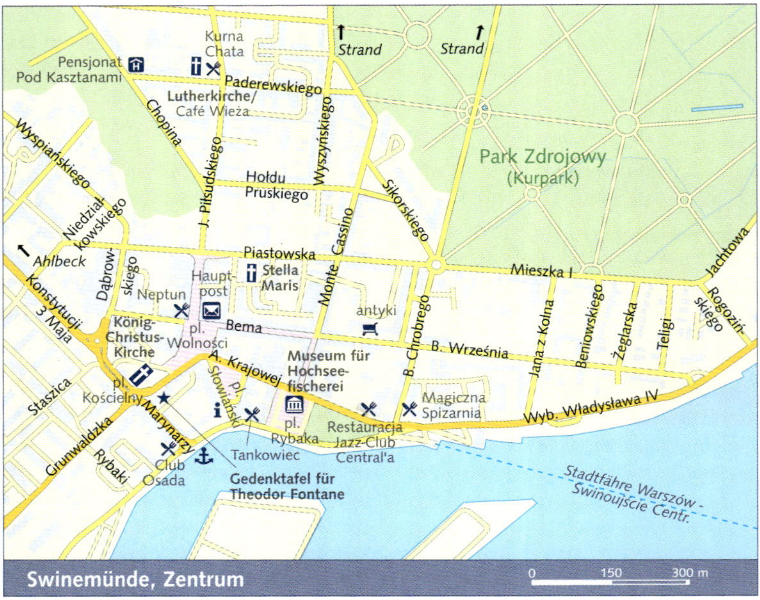

Swinemünde, Zentrum

Zdrojowy), dessen erste Pläne von dem Sanssouci-Gestalter Peter Joseph Lenné aus dem Jahre 1826 stammen. Der 60 Hektar große Kurpark mit seinen alten Eichen, Buchen, Platanen, botanischen Seltenheiten, langen Blumenrabatten und Fontänen sowie insgesamt 17 Kilometern Rad- und Spazierwegen wurde in den letzten Jahren zu einem grünen Paradies revitalisiert.

Einige der touristischen Hauptattraktionen der Stadt liegen im unmittelbaren Umkreis des Leuchtturms: die eindrucksvollen **preußischen Fortanlagen** aus der Mitte des 19. Jahrhunderts. Zwischen 1848 und 1863 entstanden vier aus rotem Backstein gebaute Festungswerke, um die Swinemündung und damit den Wasserweg nach Stettin und Berlin militärisch zu schützen. Drei von ihnen haben die Zeiten überdauert. Die heutigen Touristenmagnete stehen direkt am Swineufer, zwei auf der Usedomer Seite: Das **Westfort** (Fort Zachodni) mit dem **Museum der Festungsgeschichte** und die **Engelsburg** (Fort Anioła) aus rotem Backstein. Als architektonisches Vorbild diente das Mausoleum Kaiser Hadrians, die römische Engelsburg. Nach dem Ersten Weltkrieg wurde das Westfort der deutschen Kriegsmarine unterstellt, am 1. September 1939 nahm ein Teil der Besatzung des Forts am Angriff auf die Danziger Westerplatte teil, dem Auslöser des Zweiten Weltkriegs. Wie man noch gut erkennen kann, wurden damals die Buchen im benachbarten ›Märchenwald‹ am Swineufer gestutzt, damit sie bei der Beobachtung und beim Beschuss der Mündung nicht im Wege waren.

Den besten Überblick auf die gesamte Anlage hat man von der hohen Kommandozentrale der Nazis. Nach dem Krieg nutzte die sowjetische Marine die Befestigungsanlagen sowie den Hafen als Stützpunkt. Auch die Engelsburg, mit ihrem charakteristischen Zinnenkranz und den Schießscharten ein Kleinod preußischer Militärarchitektur, wurde nach dem Krieg von der Sowjetmarine übernommen. Sie diente als Beobachtungsobjekt. Schon seit den 1930er Jahren verschandelt der Betonbunker der Radarstation auf der Krone des Wachturmes das schöne Gebäude. Die Sowjets setzten dann noch einen Mast obendrauf. Heute finden hier regelmäßig Kunstausstellungen und Konzerte statt.

Auf der östlichen Seite des Flusses, also bereits auf der Insel Wollin, liegt das **Fort Gerhard**, die Ostbatterie, die sich inzwischen zu einem publikumsträchtigen ›Museum zur Küstenverteidigung‹ gemausert hat. Die ›militärischen Führungen‹ werden ganz authentisch von ›uniformierten Preußen‹ mit Pickelhauben diszipliniert durchgeführt. Die Ziegelmauern und Wallanlagen zählen zu den am besten erhaltenen küstennahen Militäranlagen im östlichen Europa. Auch die große Kaserne mit ihrer dekorativen Klinkersteinfassade hat die Zeiten überdauert. Zu sehen sind unter anderem Karten, Dokumente, Zeichnungen, Uniformen, allerlei Kriegsgerät, eine komplette Feldküche und die mobile Feldtoilette für Offiziere. Regelmäßig finden hier Kultur- und Freizeitangebote statt. Erst seit 2014 ist in der Nähe eine weitere Militäranlage zugänglich, die über Jahrzehnte hochgeheime **Batterie Vineta** (→ S. 174).

■ Stadtzentrum und Kurpark

Das alte Stadtzentrum Swinemündes erstreckt sich vom Hafenkai an der Swine, wo die Ausflugsdampfer zu Hafenrundfahrten, zu den Kaiserbädern und nach Szczecin (Stettin) ablegen, bis zum östlichen Endbahnhof ›Świnoujście Centrum‹ der Usedomer Bäderbahn (UBB). In Hafennähe liegt auch der großflächige, in den letzten Jahren völlig zur Fußgängerzone gewandelte **Plac Wolności**.

Am verkehrsberuhigten Plac Wolności

An sonnigen Sommertagen herrscht hier mittlerweile großer Trubel an den Fontänen des großen Springbrunnens, den Ruhebänken, Cafés und einem Terrassenrestaurant. Am Platz gibt es außerdem günstige Wechselstuben. In Sichtweite steht die **König-Christus-Kirche** von 1792. Hier finden von Juni bis August die bekannten Swinemünder Orgelkonzerte statt. An der Kassettendecke hängt das gut zwei Meter lange Votivschiff ›Vergissmeinnicht‹. Die hölzerne Korvette ist mit einer romantischen Liebesgeschichte

Der Lutherturm

Karte S. 148

verbunden: Die Schiffsreplik fertigte der Hamburger Kaufmann Christian Heins während eines Gefängnisaufenthalts in Bordeaux an. Damals beschloss der junge Mann, das Schiffsmodell der Kirche zu schenken, in der er einmal heiraten werde. In Swinemünde lernte er kurz darauf die Tochter seines Gastwirts kennen, verliebte sich und ehelichte sie 1814 in der pommerschen Hafenstadt.
Der Dichter und märkische Wanderer Theodor Fontane (1819–1898) verbrachte fünf Jahre seiner Kindheit in Swinemünde. Er war mit seiner Familie 1827 hierher gezogen. Der junge Fontane liebte vor allem das sogenannte Bollwerk, das Swineufer am Hafen mit seinem seestädtischen Flair und seiner multinationalen Mischung der Matrosen und Seefahrer. Sein Vater hatte wenige Schritte entfernt eine Apotheke am Kleinen Markt, dem heutigen Plac Wolności, gegenüber der König-Christus-Kirche. Eine **Gedenktafel für Theodor Fontane** hängt am Gebäude der ul. Marynarzy 7, Stiche und alte Fotos sind in der kleinen Fontanegalerie des Café ›Sonata‹ gleich daneben zu sehen. Der Maler und Usedom-Liebhaber Lyonel Feininger verewigte 1915 das alte Bollwerk mit dem legendären Hotel ›Drei Kronen‹ in seinem Werk ›Hafen von Swinemünde‹. Das abstrakt-kubistische Gemälde erzielte 2011 auf einer Auktion in Paris nahezu sechs Millionen Euro!
Auch das **Historische Rathaus** von 1806 befindet sich nahe der Swine. Das klassizistische Gebäude mit oktogonalem Uhrenturm beherbergt seit 1974 auf drei Etagen das **Museum für Hochseefischerei** samt einer umfangreichen **Ausstellung zur Stadtgeschichte**. Gezeigt werden unter anderem Fichereigerätschaften, Segelschiffsmodelle, Navigationsgeräte und Meeresfauna und -flora, tot und lebendig. Star im Aquarium ist

der Riesenpiranha Kasia, der älteste Piranha Europas. Die violette Piranha-Dame ist 26 Jahre alt und 70 Zentimeter lang.
In den Seitenstraßen vor dem Museum liegt das **Geschäftsviertel** der Hafenstadt mit zahlreichen Mode-, Juwelier-, Schuh- und Lebensmittelläden, Cafés und Pizzerien – rings um die Fußgängerzonen der Straßen Monte Cassino und Boh. Września, die in den Plac Wolności mündet. Von dort führt die lange Straße Piłsudskiego nahezu kerzengerade in Richtung **Strandpromenade.** Auf dem Weg vom Hafen zur Promenade passiert man an der ul. Paderewskiego den stattlichen, roten Backsteinturm der einstigen Lutherkirche. Eine Bombe zerstörte am 12. März 1945 das Kirchendach, nach dem Krieg wurde das Kirchenschiff als Steinbruch benutzt und 1962 schließlich geschliffen. Es blieb nur der inzwischen restaurierte und höchst eindrucksvolle **Lutherturm** mit **Aussichtsplattform** in luftiger Höhe und dem gemütlichen **Café Wieża**.

Świnoujście

Postleitzahl: 72-600.
Vorwahl: 0048/(0)91.
Touristenbüro (Informacja Turystyczna), Plac Słowiański 6/1, Tel. 3224999, www.swinoujscie.pl, Mo–Fr 9–17, Sa 10–14 Uhr, im Sommer auch So 10–14 Uhr.

Grenzübergänge bei Ahlbeck (B 111) und bei Garz (B 110). Von polnischer Seite auf der E 65/Schnellstraße 3 über Szczecin (Stettin) und die Insel Wollin, Fährverbindung zum Zentrum.

Der grenzüberschreitende Europabus 290/291 fährt auf der Strecke Bansin–Heringsdorf–Ahlbeck–Świnoujście im 30-Minuten-Takt, an Sonn- und Feiertagen sowie im Winter stündlich. Die Busse halten in den touristischen Zentren und an den Seebrücken. Regelmäßige Verbindungen nach Międzyzdroje (Misdroy) mit dem Bus der Linie 10 und zur Nachbarinsel Karsibór (Kaseburg) mit dem Bus der Linie 5.

Die Usedomer Bäderbahn (UBB) fährt direkt in die Stadt bis zur Endstation Centrum. Die Bahn verbindet mit den Küstenstädten auf Usedom und weiter bis nach Barth und Stralsund. Mitnahme von Fahrrädern möglich.

Zwei kostenlose Fähren verbinden mit der Insel Wollin. Beide Personen- und Autofähren verkehren täglich rund um die Uhr, Fahrräder können mitgenommen werden. Die Stadtfähre pendelt im 20-Minuten-Takt. Sie ist für alle Fußgänger und Radfahrer, aber (seit Okt. 2014 auch am Wochenende) nur für einheimische PKW-Fahrer zugelassen. Die zweite, weitaus größere Fähre verkehrt sieben Kilometer außerhalb des Zentrums. Sie ist jederzeit für alle Automobilisten frei und pendelt im 30-Minuten-Takt, Fahrtdauer jeweils 10 Minuten. Fähren-Staumelder: www.przeprawa.swi.pl. Auf der Webcam sieht man die aktuellen Warteschlangen an den Fähranlegern.
Die Reedereien ›Unity Line‹, ›Polferries‹ und ›TT-Line‹ bieten täglich Fährverbindungen nach Schweden – Ystad und Trelleborg – an, unregelmäßig auch nach Kopenhagen. Abfahrt vom Fährterminal auf der Wolliner Seite von Świnoujście.

Hotel Kaisergarten (**Cesarskie Ogrody**, €€), ul. Stanisława Wyspiańskiego, Tel. 3210221, www.cesarskieogrody.pl. Komfortable 93 Zimmer im ehemaligen russischen Militärhospital. Jugendstil. Großer Spa- und Wellnessbereich, schöner Park, Restaurant, Biergarten, barrierefrei, rund 500 m zum Strand.

Hotel Irys (€€), ul. Żeromskiego 2, Tel. 3212676, www.irys.com. Direkt an der Promenade, Gebäude in Bäderarchitektur, viele deutsche Kurgäste, nettes Café.
Swarożyc (€€), ul. E. Gierczak 1, Tel. 3214452, www.uzdrowisko.pl. Nahe Promenade, eines der schönsten Häuser der Stadt in Bäderarchitektur. Barrierefrei.
Villa Herkules (€€–€€€), ul. Słowackiego 29, Tel. 3213528, www.villaherkules.pl. Strandnähe, Bäderarchitektur, Zimmer und Appartements mit Komfort, Salzgrotte und Physiotherapiebehandlungen, Restaurant und Café.
Willa Roma (€€), ul. Prusa 5, Tel. 3213294, www.willa-roma.pl. Am Westrand des Kurviertels, Appartements im Romantikstil, 150 m zum Strand.
Hotel Interferie Medical Spa (€€), ul. Uzdrowiskowa 15, Tel. 3812500, www.inmedicalspa.pl. Strandnähe, neueres modernes Gebäude am Kurpark. Großer Kur- und Wellnessbereich, Schwimmbad, Saunakomplex. Restaurant, Café, Bar, Night Club. Verleih von Fahrrädern und Nordic-Walking-Ausrüstungen, W-LAN. Barrierefrei.
Rezydent (€€), ul.Uzdrowiskowa 3,Tel. 3210146, www.hotel-rezydent.pl, Drei-Sterne-Hotel im neuen Kurviertel, 100 m zum Strand. 48 stilvolle Zimmer mit Internetanschluss und Balkon. Hallenbad, Wellness-Center, Fitnessraum, Café mit Terrasse, Restaurant.
Helios (€–€€), ul. Sienkiewicza 16, Tel. 3224884, www.helios.spanie.pl. Am Rande des alten Kurviertels, 300 m bis zum Strand. Internet, Parkplatz.
Willa Pod Dębami (€€), ul. B. Prusa 9, Tel. 3219368, www.pod.debami.eu. Ruhige Lage im alten Kurviertel. Restaurierte Villa mit großem Garten und hohem Standard. Frühzeitige Reservierung obligatorisch.
Pensjonat Pod Kasztanami (€–€€), ul. Paderewskiego 14/1, Tel. 3220120, www.pod-kasttanami.pl. Renoviertes Jugendstilhaus zwischen altem Kurviertel und Zentrum. Geräumige Zimmer. Empfehlenswertes Restaurant mit polnischer Küche im Untergeschoss, Sommerterrasse. Fahrradverleih.
Baltic Home (€€), ul. Uzdrowiskowa 11/3, Tel. 3274994, www.baltichome.pl. Stilvoll eingerichtete, moderne Appartements in Meeresnähe, verschiedene Größen. Preise je nach Saison.
Jugendherberge (**Skolne Schronisko Młodzieżowe** (€), ul. Gdyńska 26, Tel. 3270613, www.schronisko.e-swinoujscie.pl. Ganzjährig, sehr einfache Ausstattung.

Camping Relax, ul. Slowackiego 1, Tel. 3213912, www.camping-relax.com.pl. Schöne, gepflegte Anlage, ganzjährig. Zwischen Strand und Kurpark, Campinghäuschen, Lebensmittelgeschäft mit Fischräucherei, Café und Bar.

Restauracja Tankowiec, ul. Wybrzeże Władysława IV 23, Tel. 8888686, www.tankowiec.eu, tgl. ab 11 Uhr. Am Hafen, maritime Einrichtung, kleine Sommerterrasse. Sehr gute polnische und europäische Küche.
Restauracja Club Osada, ul. Wybrzeże Władysława IV 30a, Tel. 3211444, www.osada-club.pl, So–Do 10–22, Fr/Sa 10–24 Uhr. Kleines Restaurant am Anleger der Adler-Ausflugsdampfer. Polnische Gerichte, moderate Preise, freundliche Atmosphäre, beliebt auch bei Einheimischen, Sommerterrasse.
Restaurant Neptun, ul. Bema 1, Tel. 8888001, So–Do 10–22, Fr/Sa 10–3 Uhr. Gute polnische und europäische Gerichte, Cocktailbar. Große Sommerterrasse auf dem zentralen Wolności-Platz.
Karczma Polska Pod Kogutem, ul. Żeromskiego 48 (an der Promenade neben der Schwimmhalle), Tel. 3274057, www.karczmapodkogutem.pl, Mo–Do 12–22, Fr–So 12–23 Uhr. Rustikale Einrichtung im Stil eines polnischen Landgasthofs, riesige Speisekarte mit polnischen Gerichten, gute Qualität.

▶ Karte S. 143/148

Centrala, ul. Armii Krajowej 3, Tel. 3212640, www.centrala.pl, So–Fr 10–24, Sa/So 10–2 Uhr. Am Hafen, vorwiegend polnische Küche, Hofterrasse. Im Hof **Jazz-Club** und Swinemünder Künstler- und Szene-Treff **Scena**. Angegliedert ist das Restaurant ›Konstelacja‹ in schöner Lage neben dem Westfort. Inhaber ist der Swinemünder Kulturanimator Darek Ryzczak, er kreierte den ›Tollwütigen Hund‹ (Wściekły Pies), einen in Polen beliebten Wodka-Cocktail.

Kurna Chata, ul. Piłsudskiego 20, Tel. 501177125, tgl. ab 11 Uhr. Neben dem Lutherturm. Kleines, uriges Restaurant im rustikalen Bauernlook. Altpolnische Spezialitäten, üppige Portionen. Die Bedienungen servieren in Bauerntracht.

Ristorante Pinocchio, ul. Uzdrowiskowa 18, Tel. 8885679. Direkt an der Neuen Promenade, polnische und italienische Küche. Empfehlenswert!

Restauracja Promenada, ul. Uzdrowiskowa 16, Tel. 602528929. An der Neuen Promenade, polnische und europäische Küche, viele deutsche Touristen.

Magiczna Spizarnia, ul. Chrobrego 1b, Tel. 3211333, tgl. 10–22 Uhr. Nahe Stadtfähre. Die Nr. 1 in Sachen ›pierogi‹ (gefüllte Teigtaschen), ›naleśniki‹ (gefüllte Pfannkuchen) und ›placki‹ (Kartoffelpuffer). Sommerterrasse.

Bar Mleczny Słonecznik, ul. Konstytucji 3 Maja 17, tgl. 9–21 Uhr. 2014 auch in Swinemünde reaktivierte polnische Gastro-Legende aus sozialistischer Zeit. In der ›Milchbar‹ werden sehr preisgünstig polnische Gerichte in Selbstbedienung angeboten. Süße Spezialitäten: gefüllte Pfannkuchen, naleśniki, und gezuckerte Kartoffelklöße, kopytka.

Bałtycka Rybka, am Strandzugang nahe Konzertmuschel, Tel. 609737478. Fisch! Gebraten, gegrillt, geräuchert, aus dem Backofen, in der Suppe.

Asian Restaurant, ul. Uzdrowiskowa 7, Tel. 3224045, www.asian.iswinoujscie.pl. Schmackhaftes aus der asiatischen Küche.

Café Wieża, ul. Paderewskiego 7 (im Lutherturm), tgl. 10–22 Uhr. Dekoriert mit vielen Fotos des alten Swinemünde.

CoffeeBar, ul. Marynarzy 5 (gegenüber Schiffsanleger am Hafen), Mai–Ende Okt. tgl. 9–19 Uhr. Leckere Kuchenkreationen, großes Angebot an Schokoladen, Macchiatos, Caldos und Freddos.

Café Mount Blanc, ul. Żeromskiego 9 (an der Promenade), tgl. 9–21 Uhr. Edelste Schokoladen aus Belgien.

Dancing Scaljano, ul. Energetyków 4, tgl. 15–22 Uhr, Disco 19–22 Uhr. Disco und Bar. Vergnügliches Tanzbeinschwingen auf internationale Disco- und Beathits. Hier hüpft und dreht sich rhythmisch vorwiegend die Generation Ü40.

Fort Zachodni (Westfort), www.westbatterie.prv.pl, Mai–Sept. tgl. 10–20 Uhr, sonst bis zur Dämmerung. Mit Imbiss.

Fort Anioła (Engelsburg), www.fortaniola.pl, Mai–Sept. tgl. 10–20 Uhr, sonst bis zur Dämmerung. Mit Café.

Fort Gerharda (Ostfort), www.fort-gerharda.pl, Mai–Okt. tgl. 9.30–19 Uhr, sonst 10–17 Uhr.

Leuchtturm (Latarnia Morska), www.latarnie.com.pl, Juli/Aug. tgl. 10–20 Uhr, sonst bis 18 Uhr, in den Wintermonaten bis zur Dämmerung. Die Buslinie 1 fährt regelmäßig vom Busbahnhof in Warsów (Ostswine) dorthin. Maritime Ausstellung im Eingangsbereich. Imbiss.

Turm der ehemaligen Lutherkirche, ul. Paderewskiego/Ecke ul. Piłsudskiego, Aussichtsterrasse tgl. 10 Uhr bis zur Dämmerung.

König-Christus-Kirche, Plac Wolności, Anfang Juni–Ende August jeden Fr 19 Uhr Orgeldarbietungen.

Maria-Meeresstern-Kirche, ul. Piastowska, tgl. 7–18 Uhr.

Museum für Hochseefischerei (Muzeum Rybołówstwa Morskiego), Juli und Aug.

Usedom

Mo–Fr 10–20, Sa/So 10–18 Uhr, Juni und Sept. tgl. 10–17 Uhr, Okt.–Mai Mo geschlossen.

Meerestage mit Regatta, Ende Juni.

Tag des Fischers (Dzień Rybaka), Ende Juni im Fischereihafen in Warszów.

Internationales Musikfestival mit Orgelabenden in der König-Christuskirche, jeden Fr ab 19 Uhr.

FAMA-Künstlerfestival, im August.

Wiatrak, internationales Shanty-Festival; Mitte August.

Festungstage, historische Paraden, Rekonstruktion militärischer Schlachten in den Forts, www.twierdza.swinoujscie.pl; Mitte Sept.

UsedomRad/BalticBike, Fahrrad-Verleihsysteme für Usedom mit 90 Stationen, www.usedomrad.de/www.balticbike.pl.

Radverleih am Sanatorium Energetyk, ul. Żeromskiego 4/Ecke ul. Energetyków (Promenade).

Bis zu 150 m breiter Sandstrand, Strandkorbverleih, im Sommer Strandbars, Kitesurfing, kein FKK-Bereich.

Zwischen April und Oktober tgl. Verbindungen mit den Ausflugsdampfern der Adler-Flotte nach Bansin, Heringsdorf und Ahlbeck.

Zweistündige **Hafenrundfahrten** mit deutschsprachigen Erläuterungen an zwei Wochentagen, Abfahrt am städtischen Hafenkai. Ebenfalls zweistündige **Hafenrundfahrten** bietet die Oderhaff-Reederei Peters an. Außerdem Fahrten über das Oderhaff nach Ueckermünde und nach Szczecin, www.reederei-peters.de.

In nur 75 Min. fährt der **Bosman Express** tgl. Mai–Sept. nach Szczecin (Stettin) direkt an die Hakenterrasse, www.adler-schiffe.de. **Fahrt mit dem Piratenschiff** Róza Weneda, Fahrten zur Swinemündung und auf die Ostsee, in der Saison tgl. 11, 15 u. 19 Uhr.

Marina, Tel. 3219177, www.osir.uznam.net.pl. Hochmoderner und Usedoms größter Yacht- und Segelboothafen, im ehemaligen Nordhafen der Sowjetflotte, nahe Mündung, im Sommer Pub und Café. Auf dem Gelände befinden sich mehrere historische Backsteingebäude des ehemaligen deutschen Bauhafens, darunter der Wasserturm von 1876.

Kite-Camp, auf dem Flachwasserrevier nahe der Mühlenbake, Tel. 0048/530599992, www.kitejunkies.pl.

Grenzmarkt, ul. Wojska Polskiego, tgl. 9–16 Uhr. Skurriles, labyrinthisches Ensemble von Marktständen, das sich fast einen Kilometer an der Hauptstraße entlang zieht. Hier gibt es alles, von A wie Aal bis Z wie Zigaretten.

Wochenmarkt, ul. Kołłata 4a, Mo–Sa ab 8 Uhr. An diesem Ort **Flohmarkt** am letzten Sa im Monat.

Antyki, ul. Boh. Września 52/9, Tel. 3270135, www.antykwariat.swi.pl. Gemälde, Schmuck, Porzellan, Möbel.

Kunstmaler Marek Mamica, malt in den wärmeren Monaten an der Engelsburg Ölbilder mit Swinemünder und Usedomer Motive in Spachteltechnik, Tel. 692148343, www.mamica.republika.pl.

Małgorzata Jebianka, Bernsteinschmuck in der Handwerkstechnik des 15. Jahrhunderts, im Sommer arbeitet sie zusammen mit dem Ikonenschnitzer Tadeusz Zieliński vor dem Westfort, www.bursztynowecudo.pl.

Modesalon Venus, ul. Armii Krajowej 12, Tel. 3270997, www.venus.uznam.net.pl. Eleganz mit Qualität, viele deutsche Kundinnen.

▶ Karte S. 143/148

Das Achterland

Das Achterland erstreckt sich im südlichen Usedom zwischen der Ostsee, dem Achterwasser und dem Stettiner Haff. Es wird oft auch als Hinterland bezeichnet, nämlich als Hinterland der Kaiserbäder. Die schöne Landschaft ist abwechslungsreich, sie ist von sanften Hügeln – den eiszeitlichen Endmoränenzügen – und von zahlreichen Seen in den Senken dazwischen geprägt. Hier, abseits der Küste, findet man das ursprüngliche, das beschauliche Usedom. In dieser abgeschiedenen, gewellten Hügelkulisse mit ihren alten, verschlafenen Fischer- und Bauerndörfern fällt es schwer zu glauben, dass die im Sommer hochtrubeligen Seebäder und Badestrände nur wenige Kilometer entfernt liegen.

Die Usedomer Schweiz

Besonders hügelig ist die Gegend zwischen dem Schmollensee und dem Achterwasser, Usedomer Schweiz genannt. Hier liegen die Dörfer Pudagla, Benz und Neppermin.

■ Pudagla

Das Dorf Pudagla war im Mittelalter Sitz eines einflussreichen Klosters der Prämonstratenser. Es wurde 1309 von Grobe bei der Stadt Usedom hierher verlegt. Die Mönche von Pudagla beherrschten damals den gesamten östlichen Teil der Insel. Nach der Reformation wurde das Kloster säkularisiert, der riesige Grundbesitz fiel an die pommerschen Herzöge. Pommernherzog Ernst Ludwig ließ 1574 auf den Resten des Klosters ein **Schloss** im Renaissancestil errichten. Es diente seiner Mutter Maria von Sachsen als Witwensitz. Das schlichte, zweigeschossige Gebäude mit dem pommerschen Wappenrelief über dem Eingangstor besitzt im Innern noch Tonnen- und Kreuzgewölbe.

Das Schloss soll Schauplatz der wohl bekanntesten Legende Usedoms gewesen sein, der Legende von der Bernsteinhexe. Amtshauptmann Appelmann, Herr auf Schloss Pudagla während des Dreißigjährigen Krieges, wurde von der 15-jährigen Maria Schweidler, Tochter des Koserower Pfarrers, jäh abgewiesen. Der in seinem Stolz gekränkte Mann reagierte mit Rache und wollte das Mädchen auf dem Scheiterhaufen als Hexe verbrennen lassen (→ S. 107). Maria hatte Glück: Ein Prinz kam und rettete sie. Das Schloss wiederum hatte Glück, als der Jazz-Musiker Charly Eitner kam und Kultur ins verlassene Schloss brachte. Nun finden hier regelmäßig Ausstellungen und Konzerte statt. Das nette Café im Schloss heißt natürlich ›Die Bernsteinhexe‹. Dazu gehört der historische Kreuzgewölbekeller aus dem 13. Jahrhundert.

Am Achterwasser hat Pudagla einen sehr schönen, breiten **Badestrand** mit Grillplatz. Aus dem Wasser ragt ein großer Findling, der **Teufelsstein**. Ein Wanderweg verläuft am Achterwasser entlang nach Neppermin und weiter nach Balm. Hinter dem Strand erhebt sich der bewaldete, 17

Die Bockwindmühle in Pudagla

Usedom

Meter hohe **Konker Berg**. Höher ist der **Glaubensberg** an der Südseite des Dorfes. Aus fast 40 Metern Höhe eröffnet sich ein herrlicher Weitblick auf den Schmollensee und das Achterwasser. Nahe der B 111 in Richtung Neppermin steht auf dem Mühlenberg eine **Bockwindmühle** aus dem 17. Jahrhundert. Sie ist voll funktionsfähig und als technisches Denkmal zu besichtigen. Der letzte Mahlgang erfolgte 1937. Seit 2014 gibt es in Pudagla eine weitere Attraktion: **Gulliver** liegt hier im neuen Erlebnispark, mit Schuhen groß wie ein PKW und 36 Meter lang.

Benz und Neppermin

Benz zählt zu den schönsten Ortschaften auf Usedom. Das sah auch der deutsch-amerikanische Maler Lyonel Feininger vor rund 100 Jahren so. Die **St.-Petri-Kirche** war Feiningers Lieblingsmotiv auf der Insel. Um die 45 Mal malte er diese um 1600 erbaute, von herrlichen Kastanien umgebene Kirche, letztmalig wenige Monate vor seinem Tod 1956. »Es sind die Kirchtürme in gottverlassenen Nestern, die mir das Mystischste sind, was ich von den sogenannten Kulturmenschen kenne«, notierte Feininger 1913.

Von weitem gut zu sehen: die Holländermühle in Benz

▲ Karte: vordere Umschlagklappe

Unterwegs bei Zirchow

Die alte Scheune neben der Kirche beherbergt seit 1999 das **Kunst-Kabinett Usedom** mit der **Feininger-Ausstellung**. In der Galerie des Feininger-Experten Hannes Albers sind ausgewählte Werke des Malers zu sehen: Originale, Drucke, Plakate, Postkarten und ein Modell von Feiningers Fahrrad der Marke Cleveland Ohio von 1897 sowie Aquarelle, Skulpturen und Plastiken namhafter Usedom-Künstler wie Oskar Manigk, Falko Behrendt und Jo Jastram.

Die **Holländermühle** auf dem benachbarten Mühlenberg wurde um 1830 erbaut und war noch bis 1971 in Betrieb. Der Maler Otto Niemeyer-Holstein kaufte das Baudenkmal 1972 und ließ es instandsetzen. Die noch vollständig erhaltene Mühlentechnik kann besichtigt werden. Regelmäßig finden Kunstausstellungen statt, im Backhaus werden Kuchen und Getränke angeboten. Im Jahre 1973 diente die Mühle als Kulisse bei der DEFA-Verfilmung von Fontanes ›Effie Briest‹. Am Fuße des Mühlenberges liegt der Benzer **Friedhof**. Hier fanden der Maler Otto Niemeyer-Holstein, der Schauspieler Rolf Ludwig (›Der Soldat und das Feuerzeug‹) und die Publizistin Carola

Stern ihre letzte Ruhestätte. Auf dem Dorfplatz hat man 1969 dem aus Benz stammenden kommunistischen Widerstandskämpfer Fritz Behn ein **Denkmal** gesetzt, auf dem auch Marx und Lenin dargesellt sind. Obwohl viele Benzer es nach der Wende lieber abgebaut hätten, steht es noch – aber gut versteckt hinter den herabhängenden Ästen einer Eiche. Die kleine Ortschaft **Neppermin** liegt malerisch am Achterwasser, mit Blickkontakt zu drei Naturschutzgebieten: zu den Inseln Böhmke und Werder (→ S. 30) sowie zur Halbinsel Cosim. Eine schöne Uferpromenade führt an der Achterwasser-Bucht des Balmer Sees entlang.

Die Feininger-Radtour

Die 56 Kilometer umfassende, 2009 konzipierte Radtour ist sehr übersichtlich mit weiß-blauen Wegweisern ausgeschildert und außerdem mit numerierten Bronzeplaketten auf den Wegen gekennzeichnet. Zwei Routen, eine größere und eine kleinere, führen zu den beliebtesten Malorten Feiningers auf Usedom. Beide starten und enden in Benz. Die eine Route führt über Neppermin und Balm nach Mellenthin (16 km), die andere über Sallenthin zu den Kaiserbädern und nach Świnoujście (Swinemünde). Zurück nach Benz geht es dann über Zirchow, Korswandt, Gothen und Neuhof (40 km).

Ein schönes, aufwändig gestaltetes Buch mit dem Titel ›Papileo auf Usedom‹ (2009) hilft bei der Entdeckungsfahrt über das malerische Eiland und in die Künstlervergangenheit. Autor Martin Bartels war 40 Jahre lang Pastor in Benz. Papileo war der Kosename von Lyonel Feininger innerhalb seiner Familie.

Usedomer Schweiz

Golfhotel Balmer See (€€€), Drewinscher Weg 1, Tel. 038379/280. Luxusanlage mit Ferienwohnungen, Wellnessbereich, Restaurant. Der Golfclub besitzt zwei 18-Loch-Anlagen und einen 9-Loch-Übungsplatz.

Die Bernsteinhexe, Café mit kleinen Gerichten im Schloss Pudagla, Schlossstraße 8, Tel. 038378/470680, www.schloss-pudegla.de, Mi–So 13–18 Uhr.

Kunst-Kabinett Usedom mit **Feininger-Ausstellung**, Kirchstraße 14a, Benz, Tel. 038379/20184, www.kunstkabinett.de, Fr–So 11–17 Uhr.

Kulturmühle Benz, Mühlenberg, Tel. 038378/3650, in der Saison Di–So 10–17 Uhr.

St. Petri-Kirche Benz, www.kirche-benz.de, ganzjährig geöffnet.

Bockwindmühle, Pudagla, Info-Tel. 038378/34872, www.usedom-bockwindmuehle-pudagla.de, Mai–Okt. Mo–Fr 10–16, Sa/So 13–16 Uhr.

Welt der Erfindungen, Am Sandfeld, Pudagla, Tel. 038379/289855, www.weltdererfindungen.de, April–Okt. tgl. 10–18 Uhr, sonst 10–16 Uhr. Erste Erfinderausstellung Deutschlands, Geniales und Verblüffendes auf 4000 Quadratmetern Fläche.

KunstHaus Usedom, An der Landstr. 1, Neppermin, Tel. 038379/289861, www.kunsthaus-usedom.de. Ausstellungen, Theater, Lesungen, Kleinkunst, Open Airs, Geo-caching, Bistro, Piano-Brunch So 11–15 Uhr, tgl. rund um die Uhr an 365 Tagen.

Gullivers Welt, Gewerbegebiet 1, Pudagla, www.gulliverswelt.de, tgl. 10–18 Uhr, Erw. 10 €, erm. 7 €, Familienticket (2 plus 1) 20 €.

Weisse Düne, Segelschoner von 1909, seit 2004 im Achterwasser, im Greifswalder Bodden und im Stettiner Haff als exklusiver Segler zu Tagestouren unterwegs. April–Okt, 4,5 Stunden Schifffahrt. Liegeplatz in **Neppermin**, am Rande der schönen Seepromenade am Achterwasser. Infos: www.weisse-duene.com.

Lyonel Feininger – Maler, Grafiker, Karikaturist

It is very stimmungsfull
Feininger über Usedom in einem Brief an seine Frau Julia, 1910

Schiebermütze, Schlips, Knickerbocker, sportliches Schuhwerk, modisch und schick gekleidet vom Scheitel bis zur Sohle, lässig gestützt auf sein geliebtes Fahrrad der amerikanischen Kult-Marke Cleveland Ohio, so ließ sich der deutsch-amerikanische Künstler Lyonel Feininger (1871–1956) gerne ablichten. Mit dem kostspieligen Rennradmodell im Gepäckwagen machte sich der Maler, Grafiker und Karikaturist Feininger im Mai 1908 von Berlin aus per Eisenbahn erstmals auf nach Usedom. Der Aufenthalt wurde zum Beginn einer großen Freundschaft, wohl sogar Leidenschaft zur Ostseeinsel. Bis 1921 verbrachte Feininger Sommer für Sommer auf Usedom und dabei viel Zeit auf seinem Fahrrad, mit dem er die Insel rauf und runter fahrend erkundete, vor allem aber die Küstenregion im südöstlichen Teil Usedoms und das Achterland. Unterwegs entstanden unzählige Skizzen, ›Natur-Notizen‹ nannte er sie, ›zeichnerische Eselsbrücken‹ für seine Aquarelle, Ölbilder und Holzschnitte. Die Motive: Usedomer Lokalkolorit: Strandansichten, Schiffe und Boote, Wolkensinfonien, das Schloss in Mellenthin, die Kirchen von Benz und Zirchow, die Holländerwindmühle in Benz, Bäderarchitektur und Seebrücken, das pittoreske Dorf Neppermin am Achterwasser, der Hafen und das alte Rathaus von Swinemünde.

Feininger kam in New York zur Welt, seine deutschen Eltern waren angesehene Musiker. Bereits mit 16 Jahren, nach der Überseepassage mit seiner Mutter, blieb er in Deutschland, besuchte in Hamburg die Kunstgewerbeschule und wechselte kurz darauf an die Königliche Akademie in Berlin. Er arbeitete zunächst als Karikaturzeichner für die ›Humoristischen Blätter‹, später folgten Comicstrip-Serien wie ›The Kin-der-Kids‹. In den Folgejahren hatte Feininger Kontakt zur Berliner Secession, zur expressionistischen Künstlergruppe ›Die Brücke‹ um Ernst Ludwig Kirchner und Karl Schmidt-Rottluff, zu den Künstlern des ›Blauen Reiters‹ um Franz Marc und Wassily Kandinsky. Mit ihm, Paul Klee und Alexej von Jawlensky gründete Feininger 1924 die Ausstellungsgemeinschaft ›Die Blaue Vier‹. Er wurde Bauhaus-Meister unter Walter Gropius. Unter den Nazis galt Feiningers Kunst als ›entartet‹. 1937 kehrte er nach New York zurück, wo er an seinem unvergleichlichen abstrakt-kubistischen Malstil feilte, der auch ›Prismaismus‹ genannt wird. »Pommern und die Ostsee waren für mein Schaffen mitbestimmend und ich zehre noch jetzt an den Erlebnissen, die ich dort hatte. Hier gibt es nichts, was damit zu vergleichen wäre«, notierte der Künstler 1951, zurückblickend auf seine Usedomer Zeit. Gewiss auch auf seine Lieblingsorte Benz und Neppermin, das er liebevoll ›Peppermint‹, ›Pfefferminz‹ und ›Nevermind‹ nannte.

Das berühmte ›Cleveland Ohio‹ Feiningers

Der Lieper Winkel

Die Halbinsel mit ihren moorigen Wiesen, Weiden, Kanälen und weiten Schilfwäldern schiebt sich wie eine Faust in das Achterwasser. Der Lieper Winkel, ein stilles Eckchen, hat sich sein ländliches Flair bewahrt, er ist eine Welt für sich – fern vom trubeligen Bäder-Tourismus und diesen Orten doch so nahe. Bekannt ist der Winkel auch für seine besonderen Tante-Emma-Läden. Ob selbst gemachte Marmelade, Eier oder Brot, Obst und Gemüse: Vieles wird direkt an der Hofeinfahrt verkauft.

Ein markierter Radwanderweg (grüner Querbalken) verbindet die Dörfer auf dem Lieper Winkel, knapp 20 Kilometer legen Radler zurück. Ein Radweg verbindet Rankwitz auch mit den nahen Ortschaften Morgenitz und Mellenthin.

Suckow

Noch im Mittelalter war die Halbinsel durch unzugängliche Wälder vom Rest der Insel abgetrennt und nur über das Wasser erreichbar. Heute führt eine geteerte Straße von der viel befahrenen B 110 durch den Usedomer Stadtforst zum Dorf Suckow. Am Ortsausgang steht linker Hand die majestätische **Suckower Eiche** auf einem bronzezeitlichen Grabhügel. Ihr Stammumfang beträgt 6,5 Meter, ihre Kronenausdehnung gewaltige 30 Meter. In diesem Riesenschirm brüten Buchfink, Bachstelze, Baumläufer und Ringeltaube. Wie alt die Stieleiche genau ist, weiß man nicht. Man schätzte sie lange Zeit auf ein Alter von 700 bis 1000 Jahren. Aber wahrscheinlich hat sie ›nur‹ 400 Jahre auf ihrem mächtigen Buckel. Sie ist also eine Nachfolgerin der ursprünglichen Grabhügeleiche, die im 13. Jahrhundert noch zu einem ausgedehnten Eichenwald gehörte. Ursprünglich hieß Suckow slawisch Szuinaruitz, zu Deutsch Schweinehüterei. Denn die Mönche trieben damals ihre Schweine zur Mast in die Eicheln.

Rankwitz

Eine schöne Allee verläuft von Suckow durch eine Wiesen- und Feldlandschaft nach Rankwitz, das mit seinen kleinen Fischerhäusern einen idyllischen Eindruck macht. Hier geht es an manchen Sommerwochenenden geradezu touristisch zu. Es hat sich längst herumgesprochen, dass man am **Rankwitzer Hafen** wunder-

Am Rankwitzer Hafen

Usedom

bar Fisch essen kann und dabei in der ersten Reihe am Ufer des Achterwassers sitzt. Auf dem **Rankwitzer Heimathof** sind Exponate einstiger Dorfkultur zu sehen, unter anderem Fischerboote, Volkstrachten und ein über 200 Jahre alter Webstuhl. Nördlich der Ortschaft erhebt sich der höchste Gipfel der Halbinsel: Vom Gipfelkreuz des 18,4 Meter hohen **Jungfernberges** hat man eine formidable Aussicht über den reizvollen Landstrich. Der Wanderer kann sich oben auch ins Gipfelbuch eintragen. Der Name des Inselberges ist einer Legende entliehen: Lebensfrohe Jungfern sollen auf der Erhebung unzüchtige Feste gefeiert haben, anstatt am Sonntag zur Messe zu gehen. Daraufhin habe sich der Berg aufgetan und die jungen Frauen verschlungen. In einigen Nächten soll das Klagen der Jungfern noch zu hören sein.

Von Quilitz nach Morgenthin

Vom bewachsenen Steilufer bei **Quilitz** hat man gewiss den schönsten Blick auf den Peenestrom und hinüber nach Lassan. Baden ist aber anderswo auf Usedom sicherlich schöner, auch wenn es

Die Kirche in Liepe stammt aus dem 13. Jahrhundert

▲ Karte: vordere Umschlagklappe

Wie ein Park: der Friedhof an der Mellenthiner Kirche

hier eine Badestelle gibt. In **Warthe** dümpeln einige Fischerkähne am von einem breiten Schilfgürtel umgebenen Ufer.

Liepe – gepflegte reetgedeckte Häuser, große Backsteinscheunen – liegt im Zentrum der Halbinsel. Die kleine **Dorfkirche St. Johannes** wird schon 1216 erstmals urkundlich erwähnt. Sie ist damit die älteste Kirche Usedoms. Der heutige turmlose, gotische Backsteinbau mit frei stehendem Glockenstuhl stammt aber weitgehend aus dem 15. Jahrhundert. Spätmittelalterliche Malereien zieren die Ostwand. Die sonstige Inneneinrichtung stammt aus dem 18. Jahrhundert, auch der hölzerne Kanzelaltar und die Beichtstube daneben.

Die **Morgenitzer Dorfkirche** stammt ursprünglich aus dem 15. Jahrhundert. Sie wurde nach einem verheerenden Sturm im späten 18. Jahrhundert turmlos und mit hohem Satteldach wieder aufgebaut. Im Innern dominiert die barocke Ausmalung von 1777. Erhalten blieb der spätgotische Westgiebel. Um die Kirche herum befinden sich rund zwei Dutzend frühslawische Mahlsteine, sogenannte Trogmühlen. Der riesige Findling neben dem

Glockenstuhl von 1820 wurde vom Gothensee hierher transportiert, 16 Pferde waren dazu nötig. Die Inschrift erinnert an die im Ersten Weltkrieg Gefallenen.

Mellenthin

Mellenthin gehört zu den meistbesuchten Ortschaften im Inselinnern. Eine breite, mit alten Bäumen bestandene Straße führt in das schöne Dorf hinein. Hinter einer Findlingsmauer erhebt sich die mittelalterliche **Kirche**. Baubeginn des Gotteshauses dürfte im 14. Jahrhundert gewesen sein. Der Turm, der den Ort überragt, stammt aus dem 15. Jahrhundert. Der ehemalige Friedhof umgibt die kleine Dorfkirche, mit Efeu pittoresk überwuchert sind die Gräber und die gusseisernen Grabkreuze aus dem 19. Jahrhundert. Mächtige, dickstämmige Eichen säumen den Sakralbau. Die Innenausstattung ist zum Teil noch aus dem späten Mittelalter erhalten, etwa der Opferstock und die Orgelempore. Ein Mahlstein aus frühslawischer Zeit diente bis zur Reformation als Weihwasserbecken. Prunkstück der Kirche sind aber die 1930/31 freigelegten Malereien im Chorgewölbe, die aus der Zeit um 1420 datieren. Am Eingang steht eine farbige, zwölf Zentner schwere Grabplatte von 1594. Darauf sind die Eheleute Rüdiger von Neuenkirchen und Ilsabe von Eickstedt dargestellt. Bei der Dame an der Seite des Ritters soll es sich um die Bernsteinhexe Maria Schweidler handeln. Dieser Landadlige aus der Familie derer von Neuenkirchen, die bereits ab 1336 Besitzer Mellenthins waren, ließ zwischen 1575 und 1580 das **Mellenthiner Wasserschloss** bauen. Die zweigeschossige, von einem Wassergraben umgebene Dreiflügelanlage zählt dank Hotel, Restaurant und Bierbrauerei seit einigen Jahren zu den großen touristischen Sehenswürdigkeiten Usedoms. Glanzstück im Innern ist ein farbig bemalter Stuckkamin von 1613. Das aufgemalte Bild zeigt den Teufel, der mit einer Kutsche den Schlossherrn entführt. In der Mitte des 17. Jahrhunderts, als die Schweden über Pommern herrschten, machte die schwedische Königin Christine ihrem Kanzler Graf Johann von Oxenstierna das Renaissanceschloss zum Geschenk. Im 19. Jahrhundert kamen Gebäude und Gut in den Besitz des Swinemünder Justizrats Wittchow. Laut Legende ließ der Mellenthiner ›Ritter mit der goldenen Kette‹ 1360 einen unterirdischen Gang vom Schloss ins Kloster von Pudagla graben, um eine junge Nonne zu entführen. Allerdings war das Kloster ein reines Männerkloster!

Ein wunderbarer mit Linden gesäumter Spazierweg führt um das Schloss herum. Dabei passiert man einen frühdeutschen Turmhügel und uralte Stieleichen. Sehenswert ist auch die kopfsteingepflasterte Allee zwischen Kirche und Schloss mit dem ehemaligen Gutshof und Gesindehäusern.

Lieper Winkel

Wasserschloss Mellenthin (€€–€€€), Dorfstr. 25, Tel. 038379/28780, www.wasserschloss-mellenthin.de. Im Westflügel des Schlosses. Restaurant, Café, Bierbrauerei, große Terrasse im Schlosshof.

Landhotel Lieper Winkel, Dorfstr. 11, Tel. 038372/76080, www.landhotel-lieper-winkel.de. Stilvolle Ferienwohnungen auf der Halbinsel.

Restaurant Sommercafé, Am Hafen 2, www.hafenrankwitz.de, Mai–Sept. tgl. 11–22 Uhr. Herrliche Sommerterrasse direkt am Achterwasser, wunderbare Sonnenuntergänge!

Zur Alten Fischräucherei, Am Hafen 1, Rankwitz, Tel. 038372/70521, www.usedomer-feinfisch.de, Mai–Mitte Okt. tgl. 8–20 Uhr, sonst tgl. 9–16 Uhr.

Landgasthaus Klein & Usedoms Botanischer Garten, Chausseeberg 1, Mellenthin, Tel. 038379/20246, www.landgasthaus-klein.de. Ausflugslokal mit regionalen Gerichten. Streichelzoo und Vorpommerns größter botanischer Garten (50 000 Pflanzen), Liegewiese mit Picknickplätzen, Teiche, künstlicher Wasserfall.

Pommersche Keramik-Manufaktur (PKM), Morgenitzer Berg 10, Mellenthin, Tel. 038379/22933, www.pommersche-keramik.de, Mo–Sa 10–17, im Sommer auch So 11–16 Uhr. Hergestellt werden in Handarbeit Gegenstände der traditionellen ›Stettiner Ware‹: Vasen, Geschirr. Kannen, weiß glasiert, blau bemalt.

Töpferei Dannegger, Dorfstr. 8, Morgenitz, Tel. 038372/70910, www.keramik-morgenitz.de, Mo–Sa 12–13 u. 16–17 Uhr. Zum Verkauf: Geschirr, Fayencen, keramische Plastiken. Töpfermarkt im Frühling und Sommer.

Grünfink, Dorfstr. 21, Quilitz, Tel. 038372/76050, www.bioladen-usedom.de, im Sommer Mo–Sa 9–18 Uhr. Bioladen mit Demeter-Produkten, Backwaren, Obst, Gemüse, Bio-Schäferei.

An der nördlichen Haffküste

Die Orte an nördlichen Haffküste werden von den Touristen deutlich weniger besucht als die Badeorte an der Ostsee. Sie lohnen aber ebenso einen Besuch, besonders reizvoll ist eine Radtour auf wenig befahrenen Wegen am Haff entlang.

Kamminke

Langgestreckte Höhenzüge ziehen sich quer über die Insel, vom Heringsdorfer Kulm und dem Langen Berg bei Bansin bis zum Golm an der Haffküste bei Kamminke. Der kleine Fischerort mit seinen rund 300 Einwohnern liegt direkt an der polnischen Grenze, also ›ganz unten rechts‹ auf der Usedomer Inselkarte. Kamminke ist ein überaus pittoreskes und beschauliches Gegenstück zur Ostseeküste, gefühlte Lichtjahre entfernt vom sommerlichen Rummel der Ostseebäder. Hier herrscht eine fast melancholische Atmosphäre. Reetgedeckte, einstöckige Häuschen schmiegen sich an den steilen Berghang, Fischerboote dümpeln im Hafen, auf der Mole wird geräuchert und Fisch fangfrisch angeboten. Auf den von der Witterung angenagten Holzpfählen der Buhnen sitzen bewegungslos Möwen und Kormorane, Schwäne, Haubentaucher und Blässhühner schaukeln auf den Wellen, familiär erscheint der breite, etwas kieselige Sandstrand. Und auf dem wohl nordöstlichsten Fußballplatz Deutschlands blühen ungestört Gänse- und Kuhblümchen.

▶ Karte: vordere Umschlagklappe

Golm

Der mit 69 Metern höchste Berg Usedoms unmittelbar bei Kamminke ist mindestens einen Abstecher wert. Im Frühjahr überziehen Buschwindröschen die Hügelhänge wie ein schneeweißer Teppich. Auf der bewaldeten Erhebung befand sich zur Bronzezeit ein Burgwall, ab dem späten 18. Jahrhundert wurde der Golm zum beliebten Ausflugsziel der Swinemünder. Die Hafenstädter trafen sich ganz oben in der Ausflugsgaststätte ›Onkel Toms Hütte‹ – bis zum Zweiten Weltkrieg. In der Mittagsstunde des 12. März 1945 verwandelten 671 amerikanische Flugzeuge die mit Flüchtlingen und Soldaten überfüllte Hafenstadt mit 1600 abgeworfenen Tonnen Bomben in ein brennendes Inferno. Bis zu 23 000 Menschen starben und wurden größtenteils in Massengräbern vorwiegend auf dem Golm beigesetzt. Die 1953 von dem Bansiner Bildhauer

Rudolf Leptien angefertigte Skulptur **Die Frierende** konnte erst 1984 aufgestellt werden, sie entsprach nicht der ideologischen Linie der DDR-Staatspartei SED. Im Jahre 2000 übernahm der Volksbund die größte **Kriegsgräberstätte** Mecklenburg-Vorpommerns, 2005 eröffnete er die internationale **Jugendbegegnungsstätte** Golm.

Garz

Hauptattraktion im kleinen Dorf Garz ist die 1231 erstmals erwähnte und interessante **Dorfkirche**. Sie wurde um 1450 aus Back- und Feldsteinen errichtet, die Innenausstattung stammt aus der Zeit um 1780. Eine **Ausstellung** informiert über die Geschichte des Golm. Auffällig ist eine Luke am Westgiebel, eine Reminiszenz an alte Zeiten, als die Fischer ihre Netze gegen einen Obolus auf dem Kirchboden zum Trocknen aufhängen durften. Neben dem turmlosen Gotteshaus stehen eine 500 Jahre alte Linde und der Glockenstuhl von 1854.

Golm, Gedenkstätte

Kleinod: das Schloss in Stolpe

Stolpe

An der mit altem Kopfstein gepflasterten Dorfstraße gruppiert sich das Dorf sehr idyllisch um einen kleinen Weiher und den sich anschließenden Dorfanger mit der neugotischen **Kirche** von 1873. Ihr mittelalterlicher Vorgänger wurde 1867 durch Blitzschlag zerstört. Pittoresk spiegelt sich ein herrschaftliches Gebäude auf dem Dorfweiher: Das **Schloss** von Stolpe hat sich zu einem wahren Schmuckstück gemausert. Noch vor zehn Jahren war der weitgehend demontierte Renaissancebau eher ein Schandfleck des Ortes. Nun sind Kunst und Kultur in das von einem Förderverein sanierte Haus eingezogen. Die restaurierte Schlossremise nebenan beherbergt seit 2013 ein sehr stilvolles Restaurant. Noch bis 1945 gehörte der Herrensitz dem Adelsgeschlecht derer von Schwerin. Die letzte Bewohnerin des Schlosses, die Gräfin Edda von Schwerin, floh 1945 nach Westdeutschland. Im Sarg kehrte sie 1957 zurück, um sich in Stolpe bestatten zu lassen.

Usedom

Usedom, die älteste Stadt der Insel, gab der Insel ihren Namen. Der stammt wahrscheinlich von dem slawischen Wort für ›Mündung‹ ab. Das geschichtsträchtige Landstädtchen liegt im Südwesten der Insel zwischen Kleinem Haff und Peenestrom. Ein weißes, fünf Meter hohes **Granitkreuz** auf dem Aussichtspunkt am Schlossberg, wo einst eine slawische Burganlage stand, erinnert an ein historisch überaus bedeutendes Ereignis aus dem Jahr 1128: Westpommerns Herzog Wartislaw I. ließ in diesem Wendejahr den slawischen Adel auf dem Schlossberg zusammenkommen und rief sie zur Annahme des christlichen Glaubens auf. ›Hier nahmen zu Pfingsten 1128 die Führer der Wenden in Westpommern das Christentum an. Gott will keinen erzwungenen, sondern freiwilligen Dienst‹, steht auf der Sockelinschrift des Bergkreuzes. Missionsbischof Otto

Das Anklamer Tor in Usedom

von Bamberg nahm die Konversion ab. Auf diese Weise konnten die slawischen Adligen ihre Privilegien in die neue Zeit hinüberretten. Wartislaw I. war nur ein kurzes christliches Leben vergönnt, er wurde wenige Jahre später ermordet. Das deutsche Usedom entwickelte sich nun neben der slawischen Siedlung. Im Jahre 1295 bekam der Ort das lübische Stadtrecht und damit Privilegien für Handel und Handwerk.

Weg ins Nichts: die Hubbrücke bei Karnin

Aus dieser spätmittelalterlichen Epoche Usedoms haben das Anklamer Tor und die Marienkirche die Jahrhunderte überdauert. Das **Anklamer Tor** ist ein viergeschossiger, spätgotischer Backsteinbau von 1450. Es ist das einzige mittelalterliche Stadttor, das auf der Insel erhalten ist. Es beherbergt heute das kleine **Heimatmuseum**. Am schönen Marktplatz stehen das mit dem Stadtwappen versehene **Rathaus** aus dem 18. Jahrhundert, mehrere eingeschossige Häuser mit

Karte: vordere Umschlagklappe

hübsch verzierten Eingangstüren sowie die spätgotische **Marienkirche**. Der Backsteinbau mit ungewöhnlichem Treppengiebel stammt aus dem 15. Jahrhundert. Er musste nach einem Stadtbrand im Jahr 1476 neu aufgebaut werden.
Kaum 2000 Einwohner zählt das schmucke, gepflegte Städtchen heute. Typische Ackerbürgerhäuser säumen die Kopfsteinpflastersträßchen, geschäftiges Treiben aber herrscht andernorts auf der Insel. Usedom ist ein günstiger Ausgangspunkt für Ausflüge in den südwestlichen Zipfel der Insel, den **Usedomer Winkel**. Weites, sanft gewelltes Land, lang gestreckte Alleen, kleine Dörfer, eine fast menschenleere Gegend. Unspektakulär und doch reizvoll.

Radtour am Kleinen Haff entlang: Von Kamminke nach Usedom (Stadt)

Nicht direkt am Kleinen Haff entlang, aber doch stets ganz nahe und mit Blickkontakt zum Boddengewässer führen die Via Baltica, der Baltisch-Westfälische Jakobsweg und der Haff-Radfernweg. Sie sind sehr gut ausgeschildert. Im Halbrund führt der Radweg über insgesamt 114 Kilometer von Kamminke über Usedom (Stadt), Anklam und Ueckermünde bis nach Altwarp. Ausgangspunkt dieser Tagestour ist die Haff-Ortschaft Kamminke. Sie ist bestens von Świnoujście (Swinemünde) aus zu erreichen. Gut ausgebaute Radwege führen von der Endstation der Usedomer Bäderbahn (UBB) an der ul. Wojska Polskiego über die ul. 11 Listopada, die ul. Grunwaldzka und die ul. Krzywa in nur rund vier Kilometern dorthin. Etwa 60 Kilometer hin und zurück sind es nach Usedom (Stadt). Es gibt unterwegs einige mittlere Steigungen. Sehr empfehlenswert ist die Verbindung dieser Tour mit einer Fahrt durch das wunderbare Thurbruch nach Korswandt am Wolgastsee (Abzweig bei Bossin). Denkbar auch als Alternative bei der Rückfahrt oder als gesonderte Rundtour mit Ausgangs- und Endpunkt Świnoujście (Swinemünde).
Hinter dem Fußballplatz in **Kamminke** schlängelt sich die sehr steile Bergstraße auf die Moränenanhöhe. Oben geht es rechts zur Abbruchkante. Hier ist ein wunderbarer Aussichtspunkt mit formidablem Haffblick. Linker Hand kommt man auf den Haff-Radweg und geradeaus zum **Golm**. Vom 69 Meter hohen Berg eröffnet sich ein schöner Blick auf das Haff und auf das polnische Świnoujście.
Die nächste Station unserer Tour ist **Garz** mit seiner interessanten Dorfkirche. Eine sehr reizvolle, sanft hügelige Landschaft mit weiten Raps- und Getreidefeldern führt am Gelände des bereits 1935 eröffneten **Flughafens Heringsdorf** vorbei. Unterwegs passiert man durch eine backsteinerne Unterführung den alten Bahndamm der Strecke von Berlin nach Swinemünde. Die D-Züge fuhren bis zum Ende des Zweiten Weltkriegs. Die folgenden Stationen sind Kutzow, Neverow und **Bossin**. ›Imbiss am Radweg‹ nennt sich hier der nette Radlerstopp mit seiner großen Sommerterrasse. Bossin war ursprünglich, im 13. Jahrhundert, ein ritterschaftliches Dorf, das zum Prämonstratenser-Kloster in Pudagla gehörte. Die wenigen Einwohner waren über die Jahrhunderte Bauern oder Hafffischer. Eine kleine Badestelle, ins dichte Schilf geschlagen, befindet sich am dörflichen Zugang zum Haff. Kaum einen Kilometer von entfernt Bossin liegt **Görke** an der B 110; hier geht ein Weg ins Thurbruch ab.
Die nächsten Stationen sind **Dargen** mit dem interessanten **Technik- und Zweiradmuseum** und kurz darauf **Prätenow** mit dem Usedomer **Wisentgehege**. Die ersten dieser mit dem Bison verwandten zotteligen Waldtiere kamen 2004 aus dem Wolliner Nationalpark hierher. Unbedingt einen Halt wert ist die 1218 erstmals urkundlich erwähnte Ortschaft **Stolpe auf Usedom** mit Weiher, Kirche und einem sehr sehenswerten Schloss. Ein Plattenweg führt zum kleinen Hafen mit Badestelle.

Kurz hinter Stolpe biegen wir nach **Welzin** ab. Eine eindrucksvolle Lindenallee führt dorthin. Die ansässige **Inselkäserei** der Schwarzwälder Familie Schultze hat das unscheinbare Haffdorf, das letzte auf unserer Tour, bekannt gemacht mit ›Usedomer Jung‹, ›Usedomer Mittel‹ und ›Usedomer Alt‹. Die Milch für den Käse stammt von den glücklichen Usedomer Kühen des benachbarten Bio-Bauern. Auf Zuruf bringt eine kleine Ruderfähre bei **Ostklüne** Wanderer und Radler ans nur einen Steinwurf entfernte andere Ufer, nach **Westklüne**. Die beiden Ortsteile sind durch die 300 Meter lange Kehle getrennt, die den Usedomer See mit dem Haff verbindet.

Nächste Station auf unserer Tour ist **Usedom**, der Ort, der der Insel ihren Namen gab. Ein Besichtigung lohnt, denn einige Bauwerke verraten noch etwas von der spannenden slawisch-deutschen Geschichte dieses Ortes und der Region.

Nicht mehr weit ist es von hier bis nach **Karnin**, wo sich der imposante Rest der ehemaligen **Eisenbahnhubbrücke** erhebt. Sie wurde 1933 erbaut, zuvor drehte sich hier eine Brücke mit Handbetrieb. Die Hubbrücke war damals eine technische Meisterleistung und galt als die modernste ihrer Art in Europa. Die Hubhöhe betrug 38 Meter, hoch genug auch für die modernsten Schiffe dieser Zeit. Die Brücke war das wichtige Bindeglied der bereits 1876 eröffneten Eisenbahnlinie von Ducherow nach Swinemünde über den Peenestrom. Dadurch wurde die direkte Anreise von Berlin nach Usedom möglich. Die Wehrmacht sprengte sie kurz vor Kriegsende, um den Vormarsch der Roten Armee zu unterbrechen. Erhalten blieb nur die Hubkonstruktion selbst, der Mittelteil der Brücke. Seit einigen Jahren ist ihr Wiederaufbau im Gespräch. Für die Berliner würde sich dadurch die Anfahrtszeit nach Usedom mit der Bahn halbieren, auf nur zwei Stunden. Aufs Festland nach **Kamp** kommt man aber trotzdem übers Wasser: Eine Personenfähre pendelt in den Sommermonaten täglich zwischen 11 und 17 Uhr. Oder man bleibt hüben auf der Insel und kehrt bei ›Vadder Gentz‹ ein, in der berühmten Familiengaststätte **Haffschänke** hinterm **Lotsenturm** von 1938. Der beherbergt seit 2008 das erste deutsche Lotsenturm-Hotel, mit Platz für zwei Gäste, www.lotsenturm-usedom.de.

An der nördlichen Haffküste

Stadtinformation und **Informationszentrum des Naturparks Insel Usedom**, Bäderstr. 5 (Klaus-Bahlsen-Haus), Usedom (Stadt), Tel. 038372/7630, www.naturpark-insel-usedom.de, Mai–Sept. Mo–Fr 10–18, Sa 10–15 Uhr, sonst Mo–Fr 10–16 Uhr. Ausstellung zu Fauna und Flora, geführte Rad- und Wandertouren.

Stolperhof (€–€€), Landweg 1, Stolpe, Tel. 038372/71081, www.stolperhof.de. Ökologische Anlage mit Pension in Lehmfachwerk, Stall, Waschhaus, Koppeln und Bauerngarten. Idyllisch gelegen, vielfältiges Freizeitangebot.

Radlerpension Natzke (€–€€), Geschwister-Scholl-Str. 5, Usedom (Stadt), Tel. 038372/70398, www.gasthaus-natzke-usedom.de. Bed & Bike, Gaststube, Radverleih.

Hotel-Restaurant Nordeutscher Hof (€€), Markt 12, Usedom (Stadt), Tel. 038372/70266, www.norddeutscherhof.de. Zentral.

Campingplatz Kamminke (€–€€), Garzer Weg, Tel. 038376/29850, www.insel-usedom-camping.de, Juni–Sept. Schöne gepflegte Anlage, Ferienhäuser, Radverleih.

Fischräucherei Kamminke Klönsnack, An der Mole, Tel. 038376/29776, www.fischraeucherei-kamminke.de. Sehr schönes, windgeschütztes Plätzchen direkt am Haff, frischer Fisch, auch Veranstaltungen.

Gasthof to´n Eikbom, Haffstr. 10c, Dargen, Tel. 038376/20421, www.eikbom.de. Landgasthof mit Pension.

▶ Karte: vordere Umschlagklappe

Imbiss am Radweg, Bossin, tgl. im Sommer geöffnet.
Restaurant Remise, Dorfstr. 7, Stolpe, Tel. 038372/769280, www.remise-stolpe.de, tgl. ab 11.30 Uhr. Neben dem Schloss, feine regionale Küche (Pommern-Tapas!) in historischem Ambiente, Sommerterrasse.
Haffschänke, Dorfstr. 19, Karnin, Tel. 038372/70375, www.haffschaenke.de. Gute Hausmannskost, eine gastronomische Institution auf Usedom.

Ausflugsschiffe von Kamminke nach Szczecin (Stettin) und Ueckermünde, Aushang zu Fahrtzeiten am Ableger im Hafen.

Erlebniswelt Hangar 10, Flugplatz Heringsdorf, An der Haffküste 1, Tel. 038376/29510, www.hangar10.de. Spielewelten innen und draußen, Ausstellung historischer Fluggeräte, Simulatoren. Im Restaurant mit Ausblick auf Flugplatz und Ausstellung lässt es sich vortrefflich speisen.
Technik- und Zweiradmuseum, Bahnhofstr. 7, Dargen, Tel. 038376/20290, www.museumdargen.de, Apr.–Okt. tgl. 10–18 Uhr, sonst tgl. 10–15 Uhr. Präsentiert werden fast alle Fahrzeuge, die in der DDR produziert wurden, thematisiert wird aber auch das ›Lebensgefühl‹ in diesem Staat.
Wisentgehege Insel Usedom, Heideweg 1, Dargen-Prätenow, Tel. 0162/1637779, www.wisentgehege-usedom.de, Ostern–Okt. tgl. 10–17 Uhr, sonst tgl. 10.30–15.30 Uhr, Fütterungszeiten tgl. 10.30 u. 14.30 Uhr.
Schloss Stolpe, Alte Dorfstr. 25, Tel. 038372/70193, www.schloss-stolpe.de, April–Okt. Di–So 11–18 Uhr, Führungen 14–18 Uhr. Regelmäßig Veranstaltungen im Rahmen von ›Kultur im Schloss‹.

Hafenfestspiele, www.hafen-festspiele-usedom.de; Juli/Aug. an der Hafenbühne von Usedom (Stadt).

De Spinndönz, Markt 16, Usedom Stadt, Tel. 038372/76390, www.spinndoenz.de, März–Okt. Mo–Fr 9–18, So 11–17 Uhr. Annelene Lühmann-Jesewski bearbeitet in ihrer Erlebnis- und Schauwerkstatt reine Schafswolle auf historischen Webstühlen. Im Angebot: Strickwaren und Kunsthandwerk.
Inselkäserei Usedom, Dorfstr. 30, Welzin, Tel. 038372/76139, www.inselkaese.de.

Das östliche Achterland

Das östliche Achterland ist vom schilfumwucherten Gothensee, von einigen Anhöhen wie dem 60 Meter hohen Zirowberg und vor allem vom flachen, entwässerten Moorland des Thurbruchs geprägt. Hier empfehlen sich Radtouren. Besonders reizvoll ist die Verbindung dieser weitgehend recht einsamen Gegend mit dem schönen Radweg, der am Kleinen Haff entlang nach Usedom (Stadt) verläuft, Verbindungen gibt es bei Zirchow oder bei Görke. Świnoujście (Swinemünde) bietet sich bei diesen Touren bestens als Ausgangs- und Endpunkt an. Von Görke nach Świnoujście sind es rund 14 Kilometer.

Das Thurbruch

Bei **Görke** führt – direkt an der B 110 – zunächst die Wiesenstraße, ein enger Pflasterweg, an einem alten Bauerngehöft vorbei ins rund 17 Quadratkilometer große Thurbruch. Danach fährt man meist auf einer zweispurigen, hier und da recht holprigen Betonpiste über das herrliche, flache Grünland. Rechts und links erstrecken sich blütenreiche Wiesen mit dickstämmigen, knorrigen Krüppelweiden und Akazien am Wegesrand. Die Landschaft leuchtet, je nach Jahreszeit, in unterschiedlichen Farbtönen, am intensivsten im Frühjahr, wenn die schmalen Kanäle mit Wasserlilien geschmückt und die Wiesen und Weiden knallig gelb und weiß gesprenkelt sind und vom gleißenden Gelb der umliegenden Rapsfelder gerahmt werden.

Vor 15 000 Jahren rammten zwei Riesengletscher einen gigantischen, mehrere Kilometer umfassenden Eisblock, der ihnen den Weg nach Süden versperrte. Sandmassen und Geröll drängten sich danach an den blockierten Eiswänden empor. Nach der Eisschmelze blieben sie im Norden, Westen und Osten dieser Fläche liegen. Im Süden schlossen abgehobelte Sandberge das entstandene Gletscherzungenbecken ab. In diesem abgeschlossenen Kessel entwickelte sich über die Jahrtausende Faulschlamm, abgestorbene Pflanzen vertorften, und es entstand ein Niedermoor. Schließlich begann vor 2000 Jahren auf dem Flachmoor ein dichter Bruchwald zu wachsen. ›Silva thura‹, Auerochsenwald, nannte man das Gebiet bei der ersten urkundlichen Erwähnung 1421. Der letzte Wildbüffel, den die Germanen Ur, die Slawen später Thur nannten, wurde aber schon 1360, angeblich vom Pommernherzog höchstpersönlich, auf Usedom erlegt. Über Jahrtausende war das platte Land zwischen den heutigen Dörfern Zirchow, Görke, Labömitz, Reetzow und Ulrichshorst eine urwaldartige Sumpf- und Seenlandschaft. Ab 1772 wurde das Thurbruch nach und nach gerodet und entwässert, um Weideland zu gewinnen. Das Bruchland, das aus einer nacheiszeitlichen Ostseebucht hervorging, gehört zu den größten Niedermoorgebieten in Norddeutschland.

Die Kultivierungsarbeiten dauerten bis 1936 an. Das **Windkraftschöpfwerk** bei **Labömitz** – eine Windmühle, die Wasser schöpfte – stammt von 1920 und ist seit den 1990er Jahren ein technisches Denkmal. Bis heute wird das Thurbruch landwirtschaftlich genutzt. 1967 stellte man das Niederungsterrain zusammen mit dem Gothensee aufgrund des Artenreichtums unter Naturschutz. Die Schilfgürtel am **Kachliner See** sind Brutheimat vieler Vögel. Unterwegs trifft man in diesem abgelegenen Naturparadies auf eine Vielzahl an Schmetterlingsarten wie

Karte: vordere Umschlagklappe

In Korswandt am Wolgastsee

In der Zirchower Kirche

Dukatenfalter, Ochsenauge oder Moorbürstenbinder, und auch auf Greifvögel, die über das Bruch kreisen, auf Störche, Grau- und schneeweiße Silberreiher sowie Wildenten. Den wohl besten Überblick über das Bruch hat man vom **Aussichtsturm** des nahen **Krückelbergs**. Ab 1839 und rund 120 Jahre lang wurde hier auch Torf gestochen. Schon 1774 gründete der preußische König Friedrich II. mit 30 Familien die Moorkolonie **Ulrichshorst**, die sich zum Zentrum des Torfabbaus entwickelte. Ein Großteil des Torfes wurde in Swinemünde verkauft. Dafür legte man um 1850 den **Torfgraben** zum Haff an, den heutigen Grenzgraben. Das langgestreckte Dorf wurde nur auf der nördlichen Straßenseite mit reetgedeckten Wohnhäusern bebaut, auf der südlichen legte man Gemüsegärten an. So ist es bis heute weitgehend geblieben.

Korswandt liegt am Fuße des Zirowberges und direkt am 45 Hektar großen **Wolgastsee**, der zu den schönsten Ausflugszielen im Binnenland von Usedom zählt. Der naturbelassene Binnensee, umgeben von einem herrlichen, dichten Buchen- und Laubwald, ist aus den Resten eines ehemaligen Wasserarms der Swine entstanden. Er ist mit 16 Metern Tiefe der tiefste See auf Usedom. Am Westufer befindet sich ein breiter Sandstrand. Hier gibt es auch Einkehrmöglichkeiten und einen Bootsverleih. Eine ausgedehnte Verlandungszone säumt die Südostbucht, ein Waldweg führt um den See herum.

Zirchow am südöstlichen Rand des Thurbruchs wird von der vielbefahrenen B 110 durchschnitten. Die große Sehenswürdigkeit des Dorfes ist die **Kirche**, ein rechteckiger Feldsteinbau, der wohl um 1280 entstand. Im Innern wurden mittelalterliche Malereien freigelegt, darunter die Darstellung des Leidensweges Christi. Das Altarbild ist eine Kopie des Ecce homo nach Paul Händel von 1875.

Das östliche Achterland

Pension Lindenhof, Hof 2, Kachlin, Tel. 038376/20508, www.usedom-lindenhof.de. Familienfreundliche Unterkunft am südwestlichen Rand des Thurbruchs, Spielplatz, viel Federvieh, Station von UsedomRad.

Gartenwirtschaft am Wolgastsee, Korswandt, Tel. 038378/31860, April–Okt. tgl. ab 9 Uhr. Idyllische Lage am See neben dem Strand. Imbissangebot, Bootsverleih.

Idyll am Wolgastsee, Hauptstr. 9, Korswandt, Tel. 038378/22116, www.urlaub-auf-usedom.de. Restaurant und Hotel in denkmalgeschütztem Gebäude von 1924, Fisch- und Wildgerichte, Gartenterrasse.

Baltic Hills Golf Usedom, Hauptstr. 10, Korswandt, Tel. 38378/32318, www.baltic-hills.de. 19-Loch-Anlage in hügeliger Landschaft. Auch Restaurant und Hotel.

Wilde Steilufer im Nationalpark Wollin, phantastische Sandstrände, weitläufige Wälder mit stillen Seen sowie kilometerlange Prachtalleen prägen die östliche Schwesterinsel Usedoms. Im Seebad Międzyzdroje findet man auch schöne Beispiele der Bäderarchitektur und eine sommerliche Kulturszene.

WOLLIN

Abgeschiedenheit am Jezioro Czajcze

Die Schwesterinseln Usedom und Wollin lagen nicht schon immer so nahe beieinander wie heute, nur getrennt von der nahe der Mündung etwa 300 bis fast 400 Meter breiten Swine (Świna). Vor rund 6000 Jahren klaffte zwischen den Erhebungen des Kaffeeberges und der Lebbiner Berge im Osten (Wollin) und des Zirowberges sowie dem Golm im Westen (Usedom) eine riesige Lücke, die 14 Kilometer breite Swinepforte. Erst durch langwierige Dünenbildung, Vermoorung und andere Verlandungsprozesse wuchsen die Eilande allmählich fast zusammen. Anstelle der Swinepforte entstand der Swinestrom.

Die Insel Wollin ist wild und reizvoll: Helle, fast weiße Sandstrände, steile Klippen, hohe Dünen, grün bewaldete Hügel an der Küste, auch urwüchsige Wälder und ein meist silbern schimmerndes Meer. Dahinter liegen stille Seen, weite Felder, Wiesen, Weiden, kleine Dörfer mit Backsteinkirchen in ihrer Mitte und arg holprigem Kopfsteinpflaster. Dazu gesellen sich schmale, kerzengerade Kanäle, die knorrige Weiden säumen, kilometerlange Prachtalleen, Bauerngehöfte, die sichtlich schon bessere Zeiten erlebt haben, und plattes Land im Osten und Süden des Eilands. Das einst hochnoble Seebad Międzyzdroje (Misdroy) will heute wieder an seine Glanzzeiten anknüpfen, und im herrlichen Nationalpark sind das Wappentier Polens und der König des Waldes zu Hause: Seeadler und Wisent.

Die Wyspa Wolin, die Insel Wollin, ist mit einer Größe von 265 Quadratkilometern die drittgrößte der Ostsee und die mit Abstand größte Polens. Sie ist 37 Kilometer lang und bis zu 19 Kilometer breit, insgesamt ungefähr halb so groß wie Usedom. Wollin wird durch die Odermündungsarme der Swine (Świna) und der Dievenow (Dziwna) gebildet und riegelt zusammen mit der westlichen Nachbarinsel Usedom das Stettiner Haff (Zalew Szczeciński) vom Baltischen Meer ab. Über die Dievenow führen Brücken bei Dziwnów (Dievenow) und bei Wolin (Wollin) aufs Festland. Über die Swine gibt es keine Brücke. Hier pendeln Tag und Nacht zwei Fähren zwischen den Inseln Usedom und Wollin. Spätestens seit der Öffnung der Grenzübergänge kommt es im Sommer oft zu Engpässen und zu größeren Warteschlangen, Wartezeiten bis zu zwei Stunden müssen dann an manchen Sommertagen einkalkuliert werden. Schon 1936 gab es Pläne für einen Tunnel zwischen beiden Inseln. Dann kam der Zweite Weltkrieg dazwischen. Seit einigen Jahren steht der Tunnelbau nun wieder auf der Tagesordnung der Planer.

Wollin lässt sich in drei landschaftliche Zonen einteilen. Der äußerste Westen ist eine geologisch sehr junge Halbinsel mit moorigen Böden und Dünen, das Resultat des Verlandungsprozesses der Swinepforte. Östlich davon stößt sie an die steil abfallende Endmoräne, die sich in Nord-Süd-Richtung erstreckt und gegen das Haff und die Ostsee eine bis zu 95 Meter hohe Kliffküste bildet. Die Erhebungen dieses landschaftlich sehr reizvollen und mit stattlichen Buchen bewaldeten Moränenzuges erreichen Höhen bis zu 116 Meter. Weiter östlich folgt eine flachere Grundmoränenlandschaft, die vor allem im Uferbereich der Dievenow stark moorig ist.

Wollin ist geschichtsträchtiger als Usedom. Reiche archäologische Funde zeigen, dass die von der letzten Eiszeit und von der bis heute andauernden Küstendynamik geformte Ostseeinsel schon in der Bronzezeit eine beliebte Wohngegend war. Germanische Stämme siedelten auf der Insel schon in der Bronzezeit, also ab 1800 v. Chr. Sie blieben gut

▲ Karte: hintere Umschlagklappe

2000 Jahre. Später siedelten hier slawische Wenden und um das Jahr 1000 die skandinavischen Wikinger. Ihre bedeutendste Siedlung war die Inselstadt Jomsborg. Sehr wahrscheinlich handelt es sich dabei um das sagenumwobene Vineta. Auf den Trümmern eben dieser mittelalterlichen Stadt begann Otto von Bamberg 1124 mit der Christianisierung der pommerschen ›Heiden‹. Im Regionalmuseum der Stadt Wolin (Wollin) kann man sich darüber bestens informieren.

Wollin steht ein bisschen im Schatten ihrer großen und in Deutschland viel bekannteren Schwester Usedom. Die landschaftlich ebenso reizvolle Insel wird immer noch als Geheimtipp gehandelt. Sicherlich gibt es noch so manches zu entdecken, vor allem im Hinterland der Küste – das Inselinnere ist tatsächlich weitgehend noch touristisches Niemandsland. Hier darf man keine touristische Infrastruktur wie im Hinterland Usedoms erwarten. Es gibt so gut wie keine Restaurants oder Cafés. ›Gastronomische‹ Zentren sind dort stets die Lebensmittelgeschäfte, ›sklep spożywczy‹. Hier gibt es manchmal auch heißen Kaffee, Tee und einen Imbiss. Selbst an der Küste trifft man sogar im Hochsommer hier und da noch auf recht menschenleere Strände – allerdings abseits der Seebäder. Natürlich ist das Eiland keineswegs weniger sonnenverwöhnt als die nur einen Steinwurf entfernte westliche Sonneninsel. Die kleinere pommersche Insel ist ein attraktives Reiseziel für Naturliebhaber, für Freizeitsportler wie Radler, Segler, Wanderer und Angler, aber auch für Familien mit Kindern.

Im Swinedelta

An der Küste

An dem 37 Kilometer langen Sandstrand der Insel liegen die Seebäder Międzyzdroje (Misdroy), Wisełka (Neuendorf), Międzywodzie (Heidebrink) und - schon knapp auf dem Festland - Dziwnów (Dievenow) und Dziwnówek (Walddievenow). Auch der östliche Teil von Świnoujście (Swinemünde) befindet sich auf Wollin, der Stadtteil Warszów (Ostswine). Die bis fast 100 Meter hohe Kliffküste bei Międzyzdroje gehört zu den reizvollsten Abschnitten an der gesamten polnischen Ostseeküste. Die Steilküste wird permanent durch Sturmwellen abgetragen, die Erosion beträgt bis zu 80 Zentimeter pro Jahr. Die küstennahen Moränenhügel sind von Buchen- und Mischwald bewachsen. Besonders die berühmten pommerschen Buchen und die über 1000 riesigen, mehrhundertjährigen Eichen sind hier eine Augenweide.

Świnoujście-Warszów

Auf der Wolliner Seite der Stadt Świnoujście, im Stadtteil Warszów (Ostswine), liegen nahe des Leuchtturms und des Forts Gerharda die Gryfia-Werft, Kriegsschiffe der 8. Polnischen Küstenschutzflottille, die unter NATO-Kommando steht, das Terminal der Skandinavien-Fähren, der kleine Fischereihafen, der Handelshafen mit seinen riesigen Kränen, Güterwaggons, Fließbändern und hohen Kohlebergen sowie das neu gebaute Flüssiggasterminal Gazoport. Die 1820 errichtete Ostmole der Swinemündung, die längste Steinmole Europas, umschließt seit 2012 zusammen mit der neuen, gigantischen Betonmole des Gashafens ein weites Hafenbecken für die über 300 Meter langen Gastanker, die ab 2015 gekühltes, flüssiges Erdgas aus arabischen Ländern anlanden. Das flüssige Erdgas (LNG) wird in zwei Tanks gespeichert. Mit dieser über eine Milliarde teuren Anlage will sich Polen vom russischen Erdgas unabhängig machen. In den strandnahen Wäldern östlich von Świnoujście-Warszów liegen noch zahlreiche Überreste riesiger Geschützbatterien. Erst seit Mai 2014 ist ein hochinteressanter Militärkomplex wenige Kilometer östlich der Swinemündung der Öffentlichkeit zugänglich. Die **Unterirdische Stadt** (Podziemne Miasto) auf der Insel Wollin wurde zwischen 1935 und

An der Alten Swine

▲ Karte: hintere Umschlagklappe

1938 als ›Batterie Vineta‹ auf einer der höchsten Dünen im Ost-Swinemünder Küstenwald gebaut. Es ist eine einzigartige unterirdische Militäranlage von Bunkern, die nach 1945 durch kilometerlange Gänge miteinander verbunden wurden. Ab den 1950er Jahren hat man diese Batterie der Armee der Volksrepublik Polen unterstellt. Sie diente fortan als Kommandozentrale und Ausweichleitstelle der polnischen Generalität und war eines der bestgehüteten Geheimnisse des Warschauer Vertrags. Von hier aus sollte der Dritte Weltkrieg bei einem Angriff auf Dänemark und die Benelux-Länder kommandiert werden. Seinen militärischen Status verlor die Anlage erst Ende 2013.

Die Führungen durch die Anlage stehen unter dem Leitthema ›Kalter Krieg‹, sie finden von Mai bis September täglich alle 20 Minuten zwischen 9.30 und 19 Uhr statt. Von Oktober bis April gibt es nur zwei Führungen an den Wochenenden (Sa/So 12.30 und 15 Uhr). Info-Tel. 530790596.

Radtour von Świnoujście-Warszów nach Międzyzdroje

Ausgangspunkt der Tour ist die Fähre bei Świnoujście-Warszów (Ostswine). Der internationale Radwanderweg R 10 verbindet die beiden Seebäder durch einen Waldpfad. Allerdings kann diese 15 Kilometer lange Route seit einigen Jahren nicht mehr uneingeschränkt empfohlen werden: Von Świnoujście-Warszów bis zur Höhe des Bahnhofs von Przytór (Pritter) haben die Bauarbeiten am Swinemünder Gashafen die Radlerpiste ziemlich ruiniert. Man hat nun zwei Alternativen für die Fahrt nach Międzyzdroje: Entweder man fährt von der Fähre die lange ul. Barlickiego immer an der Bahntrasse entlang bis zum Bahnhof Przytór und wechselt dort auf den R 10. Oder man fährt über die Ortschaft Przytór und von dort aus zum Bahnhof und zum R 10 im Küstenwald. Diese zweite Variante ist weitaus interessanter und rund sieben Kilometer länger. Dann sind es etwa 22 Kilometer bis nach Międzyzdroje.

An der Fähre überquert man zunächst die Bahngleise und nimmt kurz darauf die ul. Ludzi Morza in Richtung Ognica (Werder). Nach knapp vier Kilometern biegt man links ab auf den rot markierten Radweg nach **Przytór** (etwa 5 km durch Kiefern- und Mischwald). Der nette, kleine Ort mit seinen rund 800 Einwohnern schmiegt sich an einen Flussarm der Alten Swine, die sich hier an der zwölf Kilometer langen Halbinsel Półwysep Przytorski (Pritter) entlang schlängelt. An dieser Stelle befand sich einst der größte Swineübergang des Ostseehandelsweges. Bis ins 17. Jahrhundert hatte Pritter zusammen mit Kaseburg die strategische Rolle, die später Swinemünde zukam. Die Ortschaft hatte vorwiegend eine Verteidigungsfunktion. Bis zu ihrer Zerstörung 1458 war hier Zollgebiet.

Auffallend groß geraten ist die neugotische **Herz-Jesu-Kirche** von 1895. Ihr Turm ist stattliche 40 Meter hoch. Man ahnt, dass hier früher mehr los war. Neben dem Gotteshaus steht eine 22 Meter hohe Eiche, der die Einheimischen zu deutscher Zeit den Namen ›Skipper‹ gegeben hatten, in Anlehnung an die vielen Flussschiffer, die es hier einst gab. Denn der frühere Fischreichtum war sprichwörtlich. Noch 1930 gab es im Ort 77 Fischer. Im 19. Jahrhundert war Pritter in ganz Deutschland wegen seiner Spickaale (Räucheraale) bekannt. Die Ortschaft besitzt auch noch einen kleinen Hafen, der Zugang zum Ostseestrand ist etwa drei Kilometer entfernt. Am östlichen Ende des Ortes, genau genommen schon auf dem Boden des Nachbardorfes Łunowo (Hafenhorst), steht allein auf weiter Flur ein vorzügliches Fischrestaurant, die **Tawerna Kotwica** in der ul. Zalewowa 84. Sie ist täglich ab 13 Uhr geöffnet.

Am knapp drei Kilometer entfernten Bahnhof von Przytór, in dessen Nähe sich auch die ›Unterirdische Stadt‹ (→ S. 174) befindet, führt ein Weg zunächst über die Bahngleise und dann in den Küstenwald. Bald halten wir uns rechts, dann befinden wir uns auf dem Ostseeküstenradweg R 10 in Richtung Międzyzdroje. Er ist als ›R 10‹ und gleichzeitig als Jakobspilgerweg gut ausgeschildert. Teilweise ist der Pfad zwar recht sandig, aber er führt durch einen manchmal geradezu märchenhaften **Kiefern- und Buchenwald** mit über zwei Meter hohen Farnen. Im Sommer liegt ein einzigartiger Blaubeerteppich auf dem sandigen Waldboden, dann sieht man hier und da den Wald vor lauter Beeren nicht! Im Herbst trifft man unterwegs auf viele Pilzsammler.

Kurz vor Międzyzdroje passiert man den FKK-Strand von Lubiewo, dann mehrere Pensionen und Hotels.

Seebad Międzyzdroje

In der Mitte des 16. Jahrhunderts wird das kleine Fischernest ›Mizzedrawe‹, das heutige Międzyzdroje (Misdroy), erstmals urkundlich erwähnt. Der Name bedeutet ›zwischen den Quellen‹, schließlich sprudelten einst zahlreiche Solquellen in den umliegenden Wäldern. Ganz versiegt sind sie bis heute nicht. Zusammen mit der jodhaltigen Seeluft und den Heilmooren dienen sie bei der Behandlung von Erkrankungen der Atemwege, bei Bluthochdruck und bei Herzneurosen. Milder als hier ist das Klima an der ganzen polnischen Ostseeküste nicht. Das liegt an der außerordentlich günstigen Lage des Städtchens: Die steil ansteigende und mächtige Misdroy-Wolliner Endmoräne schützt die Ortschaft vor den rauhen Ost- und Nordostwinden. Selbst das Wasser soll hier stets ein bisschen wärmer sein als anderswo am Baltischen Meer.

Auf die rund 5500 Einwohner kommen heute nahezu eine halbe Million Urlauber jährlich. Man kann sich leicht vorstellen, wie diese Massen das sommerliche Leben der kleinen Ortschaft im Juli und August bestimmen. Abends mischen sich entlang der zwei Kilometer langen Promenade und an der Konzertmuschel volkstümliche Töne polnischer Folklore mit hämmernden Discorhythmen. Das Seebad verwandelt sich in einen tosenden Rummelplatz. Ende August ist das Sommerspektakel schlagartig vorbei. Im September und Oktober bleiben aber die Buden und Cafés noch geöffnet. Danach ziehen wieder Ruhe und Beschaulichkeit ein, und die Einheimischen bleiben für mehrere Monate weitgehend unter sich. Genaugenommen trifft das auf die gesamte Insel zu.

Der berühmteste Event des Seebads ist das Festival der Stars, das seit 1996 alljährlich im Sommer stattfindet. Dann wird Międzyzdroje zur Sommerhauptstadt Polens und zum ›polnischen Cannes‹.

Geschichte

Der Aufstieg Misdroys zu einem der beliebtesten Ostseebäder begann 1835 noch ganz bescheiden, aber immerhin schon mit einem geregelten Badebetrieb. 1850 konnten die damals 317 Einwohner bereits mehr als 500 Badegäste begrüßen. Kurz darauf sicherte und parzellierte man das Dünengelände, die ersten Pensionen wuchsen aus dem Sand. 1869 erfolgte der Bau einer Schiffsanlegestelle an der Laatziger Ablage außerhalb der Stadt. Zum heutigen Zalesie am Kleinen Vietziger See (Jezioro Wicko Małe) kamen die Feriendampfer aus Stettin über das Haff. Damit war die Direktverbindung für Passagierschiffe von Stettin nach Misdroy und weiter nach Swinemünde her-

▲ Karte S. 177

gestellt. Kutschen befördern die Kurgäste vom kleinen Haffhafen in die Stadt. Ab 1899 tuckerten Lokomotiven von Wollin hierher, und ab 1902 konnte man auch von Stettin und Berlin bequem mit der Eisenbahn anreisen. Misdroy wurde zum Inbegriff des mondänen und eleganten Bades. Das gesellschaftliche Leben spielte sich vor allem im Kurhaus ab, die preußische Hautevolee promenierte an den Gestaden der Ostseee sogar der spätere Kaiser Friedrich III. verbrachte hier regelmäßig seinen Prinzenurlaub. Im Jahre 1913 verzeichnet Misdroy bereits 20 000 Besucher. Ein anderer Prinz besuchte in Misdroy zwischen 1938 und 1942 die Baltenschule: Prinz Claus aus dem mecklenburgischen Adelsgeschlecht Amsberg. 1966 heiratete er Beatrix, die spätere holländische Königin

Während des Zweiten Weltkriegs blieb der Ort weitgehend von Zerstörungen verschont. Misdroy wurde 1945 polnisch, in Międzyzdroje umbenannt und zum Kurort für die Werktätigen der Volksrepublik Polen. In den ersten Nachkriegsjahren wurden mehr als ein Dutzend Häuser abgetragen, um Ziegelsteine für den Wiederaufbau Warschaus zu gewinnen. In den 1950er Jahren übernahm der staatliche Feriendienst die meisten Pensionen an der Promenade. Neue, architektonisch wenig anheimelnde Betriebsferienheime entstanden, drei Hotel-Kolosse aus der sozialistischen Zeit stehen hinter dem Fischerstrand nahe der Kliffküste.

Heute befindet sich die einstige ›Perle der Ostsee‹ sichtlich im Umbruch. Etliche Gebäude im Stil der Bäderarchitektur haben die stürmischen Zeiten überdauert und wurden mittlerweile liebevoll renoviert, bei anderen bröckelt arg der Putz. Westlich der Seebrücke liegen die vielleicht schönsten Villen aus der vorletzten Jahrhundertwende. Die Brachen im Stadtbild verschwinden allmählich, neue, moderne Häuser rücken an diese Stellen.

Sehenswürdigkeiten

Die **Seebrücke** ist das erste Ziel vieler Touristen. Die erste Misdroyer Seebrücke wurde schon 1885 errichtet. 1906 weihte das Seebad eine neue, 300 Meter lange Seebrücke ein. Sie diente in der Sommersaison als Anleger für die Ostsee-Ausflugsdampfer nach Swinemünde. Der heutige Seesteg, polnisch molo genannt, entstand 1988, 2004 wurde die Stahlbetonanlage großzügig auf 395 Meter erweitert. Seitdem gibt es regelmäßige Schiffsverbindungen mit den Usedomer Kaiserbädern. Eine überdachte Einkaufspassage mit Cafés, Pizzerien und Souvenirläden prägt den Eingangsbereich der Seebrücke. Darunter, zum Strand hin, befindet sich eine beliebte Sommer-Diskothek. Die einstige Jugendstilpassage brannte 1961 ab.

Karte S. 177

Das schmucke **Kurhaus** hatte der reiche Berliner Unternehmer Arnold Lejeune bereits 1857 für eigene Zwecke bauen lassen, im vornehmen italienischen Stil und ganz nahe an die Ostseewellen. ›Lejeunesches Schloß‹ hieß es damals. Die Gemeinde erwarb das Haus 1887 und nutzte es fortan als Kurhaus. Heute residiert hier das **Kulturhaus** mit Restaurant, Disco und Café. Angegliedert ist das **Wachsfigurenkabinett**. Da kommt man allerdings hin und wieder etwas ins Rätseln, wen die Wachsfigur im Original darstellen will.

Hinter dem Kulturhaus, in einer tiefen Senke, liegt der **Kurpark Fryderyk Chopin**. Er stammt weitgehend noch aus dem 19. Jahrhundert, bemerkenswert sind die stattlichen Platanen, die alten Eichen, Buchen, Birken und Ulmen.

Einen Katzensprung vom Park entfernt, in der ul. Krótka, steht die **Kapelle Stella Matutina**, was ›Morgenstern‹ bedeutet. Das Gebäude ist eigentlich nur aufgrund des Kreuzes auf dem Türmchen als sakrales Haus auszumachen. Es sieht eher wie eine Villa in Bäderarchitektur aus.

An der Seebrücke

An der ›Allee der Stars‹

Die Kapelle wurde 1902 mit Spendengeldern erbaut. Sie war bis 1945 die einzige katholische Kirche auf Wollin. Borromäerinnen, barmherzige Schwestern des heiligen Borromäus, betreuen von Anfang an das Gotteshaus. Sie kamen 1896 aus Schlesien an die Ostsee und betrieben in Misdroy ein Hospiz.

Das zweite Gotteshaus des Seebads steht auf einem Hügel am südlichen Stadtrand: Die neugotische **Pfarrkirche St. Peter** (Kościół Piotra Apostoła). Der rote Backsteinbau entstand 1862 nach Plänen des preußischen Hofarchitekten Friedrich August Stüler. Die berühmte Orgel erklingt unter anderem zu Konzerten im Rahmen des internationalen Festivals des Chorliedes. Potthässlich ist der moderne Anbau.

Direkt neben dem 1991 errichteten **Hotel Amber Baltic**, das einem mit dem Bug zum Meer ausgerichteten großen Schiff ähnelt, liegt die berühmteste Meile des Seebads: die **Aleja Gwiazd**, die Allee der Stars. Hier haben sich mittlerweile weit mehr als 100 polnische Leinwand- und Bühnenstars mit ihren Handabdrücken in Bronze verewigt. Darunter ist auch der polnische Regisseur und Schauspieler Roman Polański (›Tanz der Vampire‹, ›Der Pianist‹) – ein Walk of Fame an der Ostseeküste, ganz wie in Hollywood. Der Künstler Michał Selerowski schuf 2008 und 2009 die beiden Bronzeskulpturen an der Star-Promenade. Sie zeigen die in Polen hoch verehrten Schauspieler Gustaw Holoubek (1923–2008, ›Mit Feuer und Schwert‹) auf einer Bank sitzend und Jan Machulski (1928–2008, ›Vabanque – alles auf eine Karte‹) mit Hut und Trompete.

Die Umgebung

Herrliche markierte **Wander- und Fahrradwege** sowie **Umweltlehrpfade** führen durch den Nationalpark – unter anderem auf das steile Küstenkliff, zur Wolliner Seenplatte und zum **Wisentgehege** oder über die Hügelkette am Stettiner Haff entlang. Das 1962 eingerichtete **Naturmuseum des Woliński Nationalparks** (→ S. 186) informiert sehr umfassend

Fotogene Fischerboote am Strand

Die Kliffküste

über geschützte Flora, Waldtiere, Vogelwelt und Seefauna. Die Vielzahl präparierter Tiere reicht von einem Seeadlerpaar über den seltenen Schwarzstorch bis hin zu einem ausgewachsenen Tümmler. Besonders reich bestückt sind die Vitrinen mit ausgestopften Kampfläufern aus der Familie der Schnepfenvögel. Eine weitere Sammlung zeigt Ostsee-Bernsteine. Wechselnde Ausstellungen widmen sich Naturfotografien und Gemälden. Neben dem Museum sind in einer Voliere zwei Seeadler zu sehen: Der Seeadler ist das Wahrzeichen des Woliński-Nationalparks.

Strandwanderung von Międzyzdroje nach Wisełka und zum Leuchtturm Kikut

Die naturbelassene Steilküste zwischen Międzyzdroje (Misdroy) und Wisełka (Neuendorf) ist vielleicht der landschaftlich reizvollste Abschnitt an der polnischen Ostseeküste. Die 8,1 Kilometer lange und rot markierte Strandwanderung zwischen diesen beiden Seebädern ist sicherlich ein einzigartiges Naturerlebnis, aber oft keineswegs ein beschaulicher Strandspaziergang mit unter den Füßen knirschendem, feinkörnigem Sand. Hier herrscht die wilde Seite des Meeres vor. Bei stürmischem Wetter oder an eisigen Wintertagen sollte man auf diese Wanderung besser verzichten.

Breit ist der Strand am Ausgangspunkt, am östlichen Ende der Promenade, wo die bunten Fischerboote und die Fischbuden eine pittoreske Szenerie bieten. Doch schon kurz darauf wird der Strand schmaler und ist von allerlei Moränenablagerungen bedeckt, man wandert an einer **Steilküste** entlang. Auf einer Länge von etwa vier Kilometern ist das Strandbild geprägt von dem, was die Wellen, Wind und Wetter aus dem Kliff gerissen haben: Kies, morastiger Sand, Steine mit Umfängen von fünf Metern und sogar darüber: eiszeitliches Steingeröll mit wuchtigen Felsblöcken mit fast zarten Bänderungen, oft ockerfarbenen Adern, die die Wellen wie mit Würfeln spielend hin und her bewegen. Dicke Äste und ganze Baumstämme sind kreuz und quer verstreut. Bäume hängen bedrohlich schief am Uferbruch, merkwürdig zersaust von den starken Winden und Stürmen. Irgendwann werden auch

Karte S. 177

sie vom Meer verschlungen und später wieder als nackte Baumstämme ans Ufer zurückgeworfen. Manche Uferbrüche reißen ganze Waldstücke herunter. Durchschnittlich um die 80 Zentimeter Küste jährlich holt sich die See. Wellenbrecher und angepflanzte Sträucher wie der Sanddorn können den natürlichen Prozess nicht aufhalten, nur verlangsamen.

Hinter dem Kap Swidna Kępa wird das Kliff beträchtlich niedriger und geht schließlich in einen Dünenwall über. Der **Badestrand** von **Wiselka** ist wieder feinsandig und breit. Hier führt eine hölzerne Treppe auf den Waldweg in Richtung Ortszentrum (→ S. 187). Nach etwa einem Kilometer biegt der rot markierte Wanderweg nach links ab. Von da sind es 3,2 Kilometer bis zum **Leuchtturm Kikut**. Unterwegs trifft man auf mehrere eiszeitliche Findlinge, Piastenfelsen genannt. Der 15 Meter hohe und nicht zugängliche Naturstein-Leuchtturm wurde 1860 als Orientierungs- und Aussichtsturm errichtet und 1962 zum Leuchtturm umgebaut. Er wird auch ›Stinas Utkiek‹ genannt. Denn die kühne Seeräuberbraut Stina hielt dereinst von hier aus, von dem 74 Meter hohen Strażnica (Kiekberg), Ausschau nach ihrem Gefährten Klaus Störtebeker (1360–1401), wenn der mit dem Schiff von seinen Raubzügen zurückkehrte. Ihre wertvollen Schätze sollen die beiden am nahen, sehr romantisch gelegenen Jordansee versteckt haben. In dieses idyllische Gewässer stürzte sich Stina auf der Flucht und ertrank. Bis heute wartet sie auf ihre Erlösung, sagt man. Der See heißt heute **Jezioro Gardno**. Theodor Fontane bezeichnete 1863 den kleinen, von Seerosen geschmückten See inmitten alter Buchen, Eichen und Erlen als den ›vielleicht schönsten See im nördlichen Deutschland‹.

Wanderung über den Kaffeeberg zu den Wisenten

Ein schwarz markierter Waldpfad führt am östlichen Ende der Promenade hoch zum 61 Meter hoch gelegenen Góra Kawcza (Kaffeeberg). Auf dem Höhenrücken der Kliffküste verzaubert ein herrlicher, alter **Buchenwald**. Oben schweift der Blick über die Pommersche Bucht, zu den Hafenanlagen von Świnoujście und an klaren Tagen bis zu den deutschen Kaiserbädern. Der Name Kaffeeberg geht auf die deutsche Zeit zurück, als sich hier ein beliebtes Ausflugscafé befand, das der deutsch-amerikanische Maler Lyonel Feininger 1928 in seinem Aquarell ›Dampfer nach Misdroy‹ verewigte. Inschriften auf zwei Felsbrocken nahe des Kliffabbruchs erinnern an zwei offenbar bedeutende Treffen: an das der deutschen Förster 1892 und an das der polnischen Förster 1992.

Ein zweiter Weg führt direkt vom Strand aus zum Kaffeeberg hoch. 2013 wurde die in den 1990er Jahren von Wind und Wetter zerstörte Treppe zum Kawcza Góra wieder aufgebaut. Jetzt kann man über 287 steile Holzstufen – einen Kieselsteinwurf vom Fischereihafen entfernt – zum Aussichtspunkt hochsteigen.

Am Kaffeeberg verläuft der Waldpfad mit schwarzer Markierung weiter und nun hinunter zur Küstenstraße 102 sowie zum Parkplatz Kwasowo. Hier ist ein Eingang zum Nationalpark. Rund 30 Gehminuten benötigt man von dort bis zum **Wisentreservat** (Reserwat Zubrów). Ein breiter Waldweg führt vom Gehege 1,2 Kilometer durch Kiefernwald ins Zentrum von Międzyzdroje (Misdroy) zurück.

Wanderung von Międzyzdroje nach Lubin

Ausgangs- und Endpunkt ist der Bahnhof in Międzyzdroje (Misdroy), die Wegmarkierung ist ein Blaustrich. Die Wald- und Hügelwanderung im westlichen Teil des Nationalparks führt auf zuweilen steilen Wegen und Pfaden durch eine reizvolle Natur mit herrlichen Aussichten auf das Stettiner Haff und das Swinedelta. Die Strecke: Bahnhof Międzyzdroje– Wicko–Wapnica–Türkissee (Jez. Turkusowe)–Lubin. Länge: 8 Kilometer, Rückfahrt mit dem Bus möglich.

Zalesie (Laatziger Ablage) heißt das Dorf nahe der Staatsstraße 3/E65. Hier sind noch Überreste ehemals gigantischer Geschütze und ihrer Abschussrampen zu besichtigen. Ab 1943 befand sich am Weg nach Lebbin (Lubin) ein geheimes Militärgelände, wo drei Exemplare der ›Vergeltungswaffe 3‹ (V3) gebaut wurden. ›Tausendfüßler‹ werden die Reste der Mehrfachkammergeschütze der V3 im Volksmund genannt. Die Betonblöcke der Anlage am Hang erinnern an riesige Dominosteine. Ein Bunker an der Straße beherbergt eine **Ausstellung** über die Geschichte der V3.

In **Wicko** (Vietzig) am Jez. Wicko Małe (Kleiner Vietziger See) ließ der preußische König 1869 einen Passagier- und Güterhafen für die wichtige Wasserverbindung mit Stettin anlegen. Über Wapnica führt der Blaustrich-Weg zum aussichtsreichen, 81 Meter hohen **Gelben Berg** (Góra Zielonka). Hier hat man einen wunderbaren Weitblick auf das Stettiner Haff, das labyrinthische Swinedelta und bis nach Świnoujście (Swinemünde).

Lubin

Die Ortschaft Lubin (Lebbin) liegt dem Berg Góra Zielonka (Gelber Berg) zu Füßen. Der Name stammt aus dem Wendischen und bedeutet ›die Liebliche‹. Mächtige Betonpfeiler am Ortseingang erinnern an die **Portlandzementfabrik**, die der Stettiner Kommerzienrat Johannes Quistorp 1855 gründete. Sie war zeitweise die größte Zementfabrik Europas. Der erfolgreiche und sozial engagierte Unternehmer ließ für seine 600 Beschäftigten 150 Werkswohnungen bauen, außerdem eine Schule, ein Witwenhaus und ein Arbeiter-Bildungsinstitut. Die Kreidegrube lag im Nachbarort Kalkofen (Wapnica). Die Kreide zum Brennen des Zements transportierte man mit einer Schmalspur- und einer Drahtseilbahn. Nach Kriegsende war die Lebbiner Kreidezeit zu Ende: Die Zementfabrik wurde demontiert und der Kreidebruch ab 1954 geflutet. Dadurch entstand ein seit vielen Jahren beliebtes Ausflugsziel im Woliński Nationalpark: der **Türkissee** (Jez. Turkusowe). Seinen Namen und seine Schönheit verdankt der See seiner ungewöhnlich türkisgrünen Farbe, in der das Wasser an sonnigen Tagen leuchtet. Der Farbton entsteht, wenn die Sonnenstrahlen vom weißen Kalk des Grundes reflektiert werden.

Ein schöner **Waldweg** führt um den bis zu 21 Meter tiefen und 1,6 Hektar großen See, teilweise geht es am sehr steil abfallenden Ufer entlang. Der See steht

Karte: hintere Umschlagklappe

Erstaunlich groß: die Kirche in Lubin

unter Landschaftsschutz, das Baden ist daher verboten. Ein Reit- und Rummelplatz für Kinder mit Imbissbuden befindet sich am großen Parkplatz neben dem See. Wenige Schritte entfernt an der Dorfstraße steht **Prastary**, die Uralte, auch ›1000-jährige Eiche‹ genannt. Sie soll immerhin 600 Jahre alt sein, jedenfalls ist kein Baum im Nationalpark älter. Ganz oben, auf der höchsten Stelle von Lubin, dominiert die rote, neugotische **Backsteinkirche** aus dem Jahr 1861 die weitere Umgebung. Ihre Turmspitze ist bis zur Insel Karsibór (Kaseburg) sichtbar. Das schöne Gotteshaus erscheint unverhältnismäßig groß für einen Ort mit etwas mehr als 300 Einwohnern. Das war zur Bauzeit der Kirche jedoch anders, denn mit der Gründung der Zementfabrik platzte das Dorf aus allen Nähten und hatte in diesen Jahren bis zu 2300 Einwohner.

Die Geschichte von Lebbin nimmt aber bereits vor mehr als 3000 Jahren ihren Anfang. Damals entstand ein bronzezeitlicher Burgwall an der Steilküste zum Haff. An gleicher Stelle wurde im 11. Jahrhundert eine Schutzburg errichtet, das Castellum Lubinum. Sie besaß einen wichtigen Wachturm an der Einfahrt in die Swine. Angeblich musste jedes vorbeifahrende Schiff ein Brot und ein Bier als Zoll berappen. Bei archäologischen Ausgrabungen 2008/2009 hat man auf dem Burgwallgelände Fundamente eines mittelalterlichen Turmes freigelegt. Wahrscheinlich wurde die Burg 1173 bei einem Kriegszug der Dänen zerstört. Außerdem entdeckten die Stettiner Archäologen hier die Fundamente und weitere Überreste der ältesten Kirche Pommerns, der 1124 auf der Missionsreise Bischofs Otto von Bamberg gegründeten St. Nikolaus-Kirche. **Grodzisko w Lubnie** heißt der Ausgrabungsplatz, den man besichtigen kann. Diese geschichtsträchtige Stelle 50 Meter

Wunderbarer Blick von der Ausgrabungsstätte in Lubin auf das Swinedelta

über dem Meeresspiegel ist tatsächlich ein magisch anmutender Ort mit einer atemberaubenden Aussicht auf das Haff und das weite, mäanderförmige und mit riesigen Schilfrohrfeldern bedeckte Rückflussdelta der Swine. Auf der Aussichtsterrasse gibt es ein Fernrohr und gleich daneben ein **Café** mit Imbissangebot. Unterhalb des Steilufers, etwa 50 Meter vom Ufer entfernt, liegt das Wrack eines im Zweiten Weltkrieg abgestürzten deutschen Flugzeugs. Vermutlich ist es eine zweisitzige Junkers, um die die Hafffischer einen Bogen machen, um ihre Netze nicht zu beschädigen.

Am schönen Jezioro Turkusowe

Wollin

EXTRA

Die Wisente auf Wollin

Das 1976 angelegte und rund 18 Hektar große Nationalpark-Reservat mit dem Wisentgehege gehört zu den größten Attraktionen der Insel. Hier kann man die Tiere von einer Aussichtsterrasse aus betrachten. Ein seltsames Tête-à-Tête: Oft dösen die kraftstrotzenden Vierbeiner fast regungslos in ihrem Holzgehege, dann blicken die Zweibeiner ehrfurchtsvoll auf die urigen Viecher herab und diese gelangweilt auf jene hoch. Die Bullen sind ausgesprochen imposante Erscheinungen, sie bringen fast eine Tonne auf die Waage, die wesentlich schlankeren Kühe immerhin bis 650 Kilogramm. Die Waldrinder erreichen ein Alter von maximal 26 Jahren. Sie ernähren sich wiederkäuend von Laub, Zweigen, Gräsern und Baumrinden.

Die Urform der Wisente lebte vor rund 1,5 Millionen Jahren in Innerasien. Sie breiteten sich in Europa und über die Beringstraße – damals noch eine Landverbindung – auch in Amerika aus. Es entstanden zwei Arten, der amerikanische Bison und der europäische Wisent. Bei den alten Römern wurden die scheuen Tiere bei ihren ›Kampfspielen‹ im Kolosseum grausam getötet. Im 17. und 18. Jahrhundert gab es auch in Ostpreußen Hetztheater, bei denen die Wisente gegen Bären und andere Wildtiere kämpfen mussten. Erst der preußische König Friedrich II. machte dem grausigen Spektakel ein Ende. Einige Jahrhunderte zuvor hatte sich schon der heilige Franz von Assisi für die sanftmütigen Waldtiere eingesetzt und gepredigt, dass Wisente niemandem gehören außer dem Himmel. Europas größte Säugetiere waren fast ausgerottet. In Pommern wurde bereits 1373 der letzte Wisent erlegt, 1755 erschoss ein Wilderer das letzte Exemplar in Ostpreußen. Immerhin überlebten etwa 750 dieser Tiere im 2000 Qudratkilometer großen Urwald von Białowieża an der polnisch-weißrussischen Grenze. Doch der Erste Weltkrieg dezimierte den Wisentbestand beträchtlich, 1919 starb auch hier der letzte freilebende Blattfresser Europas. 1923 wurde in Berlin die ›Internationale Gesellschaft zur Erhaltung des Wisents‹ gegründet, und 1931 gelangte das erste Wisentpaar aus dem Zoo in Posen wieder in die Puszczta Białowieża. 1947 zählte die Herde bereits 44 Tiere. Aus dieser Zuchtlinie stammen die massigen Rinder im Wolliner Nationalpark. Im Gehege leben derzeit sechs bis maximal zwölf Wisente, die Größe der Herde wechselt. Um eine Degeneration der Tiere zu vermeiden, werden die erwachsenen Tiere mit anderen Gehegen ausgetauscht. Einige Wolliner Horntiere zogen 2004 nach Prätenow auf Usedom um (→ S. 167).

Wisente im Reservat

Am Namen der Wisente kann man das Geburtsland erkennen. Alle in Polen geborenen Tiere tragen Namen, die mit der Silbe ›Po-‹ beginnen. Auch der Usedomer Herdenchef ist polnischer Abstammung, er heißt Pociotek und sorgt dort kräftig für Nachwuchs. Heute ist die Zahl der Wisente weltweit auf über 4000 angewachsen, das ›Wildtier des Jahres 2014‹ ist vorerst gerettet.

Międzyzdroje

Vorwahl: 0048/(0)91.
Postleitzahl: 72-500.
Touristen-Information, ul. Promenada Gwiazd 2, Tel. 3282778, www.miedzyzdroje.pl, tgl. 9–17 Uhr, Okt.–April Mo–Fr 9–17 Uhr nebenan im Kulturhaus.
Nationalpark-Verwaltung, ul. Niepodległości 3a, Tel. 3280727, www.wolinpn.pl.

Nationalstraße 3 nach Świnoujście (Swinemünde), Nationalstraße 3/E65 nach Szczecin (Stettin), Wojewodschaftsstraße 102 entlang der Küste in Richtung Kołobrzeg (Kolberg).

Busse (PKS) verkehren Mo–Fr stündlich zwischen 5.40 u. 19.30 Uhr nach Świnoujście (Swinemünde). Im Hochsommer auch mehrmals tgl. Sa und So. Nach Lubin verkehrt die Stadtlinie 2.
Stadtrundfahrt mit dem Minibus-Express, Ausgangspunkt am Hotel ›Amber Baltic‹; 30 Min. Ausflug nach Lubin (Lebbin) ca. 3 Stunden, Ausgangspunkt Haltstelle ›Aleja Gwiazdzd‹, www.cyrus-tours.pl.

Züge (PKP) fahren mehrmals tgl. nach Świnoujście (Swinemünde) und Szczecin (Stettin). Auch zu allen anderen Städten der Umgebung. Nach Kołobrzeg mit Umsteigen in Goleniów.

Amber Baltic (€€–€€€), Promenada Gwiazd 1, Tel. 3281000, www.hotel-amber-baltic.pl. Vier-Sterne-Hotel direkt am Strand. Die recht monströse Bettenburg hat 190 komfortable Zimmer, alle mit Meeresblick. Hallenbad, Swimmingpool, Restaurant, Bar, Disco, sehr nettes Wiener Café im EG.
Villa Stella Maris (€€€), ul. Boh. Warszawy 13, Tel. 3280481, www.villa-stella-maris.com. Schönstes und elegantestes Hotel der Stadt, 2006 nach aufwändiger Sanierung wiedereröffnet. Spa-Bereich, barrierefrei, Strandnähe, Restaurant ›La Spezia‹.
Nautilus (€€–€€€), Promenada Gwiazd 8, Tel. 3280999, www.hotel-nautilus.pl. Sehr schönes Gebäude im Bäderstil von 1913, stilvolle Zimmer.
Aurora (€€–€€€), ul. Boh. Warszawy 17, Tel. 3281248, www.hotelaurora.pl. Modernisiertes historisches Gebäude mit neuem Anbau nahe Seebrücke, Hallenbad, Sauna, Restaurant ›Miramare‹.
Villa & Ristorante Martini (€€), ul. Ludowa 9, Tel. 3282838, www.villa-martini.pl. Neues komfortables Spa-Hotel mit 30 bequemen, stilvollen Zimmern, alle mit Balkon. Restaurant und Bar. Strandnähe.
Villa Richter (€€), ul. Boh. Warszawy 4, Tel. 3280517, www.villarichter.com. Aufwändig restaurierte Jugendstilvilla von 1908, mehrere Zimmer mit Seeblick.
Aquamarina (€€), Tel. 3282828, www.wypoczynek.aquamarina.pl. Neue Appartementanlage im Wald westlich vom Stadtzentrum, 150 m zum Strand.
Residence Puro Beach (€€), ul. Promenada Gwiazd 20, Tel. 3219992, www.purobeach.pl. Neues Haus nahe Strand, Zimmer mit Meeresblick, Café, Sommerterrasse.
Willa Plażowa (€€), ul. Promenada Gwiazd 7a, Tel. 602724755, www.willaplazowa.pl. Strandnähe, Restaurant mit Terrasse.
Willa 5 (€–€€), ul. Boh. Warszawy 16, Tel. 3282610, www.willa5.pl. Denkmalgeschützte Ferienpension in Strandnähe.
Hotel Vestina (€€), ul. Promenada Gwiazd 30, Tel. 3280973, www.hotelvestina.pl. Hochhaus, 50 m zum Strand, Zimmer mit Seeblick, barrierefrei, Spa-Areal.
Wolin-Travel, Appartements und Ferienwohnungen, Strandnähe, Tel. 3282774, www.wolin-travel.com.
Herberge PTTK (€), ul. Kojowa 2, Tel. 3280462, www.pttk-miedzyzdroje.com. Zentrale Lage, einfache Ausstattung.

Camping Nr. 24, ul. Polna 10, Tel. 3282355. Kategorie 1, 500 Meter zum Strand, Campinghäuschen, Gastronomie, W-LAN, rollstuhlgerechte Ausstattung. Mitte Mai–Ende Sept.

Miz-30, Promenada Gwiazd 38. Fischimbiss am Fischerstrand neben der Kliffküste. Hier und in den benachbarten kleinen Fischerlokalen gibt es den besten Fisch der Stadt. Terrasse auf dem Strand. Ganzjährig.

Restauracja Port, Promenada Gwiazd 13, Tel. 601720643, www.port-miedzyzdroje.pl. Neu eröffnetes, feines Fischlokal im neugotischen Klinkergebäude des ehemaligen Seewachschutzes. Auf der Stranddüne,tgl. 10–23 Uhr (ganzjährig). Cocktails, Live-Musik.

Marina, ul. Gryfa Pomorskiego 1, 3280449. Im gleichnamigen Hotel im Zentrum, polnische und mediterrane Gerichte.

Josephine, Plac Neptuna 4. Preisgünstige polnische Küche, Kartoffelpuffer, große Auswahl an Suppen. Ganzjährig.

Tawerna Róża Wiatrów, ul. Krasickiego 8c, Tel. 3282630, tgl. 12–24 Uhr. In der ›Windrose‹ gibt es Salate, Gegrilltes und Snacks, große Auswahl an Whiskeys und Bieren. Ganzjährig.

Restaurant Dolce Vita, Plac Neptuna, Tel. 3281770, tgl. ab 11 Uhr. Gute italienische Küche, großes Weinangebot. Ganzjährig.

Restaurant & Pub First, ul. Krasickiego 10, Tel. 3281516, tgl. 11–1 Uhr. Am Kurpark, Fisch- und Fleischgerichte. Ganzjährig.

Gaviata Loca, ul. Książąt Pomorskich 10, Tel. 3280588, www.gaviataloca.pl. Elegant im Kolonialstil eingerichtet. Nur im Sommer geöffnet.

Café im Kulturhaus, ul. Boh. Warszawy 20, tgl. ab 12 Uhr. Gutes Kaffee- und Kuchenangeboot, in einem hübschen Jugendstilsaal mit Galerie.

Fantazja, an der Mole. Konditorei und Eisbar, Aussichtspavillon.

Restaurant & Club Scena, ul. Boh. Warszawy 20 (im Kulturhaus gegenüber Amphitheater), Tel. 664502222, www.scena-club.pl.Tagsüber Restaurant, nachts Disco und Musikclub.

Disco Dechy, ul. Boh. Warszawy, Tel. 3282433, www.podmolo.pl. Party-Hotspot im Sommer, an der Seebrücke. Daneben ist im Sommer die Non-Stop-Disco **Paradise**, Tel. 3280479.

Naturmuseum des Nationalparks (Muzeum Przyrodnicze), ul. Niepodległości 3, Tel. 3280727, Di–So 9–17 Uhr, Okt.–April Di–Sa 9–15 Uhr.

Wisentgehege im Nationalpark, Mai–Sept. außer Mo 10–18 Uhr, Okt.–April 8–16 Uhr außer So/Mo, Eintritt 6 zł, erm. 4 zł.

Wachsfigurenkabinett (Gabinet Figur Woskowych), ul. Boh. Warszawy 19 (gegenüber Amphitheater), Tel. 3282570, www.woskowe.pl, Juli/Aug. tgl. 10–20, Mai, Juni, Sept. tgl. 10–18 Uhr, Okt.–April tgl. 10–16 Uhr. Promis aus Wachs von Cleopatra über Charlie Chaplin und Barack Obama bis zu Papst Johannes Paul II.

Planetarium, ul. Boh. Warszawy 19 (Eingang beim Kino Eva), Juli/Aug. tgl. 11–20 Uhr, sonst Di–So 16–20 Uhr.

Oceanarium, Promenada Gwiazd 4, Tel. 512755809, www.oceanarium.com.pl, März–Okt. tgl. 10–20 Uhr.

Seilpark Bluszcz, ul. Przy Wodociągach, www.parklinowybluszcz.pl, im Sommer tgl. von 10 Uhr bis zur Dämmerung. Drei Parcours in verschiedenen Höhen.

Archäologische Ausgrabungen (Grodzisko w Lubinie), ul. Główna, Lubin (Lebbin), Tel. 662126571, www.grodziskolubin.pl, Mai/Juni 10–18 Uhr, Juli/Aug. 10–20 Uhr, Sept. 10–18 Uhr. Fantastischer Aussichtspunkt auf Haff und Swinedelta, kleines Café-Restaurant.

▸ Karte S. 177

Museum Übungsplatz der Waffe V3, Zalesie, www.bunkierv3.pl. Militärausstellung, Ausgrabungen, Führungen.

Neptunfest an der Seebrücke; Juni.
Orgelmusikfestival, Juni–Sept.
Festival der Filmstars am ›Walk of Fame‹; Juli.
Festival Sea & Sky, Treffen der besten Kitesurfer; August.

Fahrradverleih, Baltic-Bike-Räder am Hotel ›Slavia‹ (östliches Ende der Promenade), www.balticbike.pl. Touren- und Kinderräder, Kinderanhänger, Kindersitze, Helme.

Bis zu 50 Meter breiter Sandstrand, FKK-Bereich bei Lubiewo, zwei Kilometer westlich des Seebads.

Ausflugsdampfer pendeln von April–Okt. mehrmals die Woche nach Ahlbeck, Heringsdorf, Bansin.
Marina Wapnica, ul. Turkusowa 3c, Tel. 885514000, www.marina.wapnica.miedzyzdroje.pl. Moderner, neuer Yachthafen in der Nordbucht des Stettiner Haffs.

Amber Baltic Golf Club, ul. Bałtycka 13, Tel. 3265110. Schöne 18-Loch-Anlage in Kołczewo, 12 km außerhalb der Stadt, Infos an der Rezeption des Hotels ›Amber Baltic‹.

Antik Café, in der Einkaufspassage ›Pasaż pod Gryfem‹. Café im Stil der 1920er Jahre mit großem, zweistöckigem Antiquitätengeschäft. Es gibt Porzellan, Gemälde, Schmuck, Möbel, Uhren, Stoffe, Weine und sehr leckeren hausgemachten Kuchen.

Seebad Wisełka

Wisełka (Neuendorf) ist ein sehr ruhiges, familienfreundliches Seebad mit nur knapp 500 Einwohnern. Allerdings liegt der breite **Sandstrand** gut einen Kilometer vom Ort entfernt. Er ist zu Fuß oder mit dem Rad über einen schönen Waldweg – geradezu ein Paradies für Pilzsucher – zu erreichen.

Im Jahr 1517 gab es die erste schriftliche Erwähnung von Neuendorf. Etwas bekannter wurde der kleine Ort erst 1899 mit der Bahnverbindung nach Stettin. Jetzt konnte sich etwas Tourismus entwickeln, und die einheimischen Fischer und Bauern vermieteten in der Saison ein Zimmer ihrer Wohnung, das nun Fremdenzimmer genannt wurde. Hotels und Pensionen gab es nur wenige. Einige schöne historische Pensionen – bunte Holzhäuser – sind bis heute erhalten geblieben, einige nette Hotels kamen in den letzten Jahren dazu. An der halbkreisförmigen ulica Leśna am Waldrand öffnen im Sommer Fischbude an Fischbude. Außerhalb der Saison, also rund neun Monate lang, ist der Budenzauber geschlossen.

Vorne das Meer, hinten der See, Salzwasser oder Süßwasser – Wasserfreunde kommen in Wisełka auf ihre Kosten. **Jeziora Wisełka** heißt seit 1948 der ehemalige Neuendorfer See. Zuvor, nach Kriegsende 1945, hatte man Ort und See zunächst in direkter Übersetzung aus dem Deutschen Nowa Wieś getauft. Der 20 Hektar große See entstand wie die anderen Seen auf Wollin nach der letzten Eiszeit, als die Gletscher abgeschmolzen waren und ein Restloch zurückblieb. Daraus wurde ein wunderbares Gewässer mit mehreren Badestellen und einem Bootsverleih. Ein Wanderweg führt um den maximal acht Meter tiefen See herum.

Östlich der Ortschaft liegt der kleine, rund neun Hektar große **Jez. Zatorek**. Er ist von Wald und am Ufer von Schilf umgeben. Für die zahlreichen Angler gibt es Stege. Ein Rastplatz liegt am Ostufer, ein Naturlehrpfad führt am Ufer entlang. Geangelt werden Hechte, Karpfen, Plötze, Schleie, Barsche und Brassen.

Swiętouść

Die kleine Siedlung Swiętouść (Swantus) zwischen Wisełka und Międzywodzie (Heidebrink) lag ursprünglich direkt am Meer. Die meisten Einwohner lebten jedoch von der Landwirtschaft. Nachdem eine Sturmflut ihre Höfe zerstört hatte, zogen die meisten Bewohner an den **Coperow See** (Jez. Koprowo), andere wanderten aus. Heute dominiert hier ein großer **Campingplatz**.

Wisełka

Postleitzahl:72-513. **Vorwahl**: 091.

Hotel Villa Park (€€–€€€), ul. Nowowiejska 29, Tel. 3265065, www.villa-park.eu. Spa und Wellness, Restaurant. Rundum empfehlenswert.

Pałacyk (€€), ul. Leśna 5A, Tel. 0607/ 404015, www.hotel-palacyk.de. Mittelklassehotel, Restaurant, Spielplatz, Parkplatz.

Erholungszentrum Perła (€€), ul. Nowowiejska 15. Direkt an der Küstenstraße 102, Restaurant.

Pension Przystań Wodna u Krawczyka (€). Direkt am Jez. Wisełka, eigener Strand, Bootsverleih, Windsurfing.

Erholungszentrum Grodno II (€–€€), Tel. 3280490, www.grodno2.pl. Wunderbare Lage im Kiefernwald direkt an der Kliffküste, ein Waldweg dorthin geht von der Straße nach Wisełka ab. Eigener, sehr steiler Strandzugang. Man kann sich hier zwischen ›Zeus‹ und ›Neptun‹ entscheiden, den beiden Hotels mit unterschiedlichem Komfort. Nur April–Okt.

Karczma na Wydmach, am Strand von Wisełka, Tel. 661567042, tgl. im Sommer 10–21 Uhr. Fisch, Suppen, Süßes, Getränke.

Camping Tramp, Swiętouść (Swantus)/ Kołczewo, www.campingtramp.com. Sehr gute Infrastruktur, Campinghütten, Lebensmittelladen, Restaurant ›Salsa‹, Café, Fischbraterei, Spielplatz, Bolzplatz, Fahrradverleih. Schöne Lage im Küstenwald, eigener Strandzugang, Mai–Sept.

Seebad Międzywodzie

Międzywodzie (Heidebrink) gehört zu den polnischen Ostseebädern, die nur drei Monate im Jahr ›geöffnet‹ sind, im späten September versinkt es allmählich wieder in den langen Winterschlaf. Dann sind fast nur noch die örtlichen Lebensmittelgeschäfte regelmäßig offen. Trotzdem sind in den letzten Jahren zahlreiche neue Pensionen und Ferienwohnungen für den Sommertourismus entstanden. Im Jahre 1847 lebten im Fischerdorf Heidebrink gerade mal 46 Einwohner, 1939 waren es immerhin 473, heute sind es um die 650. Für die reicht die 1992 in neuzeitlicher Bauweise errichtete **Kirche Maria Himmelfahrt** vollkommen aus. Im Sommer allerdings, wenn auch viele Urlaubsgäste die Sonntagsmessen besuchen, ist die Kirche zum Bersten voll und der Gottesdienst muss per Lautsprecher ins Freie übertragen werden.

Das Seebad liegt auf dem sogenannten Trendel (półwysep Międzywodzki), einer schmalen Nehrung zwischen der Ostsee und dem Camminer Bodden (Zalew Kamieński). Die alten, vornehmen **Villen** aus der Hochzeit des Bades um die vorletzte Jahrhundertwende liegen im strandnahen Kiefern- und Buchenwald. Den kilometerlangen, bis zu 50 Meter breiten feinsandigen **Strand** mit seiner sehr hohen Düne tituliert man hier gerne und mit einem gewissen Stolz als ›polnische Côte d'Azur‹. Für Rollstuhlfahrer gibt es einen befestigten Weg

▲ Karte: hintere Umschlagklappe

(Rampe) zum Strand. Kinder können sich auf der großen Wasserrutsche vergnügen. Im Hochsommer wird es eng am Strand, etwas abseits des Hauptzugangs ist es aber deutlich ruhiger. Auf der seeabgewandten Seite befindet sich eine kleine Anlegestelle für Sport- und Fischerboote mit schönem Blick auf den Camminer Bodden, auf Cammin und den berühmten Königstein am gegenüber liegenden Ufer.

Seebad Dziwnów

Dziwnów (Dievenow) ist ein idealer Erholungsort für Wasserliebhaber. Auf der einen Seite rollen die Wellen der Ostsee an den Sandstrand, auf der anderen Seite erstreckt sich der Camminer Bodden, und mittendurch fließt die Dievenow (Dziwna). Sie mündet ins Baltische Meer. Aufgrund der Nordwestlage des Badeortes ist der Wellengang hier oft höher als in den meisten anderen Bädern an der polnischen Ostseeküste. Das lockt zahlreiche Windsurfer und Segler an. Der auch hier herrliche weite **Sandstrand** gehört sicherlich zu den Hauptattraktionen des Seebads.

Międzywodzie im Sommer…

… und im Winter

Schon 1243 wird Dievenow erstmals urkundlich erwähnt. Die Bevölkerung lebte über die Jahrhunderte vom Fischfang aus dem Meer, dem Bodden und dem Fluss sowie von der Bernsteinverarbeitung. Die ersten Badegäste kamen 1828. Ende des 19. Jahrhunderts entdeckt man Jod- und Bromsolequellen, 1886 entstand ein Sanatorium mit Solebad. Die Pläne, Dievenow zu einem extravaganten Seebad auszubauen, misslangen jedoch – zu groß war die Konkurrenz der nahen mondänen Seebäder Misdroy, Swinemünde und Kolberg. Der Kurpark aus dieser Zeit blieb erhalten, die meisten Pensionen und die vornehmen Jugendstilvillen des Badeortes wurden allerdings noch zwischen März und Mai 1945 bei Kämpfen zwischen deutschen und sowjetischen Truppen zerstört.

Der Bade- und Hafenort liegt auf einer bis zu 400 Meter breiten und sechs Kilometer langen Nehrung. Eine **Zugbrücke** verbindet die Insel Wollin mit dem hinterpommerschen Festland. Die einflügelige Konstruktion stammt aus den 1950er Jahren, 1994 wurde sie erneuert.

Sie ist verkehrsmäßig ein Nadelöhr und neben der Brücke bei Wollin der einzige Straßenzugang auf die Insel.

Die **Mündungsmolen** errichtete man zwischen 1898 und 1900. Damals bekam die Dievenow eine neue Mündung, die ursprüngliche lag etwa 1,5 Kilometer weiter westlich. Durch den neuen Durchstich entstand der **Tote See** (Martwa Dziwa). Dieser schöne Waldsee ist zum Meer und zur neuen Mündung hin abgeschlossen. Bereits auf dem Festland liegen die ehemaligen Seebäder Ostdievenow und Bergdievenow. Sie wurden mit Westdievenow in den 1930er Jahren zusammengeschlossen. Das Seebad hat heute rund 2700 Einwohner, 2004 erhielt es das Stadtrecht.

Recht trubelige Urlaubsstimmung herrscht in den beiden Hochsommermonaten an der **Promenade Wybrzeże Kościuszko**. Wo zu sozialistischer Zeit der in ganz Polen berühmte Stettiner Paprikagulasch produziert wurde, promenieren heute die Badegäste am langen Kai entlang, vorbei an Fischbuden, an Yachten und Fischkuttern, Ausflugskoggen und Piratenschiffen. Die beliebten Fahrten führen aufs Meer, die Dievenow entlang, nach Wollin Stadt, auf den Camminer Bodden und nach Kamień Pomorski (Cammin).

Auf der **Promenade der Sportgrößen**, auf der ul. Władysława Reymonta, haben über 50 der besten polnischen Sportler die Medaillen ihrer größten Siege in Bronze gießen lassen und auf der Promenade ausgestellt. Jährlich im August findet das Festival der Sportstars statt.

Im **Miniaturenpark am Meer** sind Miniaturen aller polnischen Leuchttürme zu sehen, außerdem Repliken von Lokomotiven, Zügen und Bahnhöfen.

Die erhaltenen Kasernen auf der Wolliner Seite dienten im Zweiten Weltkrieg einer deutschen Luftwaffeneinheit. Nach

Die Zugbrücke in Dziwnów

dem Krieg wurden sie zum Hospital umgebaut, in dem man geheim über 2000 Partisanen aus dem griechischen Bürgerkrieg medizinisch behandelte. Viele dieser Griechen, denen man Asyl gewährt hatte, ließen sich hier und in der Umgebung nieder. Jährlich finden daher die Griechenland-Tage statt.

Drei Kilometer östlich befindet sich das Ostseebad **Dziwnówek** (Wald Dievenow oder Klein Dievenow). Der im Sommer quirlige Badeort liegt sowohl an der Ostsee als auch am Jezioro Zatoka Wrzosowoeska (Fritzower See), einer Bucht des Camminer Boddens. Mehrere Hotels, Kurkliniken und ein schöner Campingplatz finden sich im strandnahen Kiefernwald.

i

Międzywodzie, Dziwnów, Dziwnówek
Postleizahl: 72-420.
Vorwahl: 0048/(0)91.
Tourist-Information, ul. Szosowa 5, Tel. 3813191, www.dziwnow.pl. Marketing-Abteilung der Stadtverwaltung von Dziwnów, nur im Sommer geöffnet.

An der Küstenstraße 102.

▲ Karte : hintere Umschlagklappe

Die grünen Emilbusse und die staatlichen Linienbusse fahren etwa stündlich nach Międzyzdroje (Misdroy) und Kamień Pomorski (Cammin).

▸ In Międzywodzie:

Hotel Millennium (€€), ul. Zielona 1, Tel. 3813877, www.owmillennium.pl. Im Küstenwald, eigener Strandzugang, Spa-Bereich, Restaurant, Biergarten, sehr gepflegt. Ganzjährig.

Pensjonat Lazur (€€), ul. Westerplatte 18, Tel. 4535569, www.pensjonat-lazur.pl. Strandnähe, auch Appartements. Ganzjährig.

▸ In Dziwnów:

Stary Dziwnów (€€), ul. Kościelna 40, Tel. 3217600, www.starydziwnow.pl. Im Stil der Bäderarchitektur erbaute Hotelvilla mit anspruchsvollem Spa-Bereich. Elegante, komfortable Zimmer, sehr gutes Restaurant, freundliche Atmosphäre.

Portowy (€), ul. Wybrzeże Kościuszkowskie 2, Tel. 3814270. Kleine Pension nahe der Anlegestelle der Ausflugsschiffe, mit Restaurant ›Rybna‹.

Willa Admirał (€), ul. Mała 4, Tel. 3814108. Schönes und gepflegtes Haus mit komfortablen Zimmern, knapp 250 Meter zum Meer, Hotelterrasse mit Café.

▸ In Dziwnówek:

Maximus Spa (€€), ul. Morska 2, Tel. 3811611, www.maximus-spa.pl. Ruhiges Kurhotel, knapp 100 Meter zum Strand.

Jantar (€€), ul. Wolności 5-7, www.dziwnowek.com.pl. Modernes Erholungsheim mit Spa-Bereich, zwei Pools, Strandnähe.

Porta Mare (€–€€), ul. Wolności 38, Tel. 3811162, www.portamare.pl. Hochhaus in Strandnähe, Reitschule.

Camping Korab, ul. Słowackiego 8, Dziwnów, Tel. 3813569, www.camping-korab.com. Direkt an der Dziwna, einfache Ausstattung, Spielplatz, Radverleih, idealer Platz für Angler.

Camping Biały Dom, Dziwnówek, Tel. 3811446, www.campingbialydom.com. Mehrfach ausgezeichnete Anlage direkt an der Ostsee. Hohe Qualität, Anfang März bis Ende Okt.

In Dziwnów:

Złota Rybka, ul. Mickiewicza. Gebackener Fisch.

Zachete, ul. Mickiewicza. Polnische Gerichte, preisgünstig.

Fantazja, ul. Kościelna 37. Gute polnische Hausmannskost.

Café Bojzan, ul. Wojska Polskiego, Dziwnów. Großes und tolles Kuchen- und Tortenangebot, Terrasse.

In Dziwnów:

Miniaturenpark am Meer, ul. Dziwna, Tel. +48 510081476, www.park-miniatur.pl, 15. Juni–30. Aug. tgl. 10–19 Uhr, 1. Mai–14. Juni und Sept. tgl. 10–17 Uhr.

Promenade der Sportgrößen, ul. Reymonta, www.festiwalgwiazdsportu.pl.

Pferdegestüt (Stadnina Koni), in agrotouristischer Pension ›Pod Kogutem‹, Tel. 3812931. Im Dorf Wrzosowo 2 km südlich von Dziwnów an der Straße 107. Ausritte und Reitunterricht.

Kilometerlanger, feinkörniger Sandstrand, bis zu 70 Meter breit.

Piraten- und Koggenschiffe, Wybrzeże Kościuszkowskie, Dziwnów, www.nord.afr.pl, Ausfahrten Mai/Juni–Sept.

Łukęcin Golf & Relax Club, ul. Dziwna 12/1, Dziwnówek, www.golfandrelax.com.pl.

Die Wolliner Seenplatte

Die Seenplatte auf der Insel Wollin ist eine Kette von acht malerisch gelegenen Seen. Sie sind unterschiedlich groß und haben eine Gesamtfläche von 273 Hektar. Breitere Schilfgürtel säumen die durchweg naturbelassenen Ufer. Es gibt mehrere kleine Badebuchten, einen eigens angelegten Sandstrand besitzt nur der Jez. Wisełka (Neuendorfer See). Der Jez. Czajcze (Otternhöhlensee oder Kiebitzsee) ist bis zu sechs Meter tief und vielleicht auch der schönste dieser Rinnenseen. Die Seen liegen in zwei eiszeitlichen Schmelzwasserrinnen, die sich in einem Schmelzwasserbecken vereinigen. Zu diesem Becken gehören der Jez. Czajcze (Otternhöhlensee), der Jez. Zółwińskie (Dannenbergsee), der Jez. Domysłowskie (Warnowsee) sowie der Jez. Rabiąż (Fernosfelder See). Der Grund fast aller dieser Seen liegt unter dem Meeresspiegel, sie weisen daher eine sogenannte Kryptodepression auf.

Radtour von Międzyzdroje zu den Wolliner Seen

Günstiger Ausgangspunkt der Tour ist das Naturmuseum des Nationalparks in Międzyzdroje. Hier nimmt man zunächst die ul. Kolejowa, dann die ul. Leśna. Es geht auf einem breiten Waldweg leicht bergan bis zum Wisentgehege mit dem Waldzoo. Von dort führt der grün markierte ›R 10‹ mit etlichen Aufs und Abs durch einen **Buchen- und Mischwald** nach Warnowo. Dieser Waldpfad war seit Urzeiten Bestandteil des bedeutendsten Verkehrsweges Pommerns. In mittelalterlicher Zeit verlief er von Ostpreußen über Danzig nach Westen und nach Skandinavien. Tatsächlich fährt man hier und da noch über altes Kopfsteinpflaster. Hier reisten oder marschierten schon die Kelten, die Germanen, die Wikinger, slawische Herrscher, mittelalterliche Händler, auch Pilger, denn die Strecke ist auch als Jakobsweg ausgewiesen.

Warnowo (Warnow) war bis zum Zweiten Weltkrieg eine beliebte Sommerfrische mit Pensionen, Gasthaus und Hotel. Davon ist heute nichts mehr zu sehen. Die Ufer der umliegenden beiden Seen sind stark verschilft oder auch bebaut und kaum zugänglich. Fährt man von Warnowo in Richtung Wisęlka (Neuendorf), kommt man nach zwei Kilometern zum herrlich in die pommersche Landschaft eingebetteten, hufeisenförmigen **Jez. Czajce**. Hier liegt am Ufer einer Landzunge der sagenumwobene **Otterstein** (Wydrzy Głaz). Das Naturdenkmal hat einen Umfang von 8,1 Metern, es ragt 1,1 Meter aus dem Wasser heraus und wiegt 26 Tonnen. Bei Sonnenschein sollen sich Fischotter gerne auf dem skandinavischen Findling sonnen, heißt es. Auf der bewaldeten Anhöhe hinter dem Otterstein liegt der sogenannte **Schlosswall** (Cypel Grodzisko). Hier stand im 16./17. Jahrhundert ein Holzschlösschen, das die damaligen pommerschen Greifenherzöge bei ihren Jagdausflügen nutzten. Zuvor, in den mittelalterlichen Jahrhunderten, war die Landzunge noch eine befestigte Insel und diente als Fluchtburg der heidnischen Slawen. Ein schöner Uferweg führt um den See herum.

Über eine sehr ruhige Landstraße kommt man nach **Wisełka** (→ S. 187). Hier gibt es einige Bademöglichkeiten. Ein paar Kilometer östlich liegt **Kolczewo** (Kolzow). Es wurde schon 1311 erstmals urkundlich erwähnt. Auf einem Hügel in Ufernähe des **Jez. Kolczewo** stand bis in die 1960er Jahre die Ruine einer mittelalterlichen Klosterkirche. Vermutlich gab es hier früher auch einen slawischen Burgwall und eine slawische Siedlung. Auch hier führt ein Wander- und Radweg am Seeufer entlang. Die dörfliche Badestelle mit hölzernem Bootshaus wirkt wie aus einem ver-

▲ Karte: hintere Umschlagklappe

gilbten Bilderbuch aus der Vorkriegszeit. In starkem Kontrast dazu steht der 1993 eröffnete 18-Loch-Course des vornehmen Golf Clubs Amber Baltic. Am Rande der Ortschaft befindet sich eine der attraktivsten Pensionen der Insel: **The Green House** ist in einem liebevoll restaurierten Bauerngehöft mit behaglichen Zimmern, Garten und Terrassen eingerichtet (www.green-house.pl, Tel. 91-3265106).
Von Kolczewo verläuft eine herrliche Platanen- und Kastanienallee kerzengerade und über mehrere Kilometer bis zur Ortschaft **Kodrąb** (Kodram), einem besonders schönen Inseldorf. Hier scheinen die Zeitläufte der letzten 100 Jahre einfach ignoriert worden zu sein. Weitere sechs Kilometer sind es über Ładzin (Rehberg) zurück nach Warnowo. Auf dem R 10 geht es wieder nach Międzyzdroje.
Gesamtlänge: 35 Kilometer. Man kann die Tour etwas abkürzen, wenn man auf halber Strecke von Kolczewo nach Kodrąb nach rechts zum Dorf Domysłów (Dannenberg) abbiegt und dann nach zwei Kilometern wieder auf die Landstraße nach Warnowo trifft. Sehr ratsam: Rucksackverpflegung.

An der Dievenow und am Großen Haff

Die Dievenow (Dziwna) ist 36 Kilometer lang und der östliche der drei Mündungsflüsse der Oder vom Stettiner Haff in die Ostsee. Ihr slawisch geprägter Name bedeutet soviel wie ›die Merkwürdige‹. Das liegt wohl an dem Umstand, dass sie hin und wieder bei sehr starken Nordwinden ihre gewohnte und natürliche Strömungsrichtung ändert und nicht ins Meer, sondern rückwärts fließt. Die Dievenow ist ein idyllisches Gewässer, wenn die Sonne scheint, aber enorm tückisch, wenn es stürmt. Herrlich ist die Uferlandschaft mit ihren weiten und buckligen Feldern zwischen Międzywodzie (Heidebrink) und Wolin (Wollin). Zwischen Unin (Alt Tonnin) und Międzywodzie führt ein rund 14 Kilometer langer schöner **Fahrradweg** parallel zur Straße.
In **Sierosław** (Zirzlaff) befindet sich eine malerische Bucht mit Anlegestelle für Segel- und Ruderboote, ein kleines verschwiegenes Paradies für Angler. Auf einem Hügel in **Jarzębowo** (Jarimbow) war einst einer der sieben Posten des Frühwarnsystems der slawischen Wolliner. Durch Rauchzeichen wurde das Eindringen fremder Schiffe von der Ost-

Kurz vor Kolczewo

see in die Dievenow gemeldet. In **Unin** fällt ein großes Gutshaus mit alten Wirtschaftsgebäuden auf. Es ist das größte der drei noch erhaltenen Gutshäuser auf Wollin, Erinnerungen an die große landwirtschaftliche Tradition der Insel. Die beiden anderen Gutshäuser sind aus dem späten 19. Jahrhundert, sie stehen - abseits von Dievenow und Haff - in Mokrzyca Wielka (Groß Mokratz) und in Mokrzyca Mała (Klein Mokratz). Sie sind renoviert und werden von mehreren Familien bewohnt.

Etwas östlich und schon nahe am Großen Haff liegt die Ortschaft **Dargobądz** (Dargebanz). Das unscheinbare Dorf hat eine auffallend neue Backsteinkirche. Wenn die Glocken zur Sonntagsmesse läuten, steht der Priester wie ein pommerscher Don Camillo am Eingangstor seines roten Gotteshauses und begrüßt die ankommenden Gläubigen. Gegenüber liegt das Sklep spożywczy, das örtliche Lebensmittelgeschäft und gleichzeitig der zentrale Ort der Dorfkommunikation mit einigen Tischen davor. Wenn man sich ein wenig verständlich machen kann, erfährt man beispielsweise mit großer Gestikulation einiger Einheimischer, wo sich hier in der Nähe die Reste des Schlosses Apenburg befinden. Das Adelsgeschlecht

Idylle an der Dievenow

Die markante Brücke über die Dievenow

derer von Apenburg war im 14. Jahrhundert von der Altmark auf die Insel Wollin gekommen. Knapp eine Stunde Fußweg braucht man, dann steht man hoch oben auf dem **Eichberg**, der höchsten Erhebung der Mokratzer Berge (Mokrarzyckie Góri). Viel ist von dem einst prächtigen **Schloss**, das die Nazis kurz vor Kriegsende aus unbekannten Gründen zerstörten, wahrlich nicht geblieben: ein großer Backsteinhaufen, einige Mauerreste, ein Loch am Hang, wohl die ehemalige Schlossgruft. Der ehemalige Schlosspark ist heute ein dichter Wald.

Stadt Wolin

Das kleine Städtchen Wolin (Wollin) liegt auf dem südlichen Zipfel der gleichnamigen Insel. Rund 5000 Einwohner hat Wolin heute. Man sieht auf den ersten Blick, dass dieser Ort im Zweiten Weltkrieg arg gelitten hat. Im März 1945 wurde die kleine Stadt mit ihren vielen, schönen Fachwerkhäusern durch sowjetische Artillerie in Schutt und Asche gelegt, nachdem die Rote Armee an der Dievenow zum Halten gezwungen war. Um die 90 Prozent der Häuser waren zerstört. Öde Plattenbauten dominieren seitdem in der Ortschaft. Doch hier und

▲ Karte : hintere Umschlagklappe

da sind noch alte Gebäude erhalten, und selbst an Ruinösem kann man erahnen, wie schön und reich dieses Städtchen einst gewesen sein mag. Am Marktplatz sind mittlerweile schon einige Häuser im historischen Stil wieder aufgebaut worden. Die meisten Touristen zieht es jedoch rasch ans Meer, nur wenige legen hier zumindest eine Rast ein. Schade – ein Aufenthalt lohnt.

Geschichte

Bereits für die Steinzeit (ca. 4200–1700 v. Chr.) ist durch archäologische Funde eine Siedlung im Umfeld der heutigen Stadt Wolin (Wollin) nachgewiesen. Am Anfang des 7. Jahrhunderts entstand am Fluss Dievenow eine slawisch-wendische Handwerker- und Handelssiedlung. Sie entwickelte sich schnell zu einem bedeutenden und stadtähnlichen Handelsplatz, der zum Schutz mit einer gewaltigen Palisadenschanze umgeben war. Im Jahre 967 gelang es Fürst Mieszko I. aber trotzdem, das Gebiet des Wolliner Stammes militärisch einzunehmen und in den gerade erst entstandenen polnischen Staat einzugliedern. Wollin wurde darauf zum ersten polnischen Seehafen. Die Stadt hieß damals Jomsborg. Sie erstreckte sich im 11. Jahrhundert, also in wendisch-wikingischer Zeit, über vier Kilometer vom Silber- und Mühlenberg im Norden bis zum Galgenberg im Süden und am Ufer der Dievenow entlang bis zum Haff. Bis zu 300 Schiffe sollen damals im Hafen Platz gefunden haben. Die regen Handelsverbindungen mit vielen anderen seefahrenden Ländern Europas machten die Stadt in jener mittelalterlichen Zeit zu einem bedeutenden Warenumschlagsplatz. Ihr Reichtum soll bald

Wolin (Wollin) 0 150 300 m

Im Slawen- und Wikingerdorf, im Hintergrund St. Nikolaus

unermesslich gewesen sein. Kein Wunder also, dass Jomsborg in späteren Jahrhunderten mit der sagenhaften Handelsstadt Vineta in Verbindung gebracht wurde.
Im Jahr 1128 wurde die heidnische Stadt durch Bischof Otto von Bamberg christianisiert, 1140 erfolgte in Wollin auf Anordnung des Papstes die Gründung des ersten Bistums in Pommern. Bischofssitz war die Kirche St. Adalbert. Aufgrund der häufigen Piratenüberfälle durch die Dänen verlegte man den Bischofssitz 1176 nach Cammin. Der Glanz der einstigen Ostseemetropole war damit endgültig dahin. 1277 erhielt Wollin zwar das Lübecker Stadtrecht und deutsche Siedler ließen sich nieder, aber zu Beginn des 13. Jahrhunderts war Wollin wieder ein unbedeutendes Fischernest. Daran änderte auch die Mitgliedschaft in der Hanse ab etwa 1365 nur wenig. 1534 wurde auf dem Landtag zu Treptow die Reformation in Pommern eingeführt, der katholische Grundbesitz konfisziert und von den Pommernherzögen gern übernommen. Der Dreißigjährige Krieg hinterließ große Zerstörungen. 1720 wurde die schwedische Stadt preußisch, 1818 schließlich dem Kreis Usedom-Wollin mit der Kreisstadt Swinemünde eingegliedert.
Die mittelalterliche Stadtmauer wurde im 19. Jahrhundert abgerissen, Teile stehen noch in Hafennähe. Anfang des 20. Jahrhunderts siedelte sich eine Kutterwerft an. Nach dem Krieg kam Wollin zusammen mit ganz Hinterpommern unter polnische Verwaltung. Die deutschen Einwohner mussten ihre zerstörte Stadt verlassen, die meisten neuen Bewohner kamen aus den polnischen Gebieten östlich der Curzon-Linie, die nun sowjetisch geworden waren.

Sehenswürdigkeiten

Einen großartigen Überblick über die Geschichte Wollins gibt das **Andrzej-Kaube-Regionalmuseum**. Die Exponate des Museums stammen fast ausschließlich aus der mittelalterlichen Hochzeit des Ortes. In drei kleinen Sälen befindet sich die archäologische Dauerausstellung. Zu sehen sind unter anderem Werkzeuge, Bernsteinschmuck, hölzerne Figuren heidnischer Gottheiten, Palisaden des einstigen Wehrringes, Karten

▲ Karte S. 195

und ein vollständig erhaltenes Skelett aus dem 11. Jahrhundert, aber auch ein 4000 Jahre alter Bronzeschatz, ein Sonnenkompass sowie eine mehr als 10 000 Jahre alte Knochenharpune. Das bedeutendste Exponat des Museums ist aber das kaum zehn Zentimeter große Swantewit-Figürchen aus dem 10. Jahrhundert. Eine Cassette informiert den Besucher auch in deutscher Sprache. Im vierten Saal werden ein Modell von Wollin vor seiner Zerstörung im Zweiten Weltkrieg und zahlreiche Fotos der Stadt aus der Zeit um die Wende vom 19. zum 20. Jahrhundert gezeigt.

Gleich neben dem Museum steht das rote **Rathaus**, 1880 im neugotischen Stil erbaut und mit Zinnen geschmückt. Links daneben ist das neubarocke **Postgebäude** von 1900. Dahinter versteckt sich das grundlegend restaurierte barocke **Herrenhaus der Adelsfamilie von Below** an der Stelle, wo einige Jahrhunderte zuvor die pommerschen Greifenherzöge ein Schloss errichtet hatten.

Auf der gegenüberliegenden Seite des Rathauses erstreckt sich der recht große **Marktplatz**, auf dem Bauern Lebensmittel und Kleinhändler billige Klamotten, Werkzeuge und viel Krimskrams feilbieten. Flankiert wird der Platz mit seiner kleinen Grünanlage von typisch sozialistischen Gebäuden mit allerlei Geschäften, aber an der Westseite auch von hübschen Bürgerhäusern aus dem 19. Jahrhundert. In den kommenden Jahren soll der dem Fluss zugewandte Teil des Marktplatzes mit EU-Geldern wieder weitgehend sein historisches Aussehen erhalten.

In der Mitte erhebt sich die gotische **Pfarrkirche St. Nikolaus** (Kościół św. Mikołaja) in die Höhe. Sie wurde im 13. Jahrhundert erbaut und 1945 fast vollständig zerstört. Erst im Jahr 2000 war ihr Wiederaufbau abgeschlossen. Wenige Schritte entfernt, in der ul. Wojska Polskiego, kann man noch die Umrisse des Fundaments der St.-Adalbert-Kirche erkennen, in der sich von 1140 bis 1176 das pommersche Bistum befand. Hier hat man ein großes **Kreuz** aufgestellt. Gleich in der Nähe war der Standort des Heidentempels aus dem 10. Jahrhundert, wo man die Statuette Swantewits entdeckte. Eine vergrößerte **Holzskulptur** ist ihr hier nachgebildet. Das Familienhaus, in dem der Pommernreformator Johannes Bugenhagen, Dr. Pomeranus genannt, 1485 geboren wurde, stand neben der Nikolauskirche. Der Beichtvater Luthers übersetzte die Bibel ins Plattdeutsche.

An der Dziwna (Dievenow) blickt man auf die drei Brücken über den Fluss und die beiden Krügerschen Getreidesilos. Hin und wieder soll hier der Märchenfisch auftauchen, der Butt, der alle Wünsche erfüllt – bis zum bösen Erwachen. Hier irgendwo am Ufer stand vielleicht die habgierige Ilsebill, die bis zur Königin aufsteigt und dann doch wieder als arme pommersche Fischersfrau endete: ›*Manntje, Manntje, Timpe Te/Fischlein, Fischlein, in der See/meine Frau, die Ilsebill/will nicht so, wie ich gern will.*‹

Insel Ostrów

Auf der gegenüber liegenden Seite der Dievenow liegt die Insel Ostrów (Plage) mit dem von einer Palisade umgebenen **Slawen- und Wikingerdorf**. Von hier aus hat man den schönsten Blick auf das Städtchen. Auf der Insel – Zufahrt vom Dorf Recław – entstand vor einigen Jahren ein **Freilichtmuseum** mit 27 rekonstruierten Handwerkerhäusern aus der Zeit etwa zwischen 900 und 1100. Über dem Tor zum Museumsdorf (Skansen) hängt die Inschrift Jomsborg – Vineta – Wolin. Hier tritt man ein in die Hütten eines Fischers, Töpfers, Bernsteinschleifers, Hornmachers, Münzers oder in das Magazin eines Kaufmannes. Im Sommer kann man in mittelalterlicher Kleidung arbeitenden Handwerkern zuschauen. Jährlich im Juli/August feiert die Stadt das **Wikingerfestival**, zu dem sich mittlerweile tausende Touristen einfinden. Dann laufen hier Schiffe mit Drachenköpfen ein, und hunderte Männer ziehen sich freiwillig Hörner auf. Bis zu 400 Krieger stellen an diesen drei Tagen große Schlachten nach. Das Festival ist eine der größten Veranstaltungen dieser Art in Europa.

Galgenberg und Silberberg

Rund eine halbe Stunde dauert der Spaziergang vom Marktplatz über die ul. Mostowa und die ul. Niedamira durch den Stadtpark zum 21 Meter hohen **Galgenberg** (Wzgórze Wisielców). Unterwegs passiert man die am Dievenowufer gelegene frühere Wolliner Vorstadt Wiek. Hier wohnten nach der Germanisierung Wollins die wendischen Fischer. Auf dem Galgenberg sind noch 34 von ehemals (um 1900) 93 **Hügelgräbern** erhalten. Sie wurden 1870 entdeckt. Hier hatte man im 9./10. Jahrhundert slawische Stammesälteste in Urnen bestattet. Die Grabhügel haben Durchmesser von 5 bis 20 Metern. Bei Ausgrabungen hat man Keramik, Schleifsteine und Messer gefunden. Durch das Gelände führt ein **archäologischer Lehrpfad**. Einige hundert Meter entfernt in Richtung Stadt wurde auf dem Höhenrücken des Berges eine große, weiße **Statue** des dreiköpfigen, alles sehenden Triglaw aufgestellt. Triglaw war der Hauptgott der Ostseeslawen, seine drei Köpfe symbolisieren die Macht über Himmel, Erde und die Unterwelt. Am Fuß des Berges befindet sich der **Badestrand** von Wolin. In der Nähe, dort wo die Halbinsel Roof (Półwysep Rów) in das Stettiner Haff ragt, liegt der städtische **Campingplatz**.

Nördlich der Stadt erhebt sich der **Silberberg** (Srebra Góra). Hier gab es im frühen Mittelalter eine Burgstadt, Festungsgräben sind noch erhalten. Den ominösen Silberschatz hat man noch nicht entdeckt, es soll ihn geben. Heben kann ihn jedoch nur, wer um Mitternacht eine schwarze Katze, ein schwarzes Huhn und einen schwarzen Bock opfert.

Ein weißer Triglaw auf dem Galgenberg

▲ Karte: hintere Umschlagklappe

Vineta – das baltische Atlantis

Aus des Meeres tiefem, tiefem Grunde/
Klingen Abendglocken dumpf und matt./
Uns zu geben wunderbare Kund/
Von der schönen alten Wunderstadt.

Johann Ludwig Wilhelm Müller: Vineta, 1825,
von Johannes Brahms 1860 vertont.

An der Odermündung lag einst eine unermesslich reiche Riesenstadt. So verkündet es jedenfalls die Legende. Der jüdische Kaufmann Ibrahim ibn Jakub, der bereits in den 60er Jahren des 10. Jahrhunderts Mitteleuropa und die westslawischen Länder bereiste, berichtete von dem hartnäckigen Kampf der slawischen Wolliner gegen den polnischen Piastenfürsten Mieszko I. und gleichzeitig von einer mächtigen Stadt am Meer, die zwölf Tore und einen riesigen Hafen hatte. Adam von Bremen, deutscher Geschichtsschreiber und Geograph, schilderte im späten 11. Jahrhundert das Leben in der sagenumwobenen, märchenhaften Stadt Vineta, die er Jumne nennt: »Jumne wird von Slawen, aber auch von anderen Völkern, so von Griechen und Barbaren bewohnt. Auch Sachsen erhalten dort das Recht zur Niederlassung. Es gibt dort einen Leuchtturm, den die Einwohner griechisches Feuer oder die Lampe Vulkans nennen.« Man erzählt sich, dass der Reichtum der Stadt so groß war, dass die Kinder beim Murmeln auf der Straße mit Gold- und Silbertalern spielten, die Mädchen auf goldenen Spindeln sponnen, die Einwohner mit goldenem Besteck aßen und selbst die Schweine aus goldenen Trögen fraßen. »Die Stadt ist wirklich die größte von allen Städten, die Europa birgt. Sie ist angefüllt mit Waren aller Völker des Nordens: nichts Begehrenswertes oder Seltenes fehlt«, notierte Adam. Wegen solcher Maßlosigkeiten erfolgt schließlich, gewissermaßen als Moral von der Geschichte, ihr Untergang; von gottgewollten Sturmfluten wird das pommersche Vineta ins Meer gerissen. Die bewunderte und multikulturell bevölkerte Stadt versinkt mit all ihrem Reichtum, mit Mann und Maus im Meer. So wiederum die Legende.

Mit der Erfindung des Buchdrucks im 16. Jahrhundert, als die Schriften von Adam einer größeren Leserschaft zugänglich wurden, erfolgte ein wahrer Fantasy-Boom um Vineta. Nun entdeckte man die zerborstene goldene Stadt auf dem Grund des Meeres, hörte die Glocken aus der Tiefe herauf läuten und erkannte die Gassen und Giebel der Wunderstadt bei klarem, ruhigem Wasser direkt vor der Insel Usedom, zwischen Zinnowitz und Koserow – am Vineta-Riff. Doch im 18. Jahrhundert entpuppten sich die angeblichen Stadtsteine des Riffs als ordinäre, eiszeitliche Findlinge aus Skandinavien, die man danach, etwa zum Molenbau in Swinemünde, bestens nutzen konnte. Doch das Vineta-Fieber ebbte keineswegs ab. Das baltische Atlantis lieferte reichlich Stoff für Opern, Erzählungen, Gedichte, Märchen, Lieder und Vergleiche. Johann Gottfried Herder nannte Vineta ›das slawische Amsterdam‹, Gerhart Hauptmann verpflanzte die pommersche Legende auf seinen Sommersitz auf Hiddensee, und Heinrich Heine reimte in seinem Gedicht ›Seegespenst‹ wenig respektvoll über die Marotte des deutschen Tief-Sinns. Das Seebad Zinnowitz entlehnte den Vineta-Mythos für die Namensgebung sei-

EXTRA

ner modernen Seebrücke und für seine jährlichen Festspiele. Und die schwedische Literaturnobelpreisträgerin Selma Lagerlöf ließ in ihrer bezaubernden Erzählung ›Nils Holgerssons wunderbare Reise mit den Wildgänsen‹ (1906) den kleinen Nils auf dem Rücken des Gänserichs Martin nach Pommern fliegen, um dort die verwunschene Stadt Vineta von ihrem Fluch zu erlösen, nur alle 100 Jahre für eine Stunde auftauchen zu dürfen. Doch gab es die mittelalterliche Traumstadt an der Odermündung wirklich?

Nach der Reichsgründung 1871 meldete sich nach der Kunst die Wissenschaft zu Wort – und nahm ganz praktisch den Spaten zur Hand. Erste archäologische Grabungen führte in der zweiten Hälfte des 19. Jahrhunderts der in Pommern geborene Pathologe, Archäologe und Politiker Rudolf Virchow (1821–1902) durch. Er fand bei Wollin am östlichen Mündungsarm der Oder Überreste von Friedhöfen mit reichlich Grabbeigaben und Utensilien einer wendisch-slawischen Siedlung. Polnische Archäologen begannen in den 1950er Jahren mit Ausgrabungen und untersuchten in der seit 1945 polnischen Stadt Wolin systematisch die Spuren der Vergangenheit. Władisław Filipowiak, damals Direktor des Nationalmuseums in Stettin, entdeckte auf der Sandbank der Dziwna (Dievenow) bei Wollin die Überreste einer slawischen Siedlung mit 50 000 Fundstücken. Darunter befanden sich Reste von Schmuckgegenständen aus dem Baltikum und der Ukraine, Glasperlen aus arabischen Ländern, wertvolle Stoffe aus Ostasien und Bronzekessel aus dem Rheinland, aber auch vier Häfen, drei Vorstädte und mehrere Gewerbegebiete. Die frühesten Hafenkonstruktionen stammen aus dem 8. Jahrhundert. Unter dem heutigen Marktplatz identifizierte man schließlich 15 übereinander gelagerte Schichten, die unteren zwölf weisen auf eine mittelalterliche Großstadt mit rund 10 000 Einwohnern hin. 1974 fand man eine Statuette, die die altslawische Hauptgottheit Swantewit darstellt, den Gott mit den vier Gesichtern. Das Alter der nur 92 Millimeter großen Statue wird auf 1100 Jahre geschätzt. Vineta, die sagenhafte Stadt am Baltischen Meer, bekam ein Gesicht mit realen Konturen.

Die meisten Archäologen und Historiker sind sich heute sicher, dass das reiche Vineta auf der Insel Wollin lag. Wenn es Zeugnisse aus dieser Zeit gegeben haben sollte, werden sie sicherlich bei der christlichen Missionierung der slawischen Heiden im 12. Jahrhundert zerstört worden sein. Möglicherweise ist die ruhmreiche Handelsmetropole, so mutmaßt man heute, in der Zeit um 1160 endgültig untergegangen, bei einem schweren Überfall durch die Dänen.

Ein modern interpretiertes Vineta auf der Bühne

Wolin

Postleitzahl: 72-510.
Vorwahl: 0048/(0)91.
Tourist-Informationen: ul. Zamkowa 23/24 (Seiteneingang des Regionalmuseums), Tel. 3220871, www.wrota.wolin.pl.

Wenige Bahnverbindungen zur Ostseeküste. Stündlich fahren die grünen Emilbusse nach Międzyzdroje, Świnoujście, Szczecin und Kamień Pomorski; www.emilbus.com.pl.

In Wolin-Stadt ist keine Unterkunft wirklich empfehlenswert.
Sułomino, Tel. 0048/609090250, www.sulomino.info. Urlaubsbauernhof direkt am Stettiner Haff: gemütliche, großflächige Appartements, Camping, Strand, Marina, Bootsverleih, ca. 5 km nördlich von Wollin Stadt, Juni–Okt.

Café Porto, am Parkplatz unterhalb der Nikolaikirche. Pub mit kleinen polnischen Gerichten, Blick auf die Dievenow (Dziwna) und das Freilichtmuseum. Im Winter geschlossen.
Pizzeria Z Innej Bajki, ul. Wojska Polskiego 3, Tel. 609020570. Nahe Nikolaikirche, große Auswahl an Pizzen, auch Suppen und polnische Gerichte. Ganzjährig.
Karczma Polska Pod Kogutem, Brzozowo 11a, Tel. 4074032, www.karczmabrzozowo.pl, Sommer tgl. 9–22 Uhr, Winter tgl. 10–21 Uhr. Gute altpolnische Küche in reetgedecktem Landhaus, an der E65 rund 12 km südlich von Wolin Stadt.

Camping Wolin, ul. Słowiańska 27. Sehr einfacher Zelt- und Caravanplatz am Zufluss des Stettiner Haffs in die Dziwna (Dievenow). Kleiner Sandstrand mit Steg, Bootsverleih, ca. 2 km vom Zentrum entfernt.

Regionalmuseum Andrzej Kaube (Muzeum Regionalne im. A. Kaubego), ul. Zamkowa 24 (neben dem Rathaus), Tel. 3261763, www.muzeumwolin.pl, Juni–Aug. Di–So 9–17 Uhr, sonst Di–So 9–16 Uhr.
Freilichtmuseum Wikinger- und Slawenzentrum/Skansen, www.jomsborg-vineta.com, April–Juni 10–16 Uhr, Juli und Aug. 10–18 Uhr, Sept. und Okt. 10–16 Uhr.

Wikinger- und Slawenfestival, 3 Tage Ende Juli oder Anfang August.
Western-Picknick (in Sułomino), einwöchiges Event mit Country Camping, Kutschfahrten, Karussells, Tanzveranstaltungen, www.western-piknik.pl.

Im Sommer Ausflugsfahrten die Dziwnów (Dievenow) entlang, Richtung Ostsee und Stettiner Haff.

Kamień Pomorski

Das wendische Wort Cammin und das polnische Kamień bedeuten ›Stein‹. Und als Steinborg wird das heutige Kamień Pomorski (Cammin) schon in der nordischen Knytlinga-Sage genannt. Der Grund dafür liegt im Wasser in Nähe des Nordufers der Insel Chrząszczewska (Gristow): Der sogenannte königliche Felsen, Głaz Królewski, ein riesiger Findling, der in vorchristlicher Zeit ein bedeutendes slawisches Heiligtum war. Um diesen buckligen Stein ranken sich zahlreiche Sagen und Legenden. So hat ihn der Teufel einst aus Skandinavien herbeigeholt, um ihn auf den Camminer Domturm zu schleudern. Ein eifriger Engel konnte die Untat aber noch rechtzeitig vereiteln, so dass der Findling in den Bodden klatschte. Später holte der Klapperstorch die Säuglinge an dieser Stelle aus dem Wasser und brachte sie den erwartungsvollen

Camminer Frauen. Doch der Koloss war früher sogar noch gewaltiger. Im 19. Jahrhundert wurden ihm größere Teile für Bauzwecke abgesprengt. Zuvor soll er – nach mündlicher Überlieferung der Boddenfischer – so dick gewesen sein, dass ein mit zwölf Pferden bespannter Wagen darauf Platz hatte. Sie erreichen den Großstein über eine Brücke rund zwei Kilometer südlich des Stadtzentrums. Bei der Ortschaft Chrząszczewo geht es rechter Hand nach Buniewice. Ein Feldweg führt danach zum Ufer.

Geschichte

Im 11. und 12. Jahrhundert residieren im ›Steinort‹ die pommerschen Herzöge. Dies war auch der Hauptgrund, warum 1175 das 1140 gegründete pommersche Bistum von Wollin hierher verlegt wurde. Cammin war zudem vor den andauernden dänischen Angriffen weitaus geschützter gelegen. Bis zur Reformation blieb das Hansestädtchen, in dem sich ab dem 13. Jahrhundert deutsche Kaufleute nach lübischem Recht niederließen, Bischofssitz. Das Bistum war dem Papst direkt unterstellt und hatte nach Osten hin keine eindeutig festgelegten Grenzen. Im Westen reichte es bis zum mecklenburgischen Güstrow. Die Camminer Bischöfe wurden vom Papst wie unabhängige Reichsfürsten behandelt. Die Belagerungen und Zerstörungen durch schwedische Truppen im Dreißigjährigen Krieg (1618–1648) sowie die allmähliche Versandung der Flussmündung in die Ostsee führten schließlich zum wirtschaftlichen Niedergang des bedeutenden Handels- und Werftplatzes. Die Einwohner lebten fortan vor allem vom Fischfang, später auch wieder vom Schiffsbau. 1882 bohrte man vergebens nach Kohle, stieß aber dabei in 580 Metern Tiefe auf eine Solequelle. Schnell baute man ein Kurhaus mit Parkanlage und rüstete sich zum Ferien- und Badeort für das betuchtere Stettiner und Berliner Bürgertum. Dampfschiffe tuckerten damals zwar regelmäßig die Oder zum Camminer Bodden hoch, aber der erhoffte Boom blieb aus. Und der Antrag, sich ›Bad Cammin‹ nennen zu dürfen, wurde 1930 endgültig abgelehnt. 1934 erblickte Uwe Johnson in Cammin das Licht der pommerschen Welt, die wenige Jahre später im Bombenhagel des Zweiten Weltkriegs unterging. Dass der später berühmte Schriftsteller (›Mutmaßungen über Jakob‹, ›Jahrestage‹) in Cammin geboren wurde, ist eher ein Zufall, seine Eltern lebten damals in Anklam. Aber seine Großeltern mütterlicherseits hatten einen Bauernhof im heutigen Darzowice am Westufer der Dziwna (Dievenow). Und dort verbrachte der kleine Uwe gern seine Ferien. Die Liebe zu Flüssen und Meeren blieb allgegenwärtig in seinem Leben. Johnson starb 1984 im südenglischen Sherness on Sea, an der Mündung der Themse in die Nordsee.

Blick vom Marktplatz zum Bodden

▲ Karte S. 203

Sehenswürdigkeiten

Wenn man heute nach Kamień Pomorski einfährt, ist sofort erkenntlich, dass der letzte Krieg nicht viel vom alten Cammin übriggelassen hat. Öde Plattenbau-

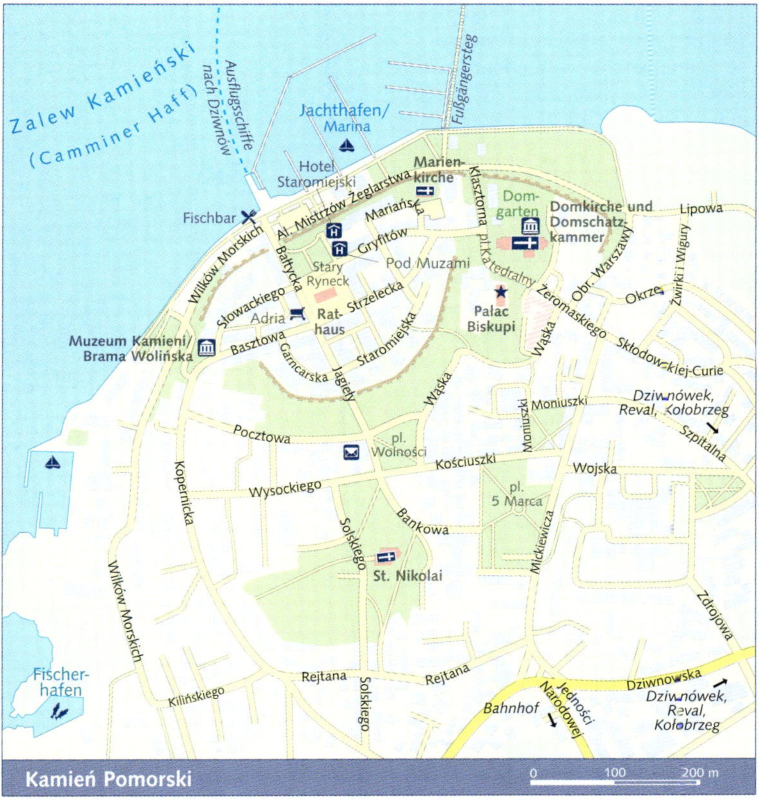

ten ziehen sich die langen Straßen des Städtchens an der Dievenow und dem Camminer Bodden entlang bis zum kleinen **historischen Zentrum**. Hier stehen alle Sehenswürdigkeiten eng beieinander. Am alten **Marktplatz**, Stary Rynek, hat man erst 1969 das spätgotische **Rathaus** wieder aufgebaut. Das rote Backsteingebäude entstand in mehreren Bauphasen im 15. und 16. Jahrhundert und wird von einem gotischen Stufengiebel mit schlanken Spitzbogenblenden bekrönt. Der Laubengang im Erdgeschoss diente dem Stadtgericht für öffentliche Verhandlungen. Die südliche Giebelwand mit Maßwerkverzierung enthält oben auch das Stadtwappen. Schräg gegenüber ist eine ganze historische Häuserzeile grundlegend renoviert worden: An der oberen Ecke steht das einzig verbliebene Gebäude aus dem 17. Jahrhundert, das **Fachwerkhaus Hoefs**, heute ein Hotel mit Restaurant.

Von den einst fünf mittelalterlichen Stadttoren sind heute nur noch zwei erhalten, das **Wolliner Tor** (Brama Wolińska) mit dem Museum der Steine und das kleine **Buttertor** auf der Boddenseite. Die Bergkirche **St. Nikolai** steht auf dem höchsten Hügel der Stadt. Sie wurde im 14. Jahrhundert als turmlose Friedhofskapelle errichtet. Der charakteristische mit Schindeln gedeckte, fünfeckige Turm stammt aus dem 16. Jahrhundert.

Die **Marienkirche** in Boddennähe entstand im 13. Jahrhundert im nordöstlichen Teil der damaligen Burganlage. Im Jahre 1743 wurde sie durch einen starken Sturm zerstört, um 1750 erhielt sie beim Wiederaufbau ihr heutiges barockes Aussehen.

Vor dem Fachwerkhaus Hoefs stehen die Sitzbänke der sommerlichen Freilichtbühne. Hier hat man einen herrlichen Blick über den Camminer Bodden (Zalew Kamieński) bis zur Insel Wollin. Eine breite Treppe führt hinunter zu den hier noch recht stattlichen Resten der alten mittelalterlichen **Stadtmauer**.

Die Uferpromenade hat man in den letzten Jahren sehr hübsch gestaltet. Hier gibt es einige kleine Fischrestaurants, neu ist der Yachthafen neben der Seebrücke mit der **Schiffsanlegestelle**. Wo einst die Kriegsschiffe der Dänen und Schweden aufkreuzten, um die Stadt zu zerstören, nähern sich heute Passagierschiffe aus Dziwnów und Dziwnówek hupend dem Kurort am Bodden. Holen Sie ruhig tief Luft, nirgends an der polnischen Ostseeküste ist sie jodhaltiger als hier!

Das rekonstruierte Rathaus

Der Dom

▲ Karte S. 203

■ Dom

Mit dem Bau des Domes St. Johannes (Katedralna św. Jana) begann man 1175. Er befindet sich auf einer Anhöhe im Nordosten der Siedlung und an der Stelle der alten Missionskirche Bischofs Otto von Bamberg. Die Bauarbeiten dauerten – zweimal durch brandenburgische Angriffe und Zerstörungen unterbrochen – bis 1385. Das Johannes dem Täufer geweihte dreischiffige Gotteshaus gehört zu den wertvollsten Architekturdenkmälern in Polen. Die rostrote ›Kathedrale Pommerns‹ weist an der Nordwand und im Chor noch romanische Formen auf, die an den damals verwendeten Granitquadern leicht zu erkennen sind. Später benutzte man nur noch Ziegelsteine als Baumaterial. Im 15. Jahrhundert erfolgte der spätgotische Umbau. Aus dieser Epoche stammen das Triptychon am Hauptaltar, die sich im Chorraum befindenden Skulpturen St. Johannes

des Täufers und St. Johannes des Evangelisten, das eichene Chorgestühl sowie das über dem barocken Gitter im Chorraumeingang hängende Kruzifix. Das gesamte Kreuzrippengewölbe des Hauptschiffes wurde auf zwölf Säulen gestützt – Symbol für die zwölf Apostel. Im Südschiff überrascht dagegen ein einzigartiges Sterngewölbe.
Schmaler ist das Nordschiff, an das sich ein viereckiger Platz anschließt: Der **Domgarten** mit dem Kreuzgang. Die im 14. Jahrhundert entstandene Anlage diente der Meditation und der öffentlichen Buße schuldbeladener Pilger. Man pflanzte hier exotische Pflanzen und Bäume. Nutzen Sie einen kleinen Rundgang durch diesen stillen Winkel, in dem noch heute unter anderem eine 500-jährige afrikanische Thuja (Lebensbaum), eine 350-jährige Eiche und eine 100-jährige Stechpalme beeindrucken. 1881 erhielt der Domgarten sein heutiges Aussehen. Der ursprüngliche Brunnen in der Mitte wurde durch ein uraltes Taufbecken ersetzt, das man anfangs fälschlicherweise in die Zeit von Bischof Otto datierte. Während der Reformation ging die Kirche in den Besitz der protestantischen Gemeinde über, die fast die gesamte alte Ausstattung entfernte. Nahezu 20 wertvolle Altäre verschwanden damals spurlos. Nur der spätgotische Hochaltar blieb dem Dom erhalten. An seiner Westseite stand damals ein gotischer Turm, der im Dreißigjährigen Krieg zerstört wurde. Den heutigen mit Satteldach hat man erst 1934 neugotisch erbaut. Nahezu unbeschadet überstand die Kirche den Zweiten Weltkrieg. Der berühmte Camminer Domschatz dagegen, der mit seinen über viele Jahrhunderte gesammelten Kunstwerken und mehr als 1000 Exponaten zu den reichsten im Norden Europas zählte, ging in den letzten Kriegsmonaten verloren.

In der ehemaligen Schatzkammer im Obergeschoss des Ostflügels ist heute das **Dommuseum** mit fotografischen Dokumentationen der verschollenen Pretiosen, mit wertvollen Drucken, Zinngeschirr, alten Manuskripten, Medaillen und Inkunabeln aus der Dombibliothek eingerichtet. Die schöne Bernsteinmadonna stammt aus dem Jahr 1518. Interessant besonders für polnische Gläubige dürfte der ausgestellte Messkelch sein, den Papst Johannes Paul II. 1987 bei seiner Visite in Szczecin (Stettin) benutzte. Schon 1433 wurde eine Domorgel erwähnt. Die heutige barocke **Orgel** ist wahrscheinlich die vierte des Domes und der Anziehungspunkt der Kirche schlechthin – vor allem, wenn in den Sommermonaten das Internationale Orgel- und Kammermusikfestival stattfindet. 1964 noch in bescheidenem Rahmen initiiert, lockt es mittlerweile jährlich tausende Zuhörer in den Dom. Orgelstifter war 1669 Herzog Ernst Boguslavus de Croy,

Beeindruckend: die Orgel im Dom

Wollin

Baumeister Michael Berigiel aus Stettin. Ganze Künstlergruppen beteiligten sich an den Bauarbeiten, vor allem Schnitzer, Tischler und Maler. Sie schufen in nur zwei Jahren ein höchst filigranes Kunstwerk mit verzierten Geländern, Türmen, die die Pfeifengruppen umschließen, und schönen Holzmalereien. Mehrmals renoviert und technisch erneuert, verfügt die alte barocke Pracht heute über 2707 Pfeifen und 47 Register. Längst treten im Sommerfestival auch internationale Organistengrößen auf, die die Veranstaltung zu einem europaweit anerkannten Musikfest machten. Dem Dom gegenüber steht der sogenannte **Bischofspalast** (Pałac Biskupi), der in der Mitte des 16. Jahrhunderts aus einem Umbau von zwei gotischen Häusern errichtet wurde. Das Gebäude mit der schmucken Renaissance-Giebelfassade diente der bischöflichen Verwaltung als Amtssitz. Heute ist dort das **Landesmuseum mit dem Historischen Stadtmuseum** eingerichtet.

Kamień Pomorski

Postleitzahl: 72-400.
Vorwahl: 0048/(0)91.
Tourist-Information, Stary Rynek 1 (im Rathaus), Tel. 3823963, www.kamien-pomorski.pl.

Regelmäßige Verbindungen mit den grünen Emilbussen nach Szczecin (Stettin) und an die Ostsee, Busbahnhof an der ul. Szczecińska.

Regelmäßige Verbindungen mit Szczecin (Stettin) und Międzyzdroje (Misdroy), Bahnhof an der ul. Dworcowa.

Pod Muzami (€€), ul. Gryfitów 1, Tel. 3822240, www.podmuzami.pl. Hübsches renoviertes Fachwerkgebäude neben dem Rathaus. Restaurant mit polnischer Küche.
Hotel Staromiejski (€€), ul. Rybacka 3, Tel. 3822644, www.hotel-staromiejski.pl. Zimmer mit Blick auf den Camminer Bodden, Restaurant.
Fischbar Karczma Marina, an der Seebrücke, im Sommer 9–22 Uhr. Sehr schmackhafter Bratfisch.

Camping Zółcino, Tel. 3820750. Rund 5 km nördlich vom Zentrum an der Karpiner Bucht, Zeltplatz mit Bungalow-Vermietung.

Internationales Festival der Orgel- und Kammermusik, Ende Juni bis Anfang Sept., jeden Fr um 19 Uhr. Das ganze Jahr über Kurzkonzerte für Gruppen nach Buchung, Tel. 3820541.

Domkirche und **Domgarten**, im Sommer tgl. 10–18 Uhr.
Domschatzkammer Mo–Sa 9–16, So 13–18 Uhr.
Landesmuseum im Bischofspalast und im Kapitellsaal des Doms, pl. Katedralny, Tel. 3822373, www.mhzk.eu, in der Saison Mo–Sa 10–17 Uhr, sonst 10–16 Uhr.
Muzeum Kamieni (Museum der Steine), ul. Słowackiego 1, im Sommer tgl. 10–18 Uhr, sonst Mo Ruhetag und So nur bis 16 Uhr. Im mittelalterlichen Wolliner Torturm, Ausstellung von Mineralien und beeindruckenden Saurierfossilien.

Marina, Tel. 661213391, www.marina-kamienpomorski.pl. Verleih von Wassersportgeräten und Yachten, der Camminer Bodden ist besonders bei Seglern und Surfern beliebt.

Adria, ul.Bałtycka 1, werktags 10–17 Uhr. Sehr schönes Lädchen gegenüber dem Rathaus. Schmuck, Porzellan, Bernstein, Lampen, Keramik.

Karte S. 203

Insel Karsibór

Die 14 Quadratkilometer große Insel Karsibór (Kaseburg) ist Bestandteil des ›Landes der 44 Inseln‹ im Swinedelta (Delta Swiny). Karsibór ist eine künstlich geschaffene Insel. Sie entstand durch Abspaltung der südlichen Landzunge Usedoms. Das geschah in den Jahren 1874 bis 1880, als man einen zehn Kilometer langen Kanal baute, die Kaiserfahrt. Damit konnten am Ende des 19. Jahrhunderts auch große Hochseeschiffe direkt nach Stettin fahren. Heute heißt der Durchstich von der Swine zum Stettiner Haff Kanał Piastowski. Eine – 2012 erneuerte – Brücke verbindet die Insel Wollin seit 1966 mit der Insel Kaseburg. Zuvor pendelte eine Fähre zwischen den beiden Inseln. Etwa 1200 Menschen wohnen heute auf Karsibór.

Radtour zur Insel Karsibór

Ausgangs- und Endpunkt dieser Radtour ist die Stadtfähre in Świnoujście-Warszów (Swinemünde-Ostswine) auf der Wolliner Seite der Stadt. Die Strecke: Warszów–Ognica (Werder)–Insel Karsibór (Kaseburg)–(große) Swinefähre Karsibór–Radweg an der ul. Karsiborska bis zur ul. Grunwaldzka, dann rechts bis zur Christ-König-Kirche–zum Hafenkai Wybrzeże Władysława IV–Świnoujście Stadtfähre. **Länge: ca. 36 Kilometer.**

Karsibór ist ein Paradies für Ornithologen, Angler, Segler, Kajakfahrer und Radler. Die Insel eignet sich bestens zum Radeln. Es herrscht wenig Verkehr, es gibt markierte Wander- und Radwege, und das kleine Eiland ist tischplatt. Gleich rechts an der Inselbrücke, wo sich die Stara Świna (Alte Swine) und die Kaiserfahrt gabeln, sind in einer künstlichen Bucht der Swine Überreste einer Betonanlage zu sehen. Sie diente im Zweiten Weltkrieg ab 1944 als Schulflottenbasis für Torpedoschiffe der deutschen Kriegsmarine. Zeitweise waren hier auch U-Boote aus Stettin stationiert. Das sogenannte **U-Boot-Becken** ist heute ein beliebter Treffpunkt der Angler. Kurz hinter dem Swine-Becken verzweigen sich die Inselwege. Sie lassen sich zu einer Inselrundfahrt verbinden. Sechs Kilometer immer am Kanal entlang geht es zur östlichen, rund 450 Meter langen Mole der Kanalausfahrt – ein einsamer Ort mit grandiosem Ausblick auf das Stettiner Haff. Ein zweiter Weg führt zu einem **Denkmal für die Flieger der Royal Air Force** (Pomnik lotników RAF). Es ist ein symbolisches Grab, das aus Flugzeugteilen des am 16. April 1945 über der Kaiserfahrt abgeschossenen britischen Lancaster-Bombers besteht. Die Royal Air Force sollte an diesem Tag den berühmten deutschen Panzerkreuzer Lützow versenken. Er wurde zwar getroffen, sank aber nicht. Das Kriegsschiff wurde nach dem Krieg in der Ostsee versenkt. In der Nähe des Denkmals liegt ein historischer **evangelischer Friedhof** (Cmentarz ewangelicki) mit Grabsteinen und kunstvoll verzierten, schmiedeeisernen Umzäunungen aus dem 19. Jahrhundert, mit abgesteckten Alleen und Sektoren – eine der am besten erhaltenen Nekropolen in Polen.

Die wohl bedeutendste Sehenswürdigkeit der Insel ist die kleine **Kirche** aus dem 15. Jahrhundert. Sie ist der Heiligen Jungfrau Maria gewidmet und steht direkt an der zwei Kilometer langen Dorfstraße 1 Maja. Hier befand sich früher ein Flussübergang, über den eine uralte Handelsroute verlief. Das Kircheninnere besitzt zahlreiche interessante Exponate. Der Altar stammt aus dem 15. Jahrhundert, die Kanzel aus dem 17., das barocke Gemälde ›Kreuzigung‹ aus der Wende vom 17. zum 18. Jahrhundert. Unter dem Gewölbe hängt das Schiffsmodell ›Kolumbia‹ aus dem Jahre 1909, geschaffen nach einem Vorbild von 1668. Es ist eine ein Meter lange Karavelle, die ein dankbarer bretonischer Seemann stiftete, nachdem er einen schweren Sturm auf dem Haff überlebt hatte. Die Kirchenbänke sind aus dem 17. Jahrhundert erhalten, ebenso

Ein Hausgiebel auf Karsibór

das Orgelprospekt. Barock ist die Kanzel, spätgotisch der Altar. Ein kleiner Friedhof liegt vor dem weißen Gotteshaus. Kein Geringerer als der preußische Stararchitekt Karl Friedrich Schinkel erstellte 1826 die Pläne für den Umbau der Kirche. Auch der schwedische König Gustav Adolf war hier. Im Sommer 1630 logierte der protestantische Monarch fünf Tage mit ausgewähltem Fußvolk im Pfarrhaus neben der Kirche. Die Auszeit vom Krieg in Kaseburg soll ihm gut getan haben, sein Frühstück ließ er sich unter einem alten Kastanienbaum servieren. Danach machte er sich auf, den katholischen Heerführer Wallenstein von der Insel Wollin zu vertreiben.

Der gesamte Inselosten ist von einem riesigen Schilfgebiet geprägt, den Schilfwiesen (Zajęcze Łęgi). Die Nutzung des Schilfs ist ein wichtiger Erwerbszweig der Inselbewohner. Die hochwüchsigen Pflanzen werden vielerorts in Pommern noch zur traditionellen Dacheindeckung benutzt. Prächtige Eichen stehen an der Dorfstraße, dahinter Gebäude aus dem 19. und 20. Jahrhundert. Ein Lehmweg führt in das Vogelschutzreservat **Karsiborska Kępa** (Kaseburger Hutung, → S. 209). Mit einem Fernglas lassen sich hier etwa Alpenstrandläufer, Wachtelkönig oder Seggenrohrsänger beobachten.

Karsibór kann man aber auch vom Wasser her entdecken. Die Stara Świna (Alte Swine) schlängelt sich um den Norden und Osten der Insel. Einen Kajak bekommt man in der gastfreundlichen **Marina** im Dorf Karsibór. Dort, in der Taverne, serviert die resolute Wirtin Pani Gosia fangfrischen Fisch aus den Gewässern vor der Haustür. Von der Sommerterrasse schweift der Blick über das weite Swinedelta, das Land der 44 Inseln.

Im Land der 44 Inseln

Ein ganz besonderes Erlebnis ist eine Fahrt durch das weitläufige und faszinierende sogenannte Rückdelta der Swine (Świna). Über die Jahrhunderte haben sich durch die zuweilen bei starken Nordwinden rückläufige Flussströmung ins Haff Sandbänke und später bewachsene Inseln gebildet. Die Deltafahrt kann man gemütlich mit dem Katamaran oder sportlich mit dem Paddelboot unternehmen. Der beste Ausgangspunkt ist in jedem Fall die Marina in Karsibór. Kürzere Spritztouren mit dem Boot sollten auf die schmalen Nebenarme der Alten Swine beschränkt bleiben. Zwei markier-

▲ Karte: hintere Umschlagklappe

te **Kajakrouten** eignen sich eher für erfahrene Kanuten: Die schwarz markierte Route führt in Richtung Przytór (Pritter), die rote in Richtung Lubin (Lebbin). Der Hauptstrom der Alten Swine ist ein breites, oft sehr unruhiges Gewässer, das bei starkem Wind gefährlich werden kann. Fahrten mit dem Solarkatamaran führen durch die eindrucksvollsten Plätze des Archipels an der brackigen Swinemündung. Man steuert beispielsweise in den betörend schönen Młyńska Tón, einem Altarm der Swine, der von zahlreichen Inseln und Inselchen umgeben ist. Nicht minder schön ist die ruhige Bucht Karwi Bród, die an einen kleinen See erinnert, oder der Kanal Młyński Rów bei Przytór (Pritter), wo man bei einem agrotouristischen Hof eine Pause einlegt und frische Ziegenmilch oder -käse probieren kann.

Man streift das schilfumsäumte Rückzugsgebiet vieler Vögel, das **Karsiborska Kępa** (Kaseburger Hutung). Aber man begegnet unterwegs nicht nur fliegenden und schwimmenden Tieren, sondern auch auffallend vielen Kühen, die auf den größeren Delta-Inseln grasen. Denn vor einigen Jahren wurde im Delta eine jahrhundertealte Tradition wiederbelebt, die Viehzucht. Auf speziellen Flößen werden die Rinder im Frühling auf die Inselweiden gebracht und im Herbst wieder abgeholt.

Karsibór

Kirche der Heiligen Jungfrau Maria, Besichtigung Juli–Sept. Di, Mi, Do 12–17 Uhr nach vorheriger Anmeldung unter Tel. 693632796, Messe So um 10 Uhr.

Ferienhäuser Eagle Lodge, ul. Łęgowa 20, www.orlachata.pl. Zwei Häuser mit jeweils 100 qm Wohnfläche, ganzjährig.

Marina Karsibór, ul. 1 Maja 5a, Tel. 3221448, www.marina.karsibor.pl. Anlegestelle, Kajak- und Bootsverleih, Zeltplatz, kleine Bungalows und Anglerhütten. Die Fischtaverne serviert frischen Fisch, schöne Sommerterrasse.

Rybaczówka, ul. 1 Maja 23, Tel. 517738313. Neues Fischrestaurant, 9 Zimmer, Kajakverleih, Katamaranfahrten, Aussichtsturm.

Katamaran Wodniczka, Tel. 605393777, www.narozlewisku.pl. Fahrten mit dem Katamaran durch das Swinedelta, Ausgangspunkt ist die Marina in Karsibór. Von April bis Okt tgl., 10 Euro/Person.

Blick auf Przytór

Reisetipps von A bis Z

Angeln

Usedoms Hinterland gilt als Anglerparadies. Neben den großen Gewässern wie dem Kleinen Haff, dem Achterwasser und dem Peenestrom sind vor allem die Angelteiche in Ückeritz, der Kleine und der Große Krebssee sowie der Schmollensee bevorzugte Gebiete für Angler. Voraussetzung ist der Erwerb eines Touristenfischereischeins in Kombination mit einem Erlaubnisschein für das jeweilige Angelgewässer. Den Fischereischein bekommt man in den Touristenbüros, den Kurverwaltungen, den Ordnungsämtern oder in Angelläden. Nützliche **Webseiten** sind www.mv-maritim.de und www.meer-usedom.de.

Die Seen auf Wollin sind zum Teil auch sehr fischreich. Ein beliebter Anglersee ist der Jezioro Zatorek bei Wisełka. Hinweise zu Angelrevieren und Angelgenehmigungen erteilt das Informationsbüro in Międzyzdroje (Misdroy). Angelscheine bekommt man bei den regionalen Fischereibetrieben (państwowe gospodarstwo rybne).

Anreise

Auto: Von Süden kommend (Berlin) fährt man über die Ostseeautobahn A 20 bis zur Abfahrt Pasewalk Süd, dann auf der B 109 bis Anklam und auf der B 110 zur Insel Usedom und Świnoujście (Swinemünde). Man überquert dabei die Zecheriner Brücke. Zu folgenden Zeiten ist diese Klappbrücke über den Peenestrom jeweils für 20 Min. für den Straßenverkehr gesperrt: 5.45 (bei Bedarf), 9.40, 11.45, 16.45 und 20.45 Uhr (bei Bedarf).

Von Norden und Nordwesten kommend (Hamburg, Rostock) fährt man auf der A 20 bis Abfahrt Gützkow, dort weiter auf der B 111 bis Wolgast und über die Peener Brücke. Die Peener Brücke ist zu folgenden Zeiten jeweils für rund 20 Min. für den Straßenverkehr gesperrt: 5.45 (bei Bedarf), 8.45, 12.45, 16.45 und 20.45 Uhr (bei Bedarf). Staugefahr gibt es im Hochsommer bei der Zufahrt nach Usedom vor allem freitagabends und samstagmorgens!

Auf die Insel Wollin kann man von Swinouście aus mit zwei kostenlosen Fähren übersetzen. Beide Personen- und Autofähren verkehren täglich rund um die Uhr. Fahrräder können mitgenommen werden. Die Stadtfähre pendelt im 20-Minuten-Takt, werktags nur für einheimische PKW-Fahrer, ab Fr 17 Uhr sowie Sa und So sind alle Autos erlaubt. Die zweite, weitaus größere Fähre liegt 7 km außerhalb des Zentrums. Sie ist jederzeit für alle Automobilisten frei und pendelt im 30-Minuten-Takt. Fahrtdauer 10 Minuten.

Die Insel Wollin ist mit dem Auto auch über die A 11 via Szczecin (Stettin) und die E 65 zu erreichen. Man überquert dabei die Brücke bei Wolin (Wollin) Stadt.

Bahn: RE- und IC-Züge der Deutschen Bundesbahn halten in Züssow, dem wichtigsten Umsteigebahnhof zur Insel Usedom. Von Berlin fahren Züge im Zweistunden-Takt nach Züssow. Zusätzlich verbindet zwischen Mai und Oktober freitags und sonntags der Usedom-Express Berlin mit den Insel-Seebädern. Fahrtzeit bis Heringsdorf: gut vier Stunden. Das Seebad Międzyzdroje (Misdroy) auf der Insel Wollin liegt an der Strecke Szczecin–Świnouście. Von Berlin-Gesundbrunnen benötigt man über Szczecin mindestens vier Stunden 20 Minuten.

Bus: Mit dem Fernbus lässt es sich bequem und wesentlich preiswerter als mit der Bahn nach Usedom reisen. Ein paar Beispiele: Von Berlin ganzjährig samstags, Mai–Sept. auch Mo/Fr/So, www.berlinlinienbus.de. Von Hamburg Mai–Sept. dienstags, www.globetrotter-reisen.de. Von Dresden Mai–Sept. samstags, www.rvd.de.

Flugzeug: Der Flughafen Heringsdorf, bis 1945 ›Verkehrsflugplatz Swinemünde‹, liegt etwa zehn Kilometer vom Usedomer Seebad Heringsdorf entfernt bei Zirchow am Stettiner Haff. ›Germanwings‹ nahm 2014 von fünf deutschen Flughäfen den Linienverkehr auf. Von Mai bis Oktober gibt es jeweils samstags eine Verbindung von Frankfurt a. M., von Dortmund, Köln, Düsseldorf und Stuttgart. Die ›eurolot‹ bringt Gäste aus München, Wien, Zürich und Bern, www.flughafen-heringsdorf.de. **Fahrrad**: Aufgeteilt in vier, sechs oder sieben Tagesetappen führt der Radfernweg Berlin-Usedom von der Hauptstadt an die Ostsee. Insgesamt ist man 350 Kilometer auf dem Sattel, www.radweg-berlin-usedom.net.

Apotheken

In den polnischen Apotheken (apteka) werden viele Bagatellarzneimittel und Markenpräparate angeboten, die deutlich preisgünstiger sind als in Deutschland, zum Beispiel auch Acetylsalicylsäurepräparate (Aspirin). Viele Arzneimittel sind rezeptpflichtig oder müssen bestellt werden. Wer auf ein bestimmtes Medikament angewiesen ist, sollte es mit auf die Reise nehmen.

Auto- und Motorradfahren

Die polnischen Verkehrsregeln entsprechen weitgehend den deutschen. Wichtig: In Polen muss ganzjährig auch am Tage mit Abblendlicht gefahren werden. Die Promillegrenze liegt bei nur 0,2. Für Ausländer ist eine Grüne Versicherungskarte erforderlich. In allen Städten gibt es genügend bewachte Parkplätze (parkingi strzeżone). Die polnische Fahrkultur ist gewöhnungsbedürftig. Die Polen fahren gern rasant, einige auch riskant. Auf den zweispurigen Schnellstraßen ist es gang und gäbe, dass das zu überholende Fahrzeug nach rechts auf den Seitenstreifen fährt, um den Überholungsvorgang auch bei Gegenverkehr zu ermöglichen. Man muss da stets auf der Hut sein, vor allem muss man auf Fahrradfahrer und Fußgänger auf den Seitenstreifen achten.

Baden

Manche behaupten selbstsicher, dass ihre Karibik mit ›U‹ beginne und mit ›sedom‹ aufhöre. Tatsächlich sind die sagenhaften 42 Kilometer feinsten weißen Sandstrandes kaum zu überbieten. Die annähernd 30 Kilometer Küstenstrand auf der Schwesterinsel Wollin sind aber ähnlich schön. Die Wasserqualität der Ostsee ist auf beiden Inseln gut bis ausgezeichnet, an vielen Stränden flattert die Blaue Flagge als offizielle Auszeichnung für beste Badegewässerqualität und nachhaltigen Tourismus, auch an den Stränden von Świnoujście (Swinemünde) und Międzyzdroje (Misdroy).

Barrierefrei: Reisen mit Handicap

Auf beiden Inseln verfügen die öffentlichen Gebäude und die größeren Lebensmittelgeschäfte sowie viele Hotels über behindertengerechte Einrichtungen. In den meisten Gastgeberverzeichnissen und -broschüren ist vermerkt, welche Unterkünfte barrierefrei sind. In allen Seebädern auf Usedom gibt es behindertengerechte Strandzugänge und Toiletten. In den Touristenbüros ist die Broschüre ›Barrierefrei auf Usedom‹ erhältlich, Infotelefon und Prospekte: 038378/477110, Informationen auch unter www.barrierefrei.usedom.de und www.usedom.de.
Auch in den polnischen Seebädern Świnoujście (Swinemünde) und Międzyzdroje (Misdroy) gibt es Strandzugänge mit Toiletten für Rollstuhlfahrer. In Świnoujście sind diese Zugänge gepflastert, Betonwege oder Hartgummimatten führen bis fast ans Ufer heran. 2011 hat man hier außerdem eine ›zweite‹ Strandpromenade direkt auf die Stranddünen rollstuhlgerecht und mit Top-Meeresblick gebaut.

Einkaufen

Da es in Polen kein Ladenschlussgesetz gibt, sind die meisten Supermärkte sowie viele kleinere Lebensmittelgeschäfte auch am Wochenende geöffnet. Manche Geschäfte sind täglich bis 22 Uhr und länger offen. Einige Läden sind sogar rund um die Uhr geöffnet.

Fahrradfahren

Beide Inseln eignen sich bestens zum Radeln. Auf Wollin verfügen die verkehrsarmen Nebenstrecken über einen soliden Asphaltbelag. Ein neuerer Radweg führt

zwischen Unin (Tonnin) und Międzywodzie (Heidebrink) an der Dievenow entlang. Die Hauptverkehrsstraße der Insel, die Küstenstraße 102, sollte man auf jeden Fall meiden. Schöne Radwege führen durch den Wolliner Nationalpark.
Auf Usedom gibt es ein sehr gut ausgeschildertes Radwegenetz von fast 200 Kilometer Länge. Rad-Verleihstellen gibt es in allen Seebädern, auf Usedom auch in mehreren Ortschaften im Inselinneren. Flexible Insel-Verleihsysteme sind ›UsedomRad‹ mit zwölf Stationen und auf polnischer Seite Usedoms ›BalticBike‹.

Internet

In den meisten Hotels Usedoms und in den größeren Hotels auf Wollin ist WLAN – in Polen heißt es WiFi – verfügbar. Kostenlose Hot Spots findet man auch auf Bahnhöfen und an den Strandpromenaden.

Klima und Reisezeit

Auf den Inseln herrscht ein Übergangsklima: gemäßigtes Meeresklima mit kontinentalen Einflüssen. In diesem Klimabereich sind vor allem die Sommer sehr unbeständig. Die Wetterlage kann sich im Juli und August mehrmals an einem Tag ändern: Strahlender Sonnenschein am Morgen, heftiger Gewitterregen am Mittag, am Nachmittag oder gegen Abend lacht oft wieder die Sonne am blauen pommerschen Himmel. Mehrere Regentage hintereinander sind jedenfalls äußerst selten. Denn zum Küstenwetter gehört die frische Brise, die dafür sorgt, dass sich Wolkendecken auflösen. Regenfeste Kleidung sollte im Urlaubsgepäck also nicht fehlen.
1906 ist die magische (Wetter-) Zahl für Usedom. So viele Sonnenstunden ermittelte der Deutsche Wetterdienst im Durchschnitt pro Jahr – deutschlandweit der absolute Spitzenwert, den noch nicht einmal Freiburg im sonnigen Breisgau annähernd erreicht! Im Herbst ist das Wetter auf den beiden ›Sonneninseln‹ meist recht beständig. Der September darf sogar noch als Bademonat angesehen werden, mit viel freiem Platz an den Stränden. Hier macht sich der Einfluss der Ostsee stark bemerkbar, das im Sommer aufgewärmte Meer sorgt für milde Temperaturen. Ein sehr angenehmer Monat ist auch der Oktober, er hat oft längere sonnige Phasen. Vor allem in Polen durchstreifen Familien in dieser Zeit mit großen Körben die pilzreichen Inselwälder.
Die ersten starken Herbststürme peitschen in der Regel im November die Ostseewellen auf. Der Grund: Während die mit dem Herbstanfang beginnende Polarnacht im Norden für eine kräftige Abkühlung der Luftmassen sorgt, werden sie im Süden Europas noch durch das Meerwasser erwärmt. Als Konsequenz des Luftdruckausgleichs entstehen zwischen diesen beiden Luftmassenzonen starke Winde. Weht der Wind aus Nord oder Ost, überspült Hochwasser die Inselstrände. Weht der Wind dagegen aus West oder Süd, entsteht das sogenannte Windwatt, und das Meer geht weit zurück.
Als kältester Monat gilt der Januar. In der Zeit um Weihnachten und Silvester boomt seit Jahren an Usedoms Küste ein Jahreswendetourismus – mit Übernachtungspreisen wie in der sommerlichen Hochsaison. Dann sind die Strandufer wieder dicht bevölkert, jetzt mit warm eingemummelten Wintergästen. Im Inselinnern von Usedom und auf ganz Wollin herrscht dagegen beschauliche Stille, und viele gastronomische Betriebe und Pensionen sind geschlossen.
Der Frühling ist auf den Inseln eine verhältnismäßig kurze Übergangszeit zwischen Winter und Sommer. Jetzt erwärmt sich das Baltische Meer nur sehr zögerlich, sommerliche Wärme tritt häufig ganz unvermittelt ein. Wanderer, Radfahrer und Naturfreunde schätzen besonders die Zeit vom späten April bis Juni. Die Ostsee erreicht meist erst im August Temperaturen von über 20 Grad, im Juli liegen sie in der Regel erst zwischen 17 und maximal 20 Grad. Heiße Sommernächte am Meer sind eher rar, nach Sonnenuntergang wird es oft (empfindlich) frisch.

Medizinische Versorgung

Für Reisen nach Polen gelten die gleichen Regelungen wie für andere EU-Länder. Die deutsche Krankenkasse übernimmt die Kosten für ärztliche Leistungen in Polen. Grundsätzlich ist es möglich, einen Arzt oder Zahnarzt in Polen in Anspruch zu nehmen. Im Erkrankungsfall kann der versicherte Ausländer Sachleistungen kostenlos erhalten, wenn er die Europäische Krankenversicherungskarte vorlegt. Der Leistungserbringer muss aber einen Vertrag mit dem Nationalen Gesundheitsfond (NFZ) abgeschlossen haben. Sonst müssen alle Kosten selbst getragen werden.

Notruf/Polizei

Polizei: 997
Feuerwehr: 998
Rettungsdienst: 999.
Diese Telefonnummern sind landeseinheitlich und kostenlos. Die deutschsprachige Touristen-Hotline mit kostenloser Beratung ist etwa beim Verlust von Dokumenten vom 1.6. bis zum 30.9. täglich von 8 bis 22 Uhr, sonst täglich von 8 bis 18 Uhr unter der Festnetznummer (0048)/(0)22/2787777 zu erreichen, per Handy unter (0048)/608599999.

Pannenhilfe

Bei einer Panne steht dem ausländischen Fahrer der Pannenhilfsdienst des Polnischen Motorverbandes (PZM) zur Verfügung. Der Dienst ist rund um die Uhr unter Tel. 981 zu erreichen. ADAC-Mitglieder mit Schutzbrief erhalten auch in Polen den gewohnten Service. Die polnische ADAC-Vertretung erreicht man unter Tel. 061/8319888.

Postwesen

Die Briefkästen sind rot, grüne Kästen dienen dem lokalen Briefverkehr. Briefmarken bekommt man in den Postämtern, die in der Regel werktags von 8 bis 20 Uhr und samstags bis 14 Uhr geöffnet haben. Briefe und Karten nach Deutschland benötigen manchmal bis zu einer Woche, man beschriftet sie mit ›Niemcy‹ für Deutschland.

Tanken

In Polen gibt es ein flächendeckendes Tankstellennetz. Neben den großen internationalen sind auch kleinere Tankstellenbetreiber auf dem Markt, bei denen in der Regel der Liter günstiger zu haben ist. An allen Tankstellen (stacja benzynowa) können Sie bleifreies Benzin tanken. Die entsprechenden Zapfsäulen sind mit einem durchgestrichenen Pb gekennzeichnet, Diesel mit ON (Olej Napędowy). Man bekommt: 98E (Europlus: bleifrei, Oktanzahl 98), 95E (Eurosuper, bleifrei, Oktanzahl 95), ON (Diesel). Die meisten Tankstellen haben im Sommer von 6 bis 22 Uhr geöffnet, sonntags von 7 bis 17 Uhr, an den großen Schnell- und Fernstraßen in der Regel rund um die Uhr. Obwohl der Benzinpreis auch in Polen in den letzten Jahren stark angestiegen ist, tankt man immer noch bis zu 20 Prozent preiswerter als in Deutschland.

Restaurants/Trinkgeld

In vielen polnischen Restaurants isst man mittlerweile sehr gut und außerdem vergleichsweise günstig. Ebenso wie in Deutschland wird in den polnischen Restaurants etwa acht bis zehn Prozent Trinkgeld (napiwek) gegeben. ›Die Rechnung bitte‹ heißt auf Polnisch ›Rachunek proszę‹ (rahunek prosche).

Wassersport

Usedom und Wollin sind Wassersportparadiese für Windsurfer, Kiter und Segler. Sehr informativ ist die Website www.mv-maritim.de. Die Ostseeküste ist ein optimales Segelrevier für Könner, für Freizeitsegler und Anfänger bieten sich eher die stilleren Boddengewässer an. In Usedom und Wollin und ihrer näheren Umgebung liegen um die 25 Marinas und Anlegestellen. Die größte und modernste Marina Usedoms und an der gesamten polnischen Ostseeküste mit Platz für bis zu 300 Yachten befindet sich am Hafen von Świnoujście, im Nordbecken an der Swine. Für Kanuten gibt es herrliche Reviere vor allem in der vorpommerschen Flusslandschaft, Infos unter www.abenteuer-flusslandschaft.de.

Wellness

Wellness, Fitness, relaxen – die Zauberwörter des modernen Tourismus sind auch auf den Sonneninseln Usedom und Wollin allgegenwärtig. Beim Wettlauf um den (Ganzjahres-) Gast haben die Usedomer Hotels in den Seebädern längst auf Wellness in allen Variationen und bis zur Luxuskategorie aufgerüstet, regelrechte Wellness-Tempel sind entstanden. Nun locken das ganze Jahr über neben Meer und Sandstrand klassische und Sanddornöl-Massagen, Algenschlickkörperpackungen, kuschelige Saunen, Entspannungs-, Thalasso- und andere medizinische Anwendungen. Usedom gehört mittlerweile zu den beliebtesten und besten Wellnessreisezielen Deutschlands. Infos unter www.wellness-usedom.de.

In Świnoujście (Swinemünde) gibt es neben einem großen Wellnessangebot auch acht Kurhotels, www.uzdrowisko.pl.

Zollbestimmungen

Die Zollkontrollen an der deutsch-polnischen Grenze sind entfallen. Für die Ein- und Ausfuhr von Waren gelten die EU-Bestimmungen. Personen über 18 Jahre dürfen maximal 200 Zigaretten pro Tag nach Deutschland einführen, im sogenannten ›kleinen Grenzverkehr‹ nur zwei Schachteln pro Tag. Die Ausfuhr von Kunstwerken, Antiquitäten sowie wertvollen Gegenständen, die vor dem 9. Mai 1945 hergestellt wurden, ist nur mit Genehmigung des Denkmalkonservators der jeweiligen Wojewodschaft möglich.

Stände dieser Art findet man allerorten

Sprachführer

Beim ersten Besuch in Polen stellt man erstaunt fest, dass viele Polen Deutsch sprechen. Aber nur sehr wenige Deutsche sprechen Polnisch. Dies ist nicht nur auf die schwierige Aussprache und die Betonung des Polnischen zurückzuführen: Da viele Polen ihre westlichen Gäste verstehen, fehlt für diese der Anreiz zum Erlernen. Früher waren es meist die Älteren, die Deutsch noch aus der Zeit vor 1945 beherrschten, heute ist Deutsch in Schulen und Universitäten die beliebteste Fremdsprache. Russisch, das ehemals Pflichtfach war, mögen nur wenige neu erlernen. Mit jungen Leuten kann man sich auch auf Englisch verständigen. Bei einem Gespräch erwarten die Polen nicht, in ihrer Muttersprache angesprochen zu werden: Die meisten möchten ihre Deutschkenntnisse erproben. Dennoch ist es ein Zeichen der Höflichkeit und des Interesses an der fremden Kultur, sich einige Worte und wichtige Redewendungen anzueignen. Wenn auch der praktische Nutzen dieser bruchstückhaften Kenntnisse nicht allzu groß ist, so wird der Gesprächspartner erfreut über diesen Ausdruck des guten Willens sein.

Die polnische Sprache gehört zur slawischen Sprachfamilie. Die Vokale werden kurz gesprochen, dabei sind die Verbindungen ›au‹ und ›eu‹ wie zwei einzelne Vokale auszusprechen. Alle zwei- oder mehrsilbigen Wörter betont man im Polnischen grundsätzlich auf der vorletzten Silbe.

deutsch	polnisch	gesprochen
Allgemeines		
danke	dziękuję	(dschenkuje)
bitte	proszę	(prosche)
Guten Tag	dzień dobry	(dschen dobri)
Auf Wiedersehen	do widzenia	(do widzenia)
Hallo/Tschüss	cześć	(tschescht)
ja/nein	tak/nie	(tak/nje)
Nein Danke	nie dziękuję	
Verzeihung	przepraszam	(pscheprascham)
Wieviel kostet ...?	ile kosztuje ...?	(ile koschtuje)
Herr Ober! (mein Herr ...)	proszę pana	
Frau Ober! (meine Dame ...)	proszę pani	
zahlen!	płacić!	(puatschitsch)
Prost	na zdrowie	(na sdrowje)

deutsch	polnisch	gesprochen
Zahlen		
null	zero	(sero)
eins	jeden, jedna, jedno	(jeden)
zwei	dwa	(dva)
drei	trzy	(tsche)
vier	cztery	(tschtere)
fünf	pięć	(pintsch)
sechs	szesc	(schechtsch)
sieben	siedem	(schjedem)
acht	osiem	(oschjem)
neun	dziewięć	(dschewintsch)
zehn	dziesięć	(dscheschentsch)
hundert	sto	(sto)
tausend	tysiąc	(tischonts)
Unterwegs an der Ostseeküste		
See	jezioro	(jesioro)
Fluß	rzeka	(scheka)
Boot	łódź	(wudch)
Fischerboot	łódź rybacka	(wudch ribatska)
Segeln	żeglarstwo	(scheglarstwo)
Segelboot	żaglówka	(schaglufka)
Segelrouten	szlaki żeglugi	(schlaki scheglugi)
Wandern	wędrowanie	(wendrowanje)
Wanderkarte	mapa turystyczna	(mapa turistitschna)
Wanderweg	szlak turystyczny	(schlak turistitschni)
Naturschutzgebiete	rezerwaty przyrody	(reserwati pschirodi)
Angelschein	zezwolenie wędkarskie	(seswolene wentkarskje)
Angel	wędka	(wentka)
Fahrplan	rozkład jazdy	

polnisch	deutsch
Hinweise	
uwaga	Vorsicht oder Achtung
Przejście wzbronione	Durchgang verboten
objazd	Umleitung
koniec	Ende
toalety/ustepy	Toiletten
damski	Damen
męski	Herren
grozi śmiercią	Lebensgefahr
zamknięty	geschlossen
cieplo	warm
zimno	kalt
kantor	Wechselstube
zarezerwowany	reserviert
kawiarnia	Café
piekarnia	Bäckerei
sklep mięsny	Fleischerei
sklep spożywczy	Lebensmittelgeschäft
Die Speisekarte	
Ein typisch polnisches Mittagessen beginnt mit einer Suppe.	
barszcz czerwony (z pasztecikiem)	Rote-Rüben-Suppe (mit Pastetchen)
żur (ek)	Mehlsuppe
zupa pomidorowa	Tomatensuppe
flaki	Kuttelsuppe
Zu den populärsten Hauptgerichten gehören:	
bigos	Eintopf aus Sauerkraut und Weißkohl mit Fleischeinlage
bryzol schabowy	Schweinesteak
befsztyk	Beefsteak
pieczeń wołowa	Rinderbraten
pieczeń z dzika	Wildschweinbraten

polnisch	deutsch
jelen	Hirsch
kaczka pieczona	Entenbraten
kiełbasa	Wurst (gegrillt oder gekocht)
kurczak	Hähnchen
pierogi	Piroggen (gefüllte Teigtäschchen)
polędwica	Filet
rolada	Roulade
pieczeń z sarny	Rehbraten
zając	Hase
Fisch	
ryba	Fisch
dorsz	Dorsch, Kabeljau
gładzica	Scholle
karp	Karpfen
łosoś	Lachs
pstrąg	Forelle
śledź	Hering
turbot	Steinbutt
sandacz	Zander
ryba wędzona	Räucherfisch
ryba gotowana	Kochfisch
ryba smażona	Bratfisch
ryba pieczona	Backfisch
Beilagen	
dodatki	Beilagen
jarzyny	Gemüse
kluski	Nudeln, Klößchen
knedle	Kartoffelklöße
ryż	Reis
sałatka	Salat
ziemniaki	Kartoffeln

polnisch	deutsch
borowiki	Pilze
kurki	Pfifferlinge
Etwas Gebäck zum Nachtisch:	
napoleonka	mit Puddingkrem gefüllter Blätterteig
szarlotka	Apfelkuchen
babeczka	mit Obst und Krem gefüllte Mürbeteigtörtchen
sernik	Käsekuchen
Getränke	
napoje	Getränke
herbata	Tee
kawa	Kaffee
mleko	Milch
sok owocowy	Fruchtsaft
piwo	Bier
szampan	Sekt
wino	Wein
woda mineralna	Mineralwasser
Monatsnamen	
Styczeń	Januar
Luty	Februar
Marzec	März
Kwiecień	April
Maj	Mai
Czerwiec	Juni
Lipiec	Juli
Sierpień	August
Wrzesień	September
Październik	Oktober
Listopad	November
Grudzień	Dezember

Literaturhinweise

Wilhelm Meinhold, Die Bernsteinhexe Maria Schweidler, Dietrich Verlag, Peenemünde 2008.

Hans Werner Richter, Geschichten aus Bansin, Berlin 2008. Der 1908 in Sallenthin bei Bansin geborene Schriftsteller erzählt Geschichten von den einfachen Leuten, hautnah und schön ironisch.

Renate Seydel (Hrsg.), Usedom. Ein Lesebuch, 3. Aufl. Berlin 2005. Mit Texten u.a. von Theodor Fontane, Kurt Tucholsky, Otto Niemeyer-Holstein.

Erwin Rosenthal, Die Insel Wollin, Kaseburg und Cammin. Geschichte und Gegenwart, Rhino Verlag 2011.

Elke Pupke, Die Toten von Bansin (2013), Das Mordhaus am Wald (2014), Tödliches Geheimnis (2014). Nett geschriebene Usedomkrimis mit viel Lokalkolorit.

Landkarten, Stadtpläne

Ostseeküstenradweg, Teil 3 Polen: Von Ahlbeck/Usedom nach Danzig, Bikeline-Radtourenbuch und Karten im Maßstab 1:75 000, 3. Auflage 2012.

Usedom, Rad- und Wanderkarte, Publicpress, Maßstab 1:60 000, www.publicpress.de. Wetterfest.

Wyspa Wolin i okolice (Insel Wollin und Umgebung). Zweisprachige Radkarte im Maßstab 1:50 000. Vor Ort erhältlich.

Touristische Informationen

Das Inselmagazin **Usedom aktuell** erscheint monatlich und informiert über Veranstaltungen und Neuigkeiten. Jeder Ausgabe liegt ein aktueller Fahrplan der Usedomer Bäderbahn (UBB) und der Europa-Linie Bus 290/291 bei, www.usedom-aktuell.de.

Die kostenlose, zweisprachige Touristenzeitung **Świnoujście** erscheint im Frühjahr, Herbst und von Juni bis September monatlich. Die Zeitung informiert über das aktuelle Veranstaltungsprogramm, wichtige Adressen, die Fährzeiten, Neuigkeiten und spezielle Themenschwerpunkte.

Usedom und Wollin im Internet

www.insel-usedom-wollin.de Nützliche Infos zu Sehenswürdigkeiten, Sportangeboten, Shopping, Unterkünften über Usedom und die polnische Schwesterinsel.

www.ostsee-urlaub-polen.de Infos über Reiseziele an der polnischen Ostseeküste.

www.polen-urlaub-ostsee.de Reiseinfos, nützliche Adressen, Wetter in Polen.

www.kulturportal-mv.de Infos zu Veranstaltungen und zu Themen wie Museen, Theater, Kirchen, Architektur.

www.polnischeostseekueste.de Stadtführer, Empfehlungen für Restaurants, Geschichte der Seebäder an der polnischen Ostseeküste und in Pommern.

www.mvwetter.de Wettervorhersagen und Infos für Wassersportler.

Die Autoren

Der in Mannheim geborene Reisejournalist und Dozent Wolfgang Kling ist Verfasser zahlreicher Reiseführer zu Deutschland und Polen. Zusammen mit seiner aus Gdańsk (Danzig) stammenden Ehefrau Grażyna schrieb er mehrere Bücher über Regionen und Städte im Norden Polens. Beide leben und arbeiten in Berlin und Świnoujście (Swinemünde).

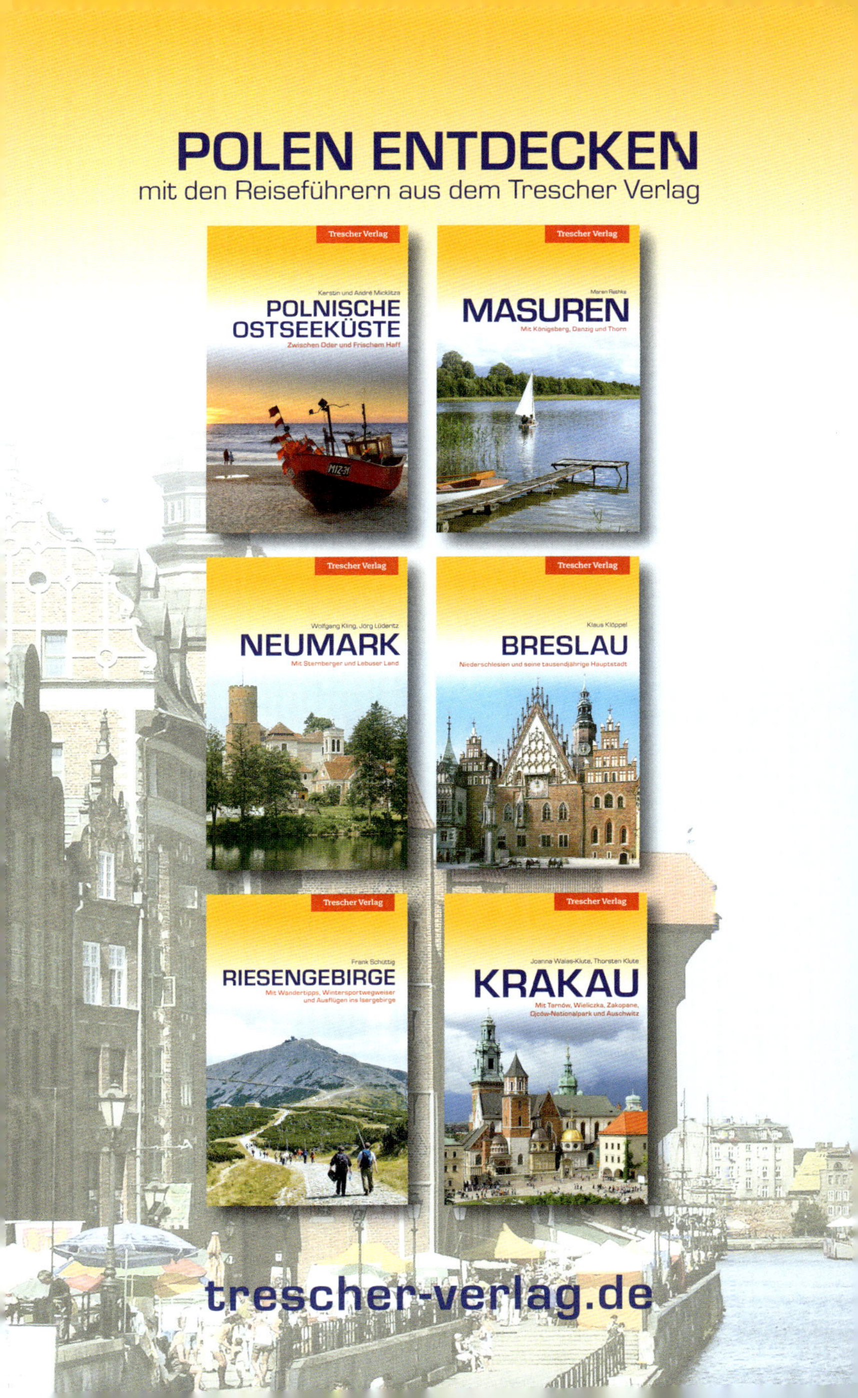
POLEN ENTDECKEN
mit den Reiseführern aus dem Trescher Verlag
Trescher Verlag
Kerstin und André Micklitza
POLNISCHE OSTSEEKÜSTE
Zwischen Oder und Frischem Haff
Trescher Verlag
Maren Rathke
MASUREN
Mit Königsberg, Danzig und Thorn
Trescher Verlag
Wolfgang Kling, Jörg Lüderitz
NEUMARK
Mit Sternberger und Lebuser Land
Trescher Verlag
Klaus Klöppel
BRESLAU
Niederschlesien und seine tausendjährige Hauptstadt
Trescher Verlag
Frank Schüttig
RIESENGEBIRGE
Mit Wandertipps, Wintersportwegweiser und Ausflügen ins Isergebirge
Trescher Verlag
Joanna Walas-Klute, Thorsten Klute
KRAKAU
Mit Tarnów, Wieliczka, Zakopane, Ojców-Nationalpark und Auschwitz
trescher-verlag.de

TRESCHER VERLAG

384 Seiten
Euro 16.95 (D)/ 17.50 (A)
ISBN 978-3-89794-242-4

WIEN

Wien ist nach dem Fall des Eisernen Vorhangs zurück in das Zentrum des europäischen Kontinents gerückt. In einem Tempo, das noch immer als gemütlich bezeichnet werden kann, wird die traditionsreiche City an der Donau wieder zur Drehscheibe zwischen Ost und West.

Dieser Stadtführer will Lust auf jene Seiten Wiens machen, die in herkömmlichen Reiseführern nicht oder nur am Rande zu finden sind. Angeboten werden zwölf eindrucksvolle Touren durch die Stadt, dazu fundierte Hintergrundinformationen, Essays sowie Extra-Texte von ausgewählten JournalistInnen zu Geschichte und Gegenwart, Kunst und Kultur, Essen und Trinken und vor allem zum Wiener Lebensgefühl.

480 Seiten
Euro 16.95 (D)/ 17.50 (A)
ISBN 978-3-89794-269-1

BERLIN

Berlin ist zweifellos eine der interessantesten Städte der Welt: Sehenswürdigkeiten, Kultureinrichtungen, ein buntes Nachtleben und der Charme des Unfertigen ziehen jedes Jahr Millionen Besucher an.

Die Autoren dieses Buches stellen nicht nur alle wichtigen Sehenswürdigkeiten ausführlich vor, sondern begeben sich auch auf die Suche nach dem Lebensgefühl einer Metropole, in der Menschen aus unzähligen Nationen zusammenleben. In zahlreichen Gastbeiträgen werfen Berliner Journalisten mal kritische, mal erstaunte und mal verliebte Blicke auf ihre Stadt. Eine Stadt, die den ständigen Wandel zum Lebensprinzip erhoben hat und sich dennoch abseits des Hauptstadt-Trubels erstaunliche Refugien und Idyllen bewahren konnte.

www.trescher-verlag.de

Bildnachweis

Alle Fotos Wolfgang Kling, außer:
Förderverein Kleinkunst Insel Usedom e.V./Usedom Tourismus GmbH (S. 57);
Kurverwaltung Ostseebad Trassenheide (S. 13, 56);
René Legrand/Tourismusverband Mecklenburg-Vorpommern (hintere Umschlagklappe);
Mauritius images/age (Titel);
Frank Neumann/Tourismusverband Mecklenburg-Vorpommern (vordere Umschlagklappe);
Ulla Nickl (S. 84);
Spielzeugmuseum Peenemünde (S. 12);
Vorpommersche Landesbühnen (S. 200)
Titel: Fischerboot am Ahlbecker Strand
Vordere Umschlagklappe: Bäderarchitektur in Bansin
Hintere Umschlagklappe: Die Seebrücke in Ahlbeck

Zeichenlegende

- Touristeninformation, allgemeine Informationen
- Busverbindungen
- Zugverbindungen
- Hinweise für Autofahrer
- Flugplätze Flugverbindungen
- Unterkünfte
- Camping- und Zeltplätze
- Lokale
- Cafés
- Museen, Ausstellungen, Sehenswürdigkeiten
- Festivals, Veranstaltungen
- Bars, Nachtleben
- Strand
- Thermal-, Heil- und Kurbäder
- Hinweise für Fahrradfahrer
- Segelfarten Verleih von Segelbooten
- Fähren, Ausflugsdampfer
- Surfschulen, Surfbrettverleih
- Kanu- und Bootsverleih
- Tauchergondel, Tauchmöglichkeiten
- Hinweise für Wanderer
- Kletterwald
- Golfplatz
- Reitmöglichkeiten, Reiterhöfe
- Einkaufsmöglichkeiten

Kartenlegende

	Autofähre
	Bahnhof
	Bar
	Brunnen
	Burg/Festung
	Burgruine
	Busbahnhof
	Café
	Campingplatz
	Denkmal
	Dorfkirche
	Fähre
	Flughafen
	Hafen
	Hotel
	Kirche
	Kloster
	Klosterruine
	Leuchtturm
	Museum
	Naturschutzgebiet
P	Parken
P	Parkhaus
	Post
	Restaurant
	Ruine/Ausgrabungsstätte
★	Sehenswürdigkeiten
	Strand

✡	Synagoge
	Theater
	Tor
i	Touristeninformation
	Turm
	Zoo
★	Sehenswürdigkeit
	Burg
	Kirche
†	Friedhof
	Zeltplatz
▲	Berggipfel
o—o	Seilbahn
	Autobahn
	Schnellstraße
	Hauptstraße
	sonstige Straßen
E 65	Europastraße
A 65	Autobahn
243	Bundesstraße
	Eisenbahn
⊖	Grenzübergang
- - -	Staatsgrenze
■	Hauptstadt
●	Stadt/Ortschaft

Kartenregister